JN436878

시민을 위한

부산의 역사

시민을 위한
부산의 역사

펴낸 날짜 1쇄 2003년 8월 30일
8쇄 2021년 11월 15일
글쓴이 부경역사연구소
http://www.pkh.co.kr/
펴낸이 윤관백
펴낸곳 도서출판 선인
등 록 제5-77호
주 소 서울 마포구 마포대로 4다길 4 곶마루B/D 1층
E-mail sunin72@chol.com
전 화 02)718-6252, 718-6257
팩 스 02)718-6253

정가 12,000원
ISBN 978-89-89205-57-3(93900)

표지설명 : 1832년경(순조 32년)의 『경상도읍지(慶尙道邑誌)』에 수록

시민을 위한

부산의 역사

도서출판 선인

책을 내면서

오늘날 세계는 세계화 · 개방화의 물결 속에 새로운 변화를 추구하고 있다. 이러한 급격한 변화의 흐름 속에서도 우리의 고유성에 대한 관심과 애정은 결코 가벼이 할 수 없다. 이미 고착화된 서울-중앙 중심의 한국사회도 서서히 변화의 물결 속에 각자의 자율과 개성을 존중하는 지방화의 시대를 맞이하고 있다. 세계화 · 지방화의 변화 속에서 우리의 역사와 전통은 과연 어떻게 보존하고 가꾸어 가야 할 것인가. 그 속에서 살아가고 있는 우리 부산사람의 정체성은 무엇이며, 우리들이 누구인가를 아는 것은 중요한 일이 아닐 수 없다.

한반도의 역사와 함께 해온 부산은 일찍부터 역사의 고장으로 자리잡아왔다. 특히 근대 이후 부산은 민주민족운동이 다른 어느 곳보다 활발하게 전개되면서 우리나라 제2의 도시로서의 위상을 세워 왔다. 부산은 오랜 옛날 가야인의 삶의 터였지만, 신라의 성장과 함께 신라의 영역으로 흡수되면서 역사의 장에 이름을 드러내었다. 나말여초에는 질풍노도 같은 견훤의 세력 아래에서 역사의 시련을 맛보았으며, 고려와 조선 시기에는 일본과의 교역 거점으로서 역할을 하기도 하였다. 또한 대륙과 해양의 시발점이자 종착지인 지정학적 특성 때문에 임진왜란과 제국주의의 침탈을 한 몸에 받아왔던 시련의 땅이 되기도 하였다. 이러한 안팎의 도전과 응전이 계속되는 가운데서 부산사람의 애국애족 정신은 면면히 이어져, 1970 · 80년대 부산은 부마민주항쟁을 통해 민주화의 성지로서 거듭나게 되었다.

이제 부산사람의 정체성은 어디에서 시작되었으며, 또 무엇인지를 좀더 새롭게 확인하고 검증해야 할 시점에 와 있다. 정체성의 확립은 어디까지나 자신의 뿌리와 역사를 올바르게 이해하는 데에서 출발한다. 자기가 사는 삶의 터에 관한 역사를 안다는 것은, 마치 부모가 자신의 삶의 뿌리에 관해 흥미진진하게 들려주는 옛날 이야기를 듣는 것과 같은 것이다. 시민사회로서 발전을 거듭해 가는 지금, 부산의

● 책을 내면서

시민정신은 어디에서 왔는가.

우리 부경역사연구소는 부산에 뿌리를 내리고 있는 지역의 연구소로서 이제 우리 지역사회를 위해서 무엇인가를 해내야 한다는 공감대를 가지고, 부산 사람의 삶의 흔적과 모습을 살필 수 있는 책을 펴내고자 한다. 이에 우리 연구원은 각자의 전공을 살려 제대로 된 부산의 모습을 보여 줄 수 있는 재미가 있으면서도 삶의 향기가 있는 책을 펴내기로 하였다.

이 책을 처음 펴낸 것은 1999년 4월이었다. 당시 대략 50여 항목 정도를 선정하여 연구원들이 원고 집필을 담당하였고, 이 과정에서 부산일보사의 연재 제의가 있어 1993년 5월 초순부터 연말까지 '이야기로 푸는 부산의 역사'라는 제목으로 연재하였다. 그 후 여기에 미처 싣지 못한 원고를 추가하여 책으로 묶어내게 되었다.

이 책에 수록된 이야기는 부산사람들이 부산의 정체성을 올바르게 정립하는 데 도움이 될 수 있는 주제들이다. 이를 위해 우선 전체 한국 역사 속의 부산 역사와 함께 부산과 부산사람들이 살아온 지난날의 발자취를 담아내려고 하였으며, 문화 유적과 옛사람들의 생활 흔적도 최대한 소개하려 하였다. 그리고 내고장 부산의 역사를 보다 쉽게 이해하는 데 도움이 될 수 있도록 가능한 쉬운 용어와 평이한 문장으로 집필하기 위해 노력하였다.

한편 가장 최근의 학문적 연구성과까지 수렴하여 서술하되 흥미 위주의 역사 이해에 빠지지 않도록 함으로써, 이야기의 주제와 관련하여 전문 역사학자로서의 기본 임무도 동시에 지키려 하였다. 또 각 주제와 관련하여 사진 자료를 가능한 많이 넣기로 하였다. 대부분의 자료 사진은 각 주제별 내용이 생생하게 표현된 역사의 현장에서 직접 촬영하였다.

진정으로 우리는 자라나는 아이들에서부터 학생, 일반 시민들에 이

르기까지 모두가 우리 고장의 문화와 역사를 제대로 앎으로써 우리 모두가 역사의 주체라는 인식을 갖기를 바란다. 지방화의 시대에 정체성 확립은 무엇보다 중요하며, 이러한 토대 위에서 올바른 지방문화의 발전이 가능하다. 지방문화의 발전과 다양화는 한국문화 전체의 변화와 발전을 가능하게 할 것이다. 우리 연구소는 이 책의 편찬을 통해 지방의 문화를 풍요롭게 하는 데 조그만 기여를 할 수 있기를 감히 기대해본다.

이미 간행된 책은 독자들의 많은 관심과 사랑으로 절판이 됨으로써 자연히 재판의 필요성이 대두되었다. 이에 기획실을 중심으로 2003년 3월부터 논의를 거듭하였으나, 이번에는 단순 교정과 약간의 수정 수준에서 재판을 하기로 의견을 모았다. 다만 초판을 간행했던 출판사의 사정으로 불가피하게 출판사를 바꾸지 않을 수 없었다. 이 과정에서 부족한 사진의 문제는 차철욱 연구원의 헌신적인 도움을 받아 해결하였다. 막상 다시 책을 내려 하니 아쉬움이 크다. 그것은 초판 이후 보다 깊이 있으면서도 다소 전문적인 부산 역사에 대한 독자들의 목마름 때문이다. 이를 위해서는 차후의 전면적인 개정을 기대할 수밖에 없을 것 같다.

끝으로 이 책이 나오기까지의 편집 및 교정에 참여한 김강식, 차철욱, 한정훈, 강정원, 이연심, 박정기, 김민주, 김도형, 김귀한 연구원의 수고에 감사한다. 아울러 어려운 조건 속에서도 좋은 책을 발간하여 문화의 창달과 역사의 진흥에 노력하는 도서출판 선인의 윤관백 사장님과 편집부 여러분에게도 깊이 감사드린다.

2003년 8월 31일

부경역사연구소 연구원 일동

시민을 위한 부산의 역사

Contents

제 1 부

부산포의 역사

제 2 부

역사와 함께 한 부산 사람들

2장 격동기의 사람들 135

제 3 부

유적을 따라, 삶의 흔적을 찾아

1장 유적에 새겨진 부산의 의미 197

2장 생활과 문화에서 찾는 부산의 역사 247

부록

제1부

부산포의 역사

1장

한국사 속의 부산

한국사 속의 부산

● 신 춘 식 (동아대학교 강사)

1. 한국사와 지역사

한국사 교육이 추구하는 목적이 한민족의 일원으로 가져야 할 정체성을 갖게 하는 것이라면 각 지역에 살고 있는 사람들은 자기 지역의 역사에 대해 잘 알고 있어야 지역민의 일원으로 자기 정체성을 가지고 있다고 말할 수 있을 것이다. 하지만 대부분의 사람들은 한국사 일반에 대해서는 단편적 지식을 갖고 있지만, 자신이 살고 있는 지역의 역사에 대해서는 거의 무지하다. 물론 이것은 과거 우리의 학문풍토가 중앙을 중심으로 연구된 것과 무관하지 않다.

사실 중앙과 지역은 별개의 것이 아니다. 중앙을 중심이라는 의미와 함께 국가 전체를 규정하는 것으로 볼 때 지역은 중앙의 개별요소로서 지역발전이 없이는 국가의 발전도 있을 수 없다. 따라서 각 지역의 역사적 과정과 진로는 한국사 일반의 전개과정이나 진로와 긴밀히 연계되어 있다. 예를 들어 1980년 광주에서 일어났던 일련의 사건들은 한국의 민주주의 발전과 관련해 한국 현대사의 모순이 특정한 지역에서 가장 극적인 형태로 전개된 하나의 실례이다. 특정지역에서 발생한 광주민중항쟁은 1980년대 내내 지역이나 계급을 초월해 그 시대 사람들로 하여금 문제의 해결을 위해 고민하고 투쟁하게 만들었다. 그리고 마침내 일정한 성과를 도출해 내었다.

이처럼 지역의 역사는 해당 시기 국가사회의 일반적 과제가 농축되어 나타나는 현장이며, 또 그 해결점을 찾아가는 과정도 결코 해당 지역만이 아니라 전체 국민의 의지가 관철되면서 이루어지는 것이라고 할 수 있다. 즉 각 지역사의 발전은 한국사 전체의 발전과 궤를 같이하고 있는 것이다.

근래에 지역사에 대한 관심이 높아지고 있는 것은 지역문제를 역사적 접근방법을 통해 진단하고 해결해 보려는 하나의 시도로 한국사 전체의 발전을 위해 대단히 바람직한 현상이다. 더욱이 지방자치제의 본격적 시행과 국가 간의 교섭이 점차 지역중심으로 이루어지고 있는 현실을 고려해 볼 때 지역의 발전은 곧바로 국가발전과 직결되어 나타나고 있다. 이러한 시기에 지역사 연구는 아무리 강조해도 지나침이 없을 것이며, 그리하여 지역사와 민족사에 대한 안목과 세계사에 대한 안목이 결합될 때 우리는 진정으로 인류 역사 발전을 선도해 나갈 수 있을 것이다.

2. 선사시대의 부산

온대 계절풍 기후대에 속하여 사람이 살아가기에 적당한 우리 부산에 처음으로 사람이 살았던 시기는 구석기시대로 거슬러 올라간다. 이런 사실은 1990년대에 들어와 해운대 유적이 발견되면서 세상에 알려졌다. 해운대 유적은 청사포 일대와 중동, 좌동 등지에 걸쳐 있는데, 주먹도끼, 찍개, 긁개, 뚜르개, 모루돌 등 다양한 용도의 석기가 출토되었다. 이런 내용을 근거로 학자들은 늦어도 3만 년 전에는 우리 부산에서 사람들이 살았음을 증명하였다. 그러나 해운대에서 살았던 구석기인들이 우리 부산사람들의 직접 조상인지는 분명치가 않다. 일반적으로 구석기시대의 인류는 빙하기라는 기후적 특성으로 인해 끊임없이 이동한 것으로 알려져 있다. 따라서 우리 부산에 살았던 구석기인들도 당시는 육지로 연결되어 있었던 대한해협을 건너 일본 등지로 이동하였을 것으로 추증된다.

지금부터 약 1만 년 전 빙하기가 끝나자 인류의 문화단계도 중석기시대로 진입하였다. 이 시기의 한반도는 비교적 현재의 기후와 비슷한 온대기후대로 바뀌어 우리 나라에는 빙하시대에 살았던 덩치 큰 동물은

동삼동 조개무지 1969~1971년 사이에 발굴되었는데 신석기 시대의 대표적인 유적지 가운데 하나이다.

사라지고 작고 빠른 포유동물들이 번성하였다. 당시의 사람들은 이런 동물들을 잡기 위하여 사냥도구를 개선하였는데 화살과 같은 잔석기를 많이 사용하였다. 그러나 현재까지 우리 부산에는 중석기 유적이 발견되지 않아 이 시기에 사람이 살았는지는 알 수 없다.

우리 부산에 본격적으로 사람이 살기 시작한 시기는 지금부터 약 8천년 전인 신석기시대에 들어와서부터이다. 이것은 신석기시대의 대표적인 유적인 조개무지(패총)가 부산의 곳곳에서 발견된 것에서 알 수 있는데, 부산의 조개무지는 동삼동, 영선동, 암남동, 다대동, 금곡동, 강동동, 녹산동 등 현재까지 알려진 곳만도 무려 18곳에 이른다. 이런 유적은 대부분이 강이나 바닷가에 걸쳐 있어 부산의 신석기인들도 대부분이 어로를 통하여 생활을 영위하였음을 알 수 있다. 하지만 부산의 신석기인들은 부분적으로는 조, 피, 수수 등의 밭작물을 재배하는 농경생활도 하였다. 그것은 동삼동 유적에서 돌괭이나 돌보습 등의 석기가 출토된 것에서 미루어 짐작해 볼 수 있다. 이러한 농경생활은 신석기 후기로 접어들면서 훨씬 잦아져 부산 사람들도 본격적인 농경생활을 하게 되었다.

우리 나라 청동기시대는 보통 기원전 1천년경부터 청동기가 유입되기 시작한 이래 기원전 3백년 무렵까지 약 700년 사이를 말하는데, 청동기의 사용은 우리 나라 북부에서 시작하여 점차 전지역으로 확대되었다.

우리 부산에서도 고인돌(지석묘), 돌널무덤(석관묘), 민무늬(무문)토기 산포지 등의 청동기 유적이 발견되었는데, 이들 유적지는 신석기시대와 달리 노포동, 서면, 대신동, 장전동, 사직동, 범천동, 괴정동, 감천 등 상대적으로 내륙의 구릉지대에 많이 분포하고 있다. 청동기시대의 유적이 발견된 지역에는 좁은 골짜기와 하천이 형성되어 있어서 농사를 짓기에 비교적 유리했을 것이다. 따라서 부산의 청동기인들도 점차 농경중심의 경제생활을 통해 살아가게 되었다.

부산에서 발견된 청동기시대의 유적에서는 돌칼, 돌화살, 돌도끼 등의 각종 간석기(마제석기)와 각종 민무늬 토기가 출토되었다. 그러나 청동기유물은 아직까지 발견되지 않고 있는데, 부산 근교의 김해에서 청동기가 발견되는 것이나, 또는 부산의 청동기인들이 건너갔던 대마도에서 소위 한국식 동검으로 알려진 세형동검이 많이 출토되는 것으로 보아 부산에서도 청동기는 분명히 사용되었다고 생각된다.

흔히 청동기시대는 국가가 형성되는 것으로 알려져 있다. 국가는 계급관계의 반영으로 농업의 본격화에 따른 잉여생산물의 축적과 사유재산의 출현에서 시작되었다. 그렇다면 우리 부산에서는 청동기시대에 어떠한 국가권력이 존재했을까? 이 의문에 대해 현재로서는 답변하기가 곤란하다. 그것은 우리 부산의 청동기 문화를 구성하는 유적 가운데 상대적으로 고인돌의 숫자가 적고 또 청동기가 출토되지 않아 국가 발생의 문제를 연구하기가 매우 어렵기 때문이다. 따라서 우리 부산에서의 국가 태동의 문제는 철기시대의 자료를 가지고 유추해 볼 수밖에 없다.

3. 삼한사회와 부산

우리 나라 철기시대의 시작은 기원전 4세기부터이며, 본격적인 철기시대로의 진입은 기원전 2세기로 알려져 있다. 기원전 4세기에서 기원전 2세기 사이는 초기 철기시대라고 부르는데, 이 시기의 유적이 부산에서 발견된 예는 거의 없다.

부산지역이 본격적으로 철기를 사용하는 것은 기원전 2세기 이후부터이다. 이것은 한반도 남부가 철기시대로 진입하는 것과 그 맥을 같이 한다. 즉 기원전 2세기 초반 위만(衛滿)에 의해 권력을 탈취당한 고조선의 준왕(準王)이 무리를 이끌고 한반도 남부로 이주한 이후 한반도 남부에는 이른바 진국(辰國)이 형성되었는데, 진국의 성립은 선진 문물의 흡수과정과 관련해 설명되고 있다. 선진 문물의 수용은 위만조선이 멸망

노포동 유적 국가태동기를 설명해 줄 수 있는 유적으로 철기시대의 유적지다.

한 기원전 2세기 후반 이후 더욱 본격화되었다. 한사군(漢四郡)과의 교류 사실을 보여주는 『삼국지』의 기록이 그것을 증명한다.

철기의 수용과 사용은 유적과 유물에서도 증명된다. 즉 후기 민무늬토기의 하나인 점토띠 토기의 경우 아가리 부분의 점토띠가 단면원형에서 단면삼각형으로 바뀌는데, 이 토기를 학자들은 '늑도식 토기'로 부른다. 늑도식 토기는 기원전 2세기에서 기원전 1세기 사이의 유적으로 알려진 삼천포 늑도유적에서 나타난 토기이다. 늑도유적에서는 늑도식 토기와 함께 각종 철기가 대량으로 출토되었다. 따라서 늑도토기의 출현은 철기시대를 알리는 징표로 해석되는데, 우리 부산에서도 영도의 아치섬(조도)유적에서 늑도토기가 출토되었다.

한반도 남부지역이 본격적인 철기시대로 진입한 이후 진국은 보다 성장하여 이른바 삼한(三韓)으로 발전하였다. 삼한시대의 부산에는 변한(弁韓) 12국 중 하나인 독로국(瀆盧國)이 있었다고 한다. 중국의 역사책 『삼국지』「위서」 한전에는 독로국이 바다를 사이에 두고 왜(倭)와 접해 있다고 기록하고 있는데, 독로국은 현재로서는 동래(東萊)지역에 있었다는 주장이 우세하다(그러나 거제도로 비정하는 사람도 있음). 독로국의 위치가 동래라는 것은 복천동과 연산동의 고분군, 그리고 동래 조개무지 유적의 존재와 관련해 주장되고 있다.

독로국이 정확히 언제 형성되었는지는 알 수 없다. 그러나 변한의 성립시기를 기원전 1세기 전후라고 볼 때 독로국의 출발도 비슷했다고 보아야 할 것이다. 복천동 고분군의 무덤 중 가장 빠른 시기에 만들어진 것이 4세기 초반의 38호 고분이다. 그렇다면 그 앞 시기 지배자의 무덤들은 어디에 있었을까? 현재의 고분들이 주로 구릉 위에 있는 것으로 보아 구릉의 아래쪽 주택가가 독로국 초기의 무덤위치는 아닐까?

그런데 당시의 국(國)이라는 것을 후대의 국가(國家)와 동일시해서는 안 된다. 영토의 크기, 국민의 수, 권력의 강도 등 여러 가지 면에서 국은 작고 미숙한 존재였다. 즉 국은 국가형성의 태동기 단계 정도로 보아야 한다. 독로국도 이런 모습이었을 것이다. 하지만 독로국은 인접한 가야와 신라 그리고 왜를 잇는 최고의 교통요지로서 점차 그 지위를 높여 나갔을 것이다. 복천동 고분군에 보이는 막대한 양의 철기와 왜 계통의 유물은 4세기 이후의 독로국 지배자의 세력이 어떠하였는지를 보여주는 실례다.

철기가 본격적으로 사용되고 농업생산력이 더욱 증대되면서 변한사회는 점차 정치적으로 통합되어 나갔다. 즉 김해의 구야국 등은 성장하여 이른바 가야제국(伽耶諸國)의 하나가 되었다. 가야제국은 여러 개의 소국들로 구성된 연맹체 국가였다. 동래의 독로국은 가야의 주요 연맹세력 가운데 특히 김해의 구야국(狗耶國)과 밀접한 관련을 가진 것으로 알려져 있다. 구야국과 독로국이 어떠한 관계를 가지고 있었는지를 보여주는 구체적인 사료는 없다. 그러나 5세기 이후 신라 세력이 부산에 들어오기 전까지는 가야제국의 하나였다고 생각된다. 그것은 복천동 고분에서 출토되는 유물 중 4세기대의 것으로 보여지는 것들이 대체로 가야계통이 많은 것에서 알 수 있다. 따라서 복천동 고분군의 주인공은 가야제국의 왕이었다고 해도 무방할 것이다.

4. 고대국가의 등장과 부산

한반도 남부의 삼한사회에서 태동한 백제와 신라 그리고 북부의 고구려는 원래 군장사회에서 출발하여 부족연맹단계를 거쳐 점차 고대국가로 발전하였다. 그러나 변한에서 출발한 가야는 이들과의 경쟁에서 패배하여 고대국가 단계로 진입하지 못하였다. 가야제국의 하나였던 동래의 독로국도 신라의 팽창과 더불어 신라 변방의 하나가 되었다. 그런데 『삼국사기』의 기사에는 신라가 동래지역의 거칠산국을 멸망시키는 것으로 기록되어 있다. 독로국과 거칠산국이 같은 것인지의 여부는 현재로서는 알 수 없다.

독로국이 가야제국의 일원에서 신라의 영향권으로 포섭된 것은 5세기 이후였다. 가야제국의 일원으로 철의 생산과 판매를 바탕으로 유력한 국가의 하나로 성장하던 독로국은 고대 중앙집권국가로 발전하던 신라의 입장에서는 반드시 제압해야 할 대상이었다. 그런 연후에야 신라가 김해의 가야 세력을 장악하고 낙동강 일원을 아우르는 영토국가로 발전할 수 있기 때문이었다.

신라는 400년 왜구 침입을 기화로 고구려에 군사적 원조를 요청하였다. 이에 광개토대왕은 5만의 대군으로 남정(南征)을 실시하여 낙동강 유역의 가야세력을 초토화시켰다. 동래 복천동 지역의 독로국은 이 과정에서 고구려 및 신라군과 생존을 건 일대 격전을 치르게 된다. 그러나 독로국은 그들의 적수가 될 수 없었고, 마침내 부산지역은 신라의 거칠산군(현재의 동래지역)과 대증현(현재의 당감동 일대)으로 신라세력에 포섭되었다. 이제 부산지역은 독자세력으로는 존재할 수 없었고, 신라에 복속되어 해산물과 영도의 말을 공납하는 변방지역으로 격하되었다. 부산지역을 지배하던 복천동의 가야왕도 신라의 지방장관으로 전락하였다.

부산을 점령한 신라는 그 여세를 몰아 532년에는 김해 가야를 점령하였고, 562년에는 대가야를 점령하여 가야를 자신의 판도로 넣었다. 그리고 660년과 668년에는 백제와 고구려를 멸망시키고 삼국을 통일하였다.

삼국을 통일한 후 신라는 새로이 확보된 영토를 통제하기 위해 지방제도를 정비하였다. 685년 신문왕은 대동강 이남의 한반도를 주-군-현으로 나누어 중앙집권체제를 강화했다. 이때 부산지역은 양주(良州,

지금의 양산)에 속하게 되었고, 757년(경덕왕 16)에는 중국식 발음을 본따 동래군(東萊郡)이 되었다. 동래군에는 두 개의 현이 속해 있었는데, 하나가 동평현이며 다른 하나가 기장현이었다.

5. 고려시대의 부산

9세기 이후 신라사회는 왕위계승분쟁이 격화되어 중앙권력이 약화되어 갔으며, 각 지방에는 호족들이 점차 독립적인 위치를 차지하고 있었다. 따라서 부산지역에서도 독자적인 정치세력이 있었을 것으로 추증된다. 고려시기에 동래 정씨(鄭氏)의 시조인 정문도(鄭文道)가 동래의 향리로서 아들을 모두 중앙관리로 입신시키는 것으로 보아 동래 정씨 가문 정도의 세력이 부산의 호족세력으로 존재하지 않았을까? 김해지역에는 김인광(金仁匡), 소충좌(蘇忠子) 같은 호족세력이 있었다.

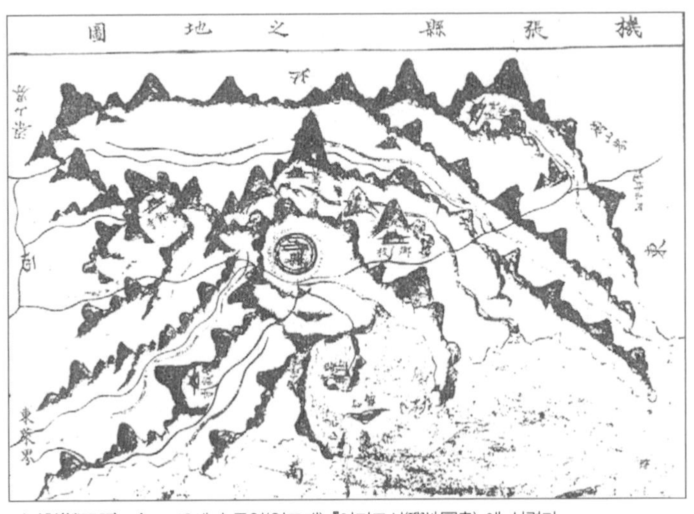

기장현(機張縣) 지도 18세기 중엽(영조대) 『여지도서(輿地圖書)』에 실렸다.

그러나 9세기 말 10세기 초 이후 후삼국의 분열기에 들어와 각 지역의 호족세력은 이합집산에 따라 후백제와 고려의 세력으로 편입될 수밖에 없었다. 이 와중에 부산지역은 후백제의 영역이 되었다. 당시 후백제와 고려의 주 격전지는 경상도 동남부의 땅이었다. 이것은 신라지역을 누가 점령하느냐가 패권쟁취의 최대 분수령이었기 때문일 것이다.

후삼국 정립의 초기에는 후백제 세력이 강하였다. 우세한 군사력을 소유한 견훤은 울산과 경주지역으로 진출하는 교두보인 부산을 자신의 휘하에 두고 신라를 위협하였지만, 결국 민심을 획득한 고려의 왕건(王建)이 후삼국을 통일하였다. 고려의 건국은 신라가 가졌던 폐쇄적인 골품체제에서 벗어났다는 측면에서 훨씬 성숙한 사회의 모습을 보여주었다. 그러나 후삼국 통일과정에서 고려와 대립했던 후백제의 영토였던 부산은 고려의 후삼국 통일과 더불어 엄청난 시련을 겪게 되었다.

고려는 체제를 정비한 후 과거 동래군이었던 부산지역의 격을 낮추어 동래현(東萊縣), 동평현(東平縣), 기장현(機張縣)으로 만들어 버렸다(현종 9년, 1018). 그리고 지방관도 파견하지 않는 속현이 되게 했다. 동평현의 경우는 알 수 없지만 울주군의 속현이었던 동래현에는 4개의 부곡(部曲)과 1개의 향(鄕)을 두었으며, 기장현에는 4개의 부곡을 두었다. 향과 부곡은 원래 고대국가 발흥기에 있어서 극심하게 저항한 지역 등에 설치하여 상당한 차별을 하였던 역사적 사실로 볼 때 고려조에 들어와 부산이 얼마나 중앙정부로부터 무시되었는지 알 수 있다.

고려 왕조의 특수 행정구역이었던 향 · 부곡 · 소(所)는 국가가 각종 물산과 노동력을 보다 효과적으로 수탈하기 위해 만든 것이다. 이와 같은 특수 행정구역은 상대적으로 경상도와 전라도에 집중되었다. 이들 지역의 사람들은 우리들이 일반적으로 알고 있는 것처럼 천민은 아니지만 일반 양인에 비해 상당한 차별대우를 받았다. 삼별초의 대몽항쟁 시기에 전라도나 경상도의 해안 지역이 삼별초 항쟁의 근거지가 되었던 것은 고려 왕조의 지역 차별정책과 무관하였을까?

이렇게 차별을 받았던 부산이 다시 중앙정부로부터 주목을 받기 시작한 시기는 고려말의 왜구의 출몰과 관련하여 국방상의 요지로 거론되면서부터였다. 당시 왜구의 출몰로 전국이 피해를 입었지만, 특히 해안지방 그 중에서도 김해나 부산의 피해는 대단히 컸던 것으로 알려지고 있다. 그리하여 조선 왕조에 들어와 부산은 국방의 관문으로 중앙 정부로부터 상당한 관심을 받는 지역이 되었다. 물론 고려의 특수 행정구역인 향 · 부곡 · 소는 이미 고려 때부터 이들 지역민의 저항으로 점차 소멸되어 갔다.

6. 조선시대의 부산

고려말에 왜구를 토벌하면서 성장한 신흥무인세력은 성리학적 이념에 입각하여 새로운 국가를 건설하려는 신진사대부와 더불어 조선이라는 새 국가를 건설하였다. 조선은 국가건설의 초기에 부국강병에 힘써 양인 확보에 심혈을 기울였다. 그리하여 부산에도 부곡과 같은 특수행정구역이 완전히 사라지게 되었다. 아울러 조선은 부산지역을 일본과 대치하는 국방의 요새지로 인정하여 동래의 관할하에 부산진(釜山鎭)을 설치하였다. 이러한 정책은 전국에 걸쳐 펼쳐졌는데, 그 결과 조선 초기에는 전반적으로 사회가 안정되어 민족문화의 현저한 발전을 가져올 수 있었다.

오늘날 우리가 부산이라고 부르는 지명은 조선시대에 생겨났다. 원래 부산은 15세기까지 동래현에 부속되었던 동평현의 한 지역인 좌천동에 위치해 있던 '부산(釜山)'서 유래하였다. 지금은 증산이라 부른다. 그 산 아래에는 과거 고려시대에 부산부곡(富山部曲)이라는 포구가 있었는데, 이 지역을 부산포(釜山浦)라 부르게 되었다.

조선시대 부산 지역은 동래현의 관할 아래에 있었고, 종5품의 관리가 상주하였던 곳이다. 그러다가 삼포왜란(三浦倭亂, 1510) 이후 군사적 중요성 때문에 동래현은 동래도호부(東萊都護府)로 승격되었다. 여기에는 종3품의 부사가 상주하며 지방을 통제하였다. 부산이 군사적 요충지가 되면서 동래부사는 병마절도사 직속의 첨절제사(僉節制使)를 겸하다가 임진왜란 이후에는 단독의 독진(獨鎭)이 되어 양산과 기장의 군사까지 포함하여 약 7천여 명을 지휘하였다. 또한 경상좌수영의 수군본부가 임진왜란 직전에 울산에서 옮겨와 현재의 수영지역에 설치되었다.

동래부의 행정구역은 읍내면(邑內面), 동면(東面), 남촌면(南村面), 동평면(東平面), 사천면(沙川面), 서면(西面), 북면(北面) 등 7면 22동 79리로 나뉘어져 있었다. 현재의 서면은 여기에서 유래하였다. 읍내면은 오늘날의 동래지역이며 동면은 오늘날의 해운대지역이다. 그리고 남

동래부 지도 1832년경(순조 32년)의 『경상도읍지(慶尙道邑誌)』에 수록되어 있다.

촌면은 현재의 남구지역에 해당하며, 동평면은 부산진구와 동구 일대, 사천면은 북구와 서구, 사하구 및 중구 일대, 북면은 금정구 일대로 알려져 있다. 또한 조선 초기의 동래 인구는 3천여 명 정도였고, 조선후기에는 2만 명 정도가 살았다.

조선시대의 부산은 무엇보다도 대일(對日)교섭의 관문으로 이름이 높았다. 부산에 왜관이 처음 설치된 것은 태종 7년(1407)이었다. 이때의 왜관은 지금의 자성대 부근에 있었으며, 왜인들은 2천 명 정도가 범일동 일대에 거주하였다고 한다. 이러한 사실은 이 시기부터 부산이 국가의 관문으로 서서히 부상하고 있음을 보여주는 것이다.

왜관의 설치를 비롯하여 태종대에는 왜인에 대한 각종 우대정책을 펼쳤지만 왜인들의 행패가 그치지 않자 세종 원년(1419)에는 대마도 정벌이 단행되었다. 그 후 일본의 요구에 의해 1443년 계해조약이 체결되어 부산을 비롯하여 삼포(부산포, 염포, 제포)가 다시 개항되고 왜관도 설치되었다. 그러나 1510년 왜인들은 또다시 4천 5백여 명이 작당하여 삼포에서 난을 일으켰고, 이 과정에서 왜관은 존폐를 거듭하였다.

조선 정부는 임진왜란을 계기로 왜관을 완전히 폐쇄하였지만 막부정부의 요청에 의해 1609년 기유약조를 체결하고 다시 부산포를 개항했다. 이 때에는 지금의 부산일보 일대에 위치하였던 두모포(豆毛浦)에 왜관이 설치되었다. 이후 두모포 왜관은 장소가 협소하다는 일본의 요청에 의해 다시 초량으로 이관하였다.

초량왜관은 약 11만 평에 달하는 방대한 지역으로 조선정부는 이곳을 효과적으로 통제하기 위하여 둘레에 돌담을 쌓고 일인들이 함부로 넘나들지 못하도록 하였다. 또 주변의 산에 병사를 매복시켜 감시하게 하였다. 오늘날 대청동의 복병산은 여기에서 유래한 지명이다. 하지만 왜인의 숫자가 불어나고 조선인과 접촉이 잦아지자 각종 폐단이 속출하였다. 가장 큰 문제는 밀무역으로 인해 부산지역의 곡가가 폭등하게 된 것이다. 뿐만 아니라 왜인들에게 빚을 지는 조선인들도 생겨나고 조선인은 그 빚을 갚기 위해 국가가 금지하는 물건을 암거래하여 경제질서를 어지럽히기도 하였다. 이와 함께 왜인과 조선인 사이에 교간(交姦)과 화간(和姦) 등 풍기가 심하게 문란되기도 하였다. 국가 간의 외교관계에 따라 설치되었던 왜관은 부산에 큰 피해를 주었다.

왜인에 의한 피해는 왜관에 의해서만은 아니었다. 1592년 임진왜란 때 부산은 왜군이 조선 땅에 상륙한 최초의 지역으로, 당시 부산진성 싸움이나 동래성 싸움에서는 군관민 거의 전원이 전사할 정도로 막대한 피해를 입었다. 이후 7년 동안 부산은 왜군의 점령지역으로 엄청난 약탈을 당하게 되었다. 하지만 부산사람들은 여기에 굴하지 않았다. 이미 전쟁초기의 부산진성 전투와 동래성 전투에서 나타났던 항전의 기세는 7년 내내 계속되었다. 좌수영 25의용단 유적과 동래부민으로 의병에 참가한 24공신 이야기는 부산 사람들의 저항정신이 어느 정도였는지를 잘 말해준다 하겠다.

임진왜란 이후 조선은 또다시 병자호란이라는 국란을 당하였다. 두 차례의 전쟁 직후 조선사회는 국가체제가 거의 마비될 정도였다. 그러나 지배계층은 자신들의 기득권을 유지하기 위해 성리학적 지배질서를 강화하고 양반의 특권을 강조하였다. 따라서 생존마저 위협받고 있었던 농민을 비롯한 피지배층은 스스로 자신의 생존과 재생산을 위하여 노력할 수밖에 없었다. 조선후기 민중 중심의 경제와 사회발전은 조선사회의 내재적 근대화의 가능성을 보여주는 것이었다.

하지만 지배계층은 자신의 기득권 유지를 연장시키려 하였으며 정치권력은 점점 더 부패하여 갔다. 동시에 이들에 의한 삼정의 문란은 극에 이르렀다. 삼정의 문란은 일반 백성은 물론 새로운 경영방법으로 성장하고 있던 농민, 상인, 수공업자들에게도 경제적으로 고통을 겪게 하였다. 이제 그들은 전면적인 저항을 할 수밖에 없었다. 1811년의 평안

도농민항쟁과 1862년의 농민항쟁은 바로 이 시기 민중저항의 한 단면을 보여주는 것이었다. 19세기는 당시 봉건지배층의 언급대로 민란(民亂)의 시대로 점철되었다. 부산지역에서도 1836년 동래에서 민란이 발생하였다.

조선정부의 위기의식은 내부에서 뿐만 아니라 외부에서도 그 충격의 강도가 점점 거세어지고 있었다. 19세기 초반부터 등장한 이른바 이양선(異樣船)이라 불렸던 서양 선박은 통상을 핑계로 조선을 마음대로 드나들기 시작했다. 우리 부산은 바다에 위치한 관계로 어느 지역보다 이양선의 출몰이 많았다. 1852년 미국 포경선이 용당 앞 바다에 나타난 것을 시작으로 1855년 영국과 프랑스, 1859년에는 영국상선이 3번이나 나타나 밀무역을 요구하며 초량 앞 바다에 등장하였다. 이양선의 침투는 바로 제국주의 외세에 의한 조선의 개항으로 귀결되었다.

7. 제국주의의 침략과 부산

1876년 강화도조약의 체결은 조선을 세계자본주의 체제에 강제로 편입시키게 하였다. 부산은 특히 일본의 조선 침략 교두보가 되었다. 그들은 억지로 과거 초량의 왜관을 조차지로 설정하고 이 지역을 일본인의 전관거류지로 만들었다. 여기에 영사관, 경찰서, 은행, 병원, 상업회의소, 전신국 등 조선을 침탈하는 데 필요한 공공 건물을 세우는 등 새로운 시가를 형성하였다. 현재의 동광동, 남포동, 광복동 등은 이렇게 하여 형성된 신 시가지였다. 그들은 신 시가지를 중심으로 새로운 상권을 형성하고 점차 상권의 확대를 꾀하면서 부산의 중심 지역인 동래지역으로 침투해 가기 시작했다. 일제의 침략과 조선 정부의 부패와 무능은 또 다시 농민의 저항을 촉발시켰다.

일본인 거류지(1902년 무렵)

1883년에 발생한 동래민란은 개항 이후 개항장에서 발생한 최초의 민란으로 이후의 농민항쟁의 시발점이 되었다. 그러나 제국주의 침략은 계속 되었으며, 그들은 전쟁을 통하여 조선을 식민지로 만들려고 하였다. 청일전쟁(1894)과 러일전쟁(1904)은 제국주의 전쟁의 아류였지만, 전쟁의 결과 조선은 일본의 식민지로 전락하였다.

1910년 완전 식민지화 이후 부산은 일본인들의 소굴이 되었다. 그들은 부산의 행정구역을 식민통치에 유리하도록 개편하였고, 도시 개발이라는 미명하에 부산인들의 토지를 약탈하였다. 약탈한 토지에는 새로운 시가지와 공장 등을 건설하였다. 그리하여 1930년대에는 새로운 공업지대로 서면을 부산에 편입시켰고, 1942년에는 동래지역도 편입시켰다. 철기시대 이래 부산지역의 중심지였던 동래는 마침내 그 부속현이었던 부산에 의해 잠식당하는 운명에 처해졌다.

부산은 식민지시대 이래 경성에 이어 가장 큰 생산도시가 되었고, 소비도시가 되었다. 그러나 이러한 성장의 이면에는 조선인의 몰락과 일본인에 의한 조선인 차별이 감추어져 있었다. 일본인 천지인 부산은 그런 점에서 어느 지역보다도 일제에 대한 저항의 강도가 강하였다. 3·1 민족해방운동시기의 동래와 구포 지역의 시위를 필두로 1921년에는 부산 부두노동자들의 동맹파업이 있었으며, 1922년과 1930년에는 조선방직노동자들이 대규모 파업을 일으켜 일제에 저항하였다. 그리고 백산 안희제 선생을 비롯하여 박차정 여사와 박재혁 열사 등 한국민족해방운동사의 거목들이 부산에서 성장하였거나 부산을 무대로 항일운동을 줄기차게 전개하였다. 동시에 부산노동연맹, 부산청년회, 신간회 부산지회 등 각종 단체에 의한 항일운동도 끊임없이 계속되었다.

뿐만 아니라 부산은 1940년대에 들어와 항일운동이 상대적으로 약화되었던 시기에도 학생들을 중심으로 끈질기게 일제에 저항하였다. 1940년 11월의 소위 노다이 사건은 부산학생의 항일정신을 단적으로 보여준 것이었다.

반민주 독재권력의 부도덕성과 침략적 외세의 부당한 간섭에 저항하는 민족민주운동의 성지로 표상되는 해방 이후의 부산 현대사의 여정은 바로 이러한 부산 사람들의 기개에서 생성된 지역의 전통이었다.

2장

부산 역사의 줄기

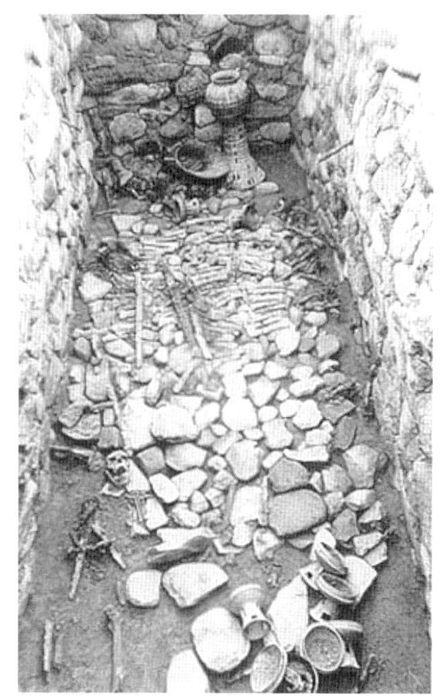

해운대의 구석기 사람

● 한 규 철 (경성대학교 교수)

청사포의 구석기시대 사람을 아십니까? 현대인들은 오랜 역사 속의 조상들을 생각해 볼 여유를 가지고 있지 않은 것 같다. 물론 현재의 생활이 바쁘고 어렵기 때문이겠지만, 자신의 고향이 부산이라고 느끼지 못하는 사람들도 많기 때문인 것 같다. 그만큼 오늘날의 부산은 대도시로 국제화되어 있다.

부산에서 가장 오래 전에 살았던 사람은 바로 해운대의 청사포 등에서 살았던 구석기시대 사람들이라고 한다. 청사포는 해운대 달맞이고개를 넘어 송정으로 가는 바닷가에 위치하고 있으며, 임씨 부인의 애틋한 전설이 담긴 곳이기도 하다. 사랑하던 지아비가 고기잡이하러 나갔다가 돌아오지 않자, 매일 소나무 옆에 나아가 먼 바다를 바라보며 기다렸다고 하여 망부송(望夫松)으로 이름 지어진 소나무가 있는 곳이기도 하다. 그러나 우리는 망부송의 전설보다 훨씬 전인 지금으로부터 1

만년 전의 청사포 사람들에게도 임씨 부부와 같은 사랑이 있었다고 추측할 수 있다.

부산 지역의 구석기 유적은 1990년에 조사된 청사포를 비롯해서 1992년 해운대 신시가지 조성과정에서 발굴 · 조사된 좌동과 중동 유적 등이다. 여기에서 출토된 유물들은 주먹도끼, 찍개, 긁개, 뚜르개, 원형석기, 모루돌, 망치돌, 돌날, 몸돌, 박편 등과 같은 것이었으며 석기의 재질도 다양하였다. 이로 보아 부산에서는 늦어도 1만년 전에 사람이 살았을 것이다.

해운대라는 지형과 유물들로 보아 이들은 주로 바다에서 먹을 것을 얻고 살았고, 사냥과 고기잡이를 하였으며, 필요에 따라서 이들은 먼 거리로 이동하여 살았다고 여겨진다.

조사결과로 볼 때 좌동과 중동 유적은 오랫동안 머물렀던 곳이 아니라 일시적으로 거주하면서 석기를 제작하고 필요한 도구를 만들었던 야

해운대 구석기 유적지 기념비(해운대구 좌동초등학교 앞)

외 유적이었다. 또한 여기에서 발견된 석기들은 사람들이 사용한 흔적이 있는 전형적인 '깬석기(타제석기)' 였고, 이것은 오래 전부터 한반도의 구석기인으로 알려졌던 함경북도 웅기 굴포리에서 나온 것과도 비슷하다.

한때 한반도에는 구석기시대에 사람이 살지 않았던 것으로 간주되기도 하였다. 그러나 1935년 동관진 유적으로 유명한 강안리(함북 온성군) 유적이 발견되면서 구석기시대가 인정되었고, 다른 지역과 함께 부산에서도 구석기 유물이 발견됨으로써 다시 한 번 한국사에서의 구석기시대가 확인된 셈이다.

사람들은 도구를 이용하면서 자신들의 역사를 크게 발전시켜 왔다. 도구를 이용하여 먹이를 쉽게 구할 수 있었으며, 자신들을 지킬 뿐만 아니라 남의 양식도 빼앗을 수 있었기 때문이다. 사람들이 가장 원시적인 깬석기를 이용하기 시작하던 약 200만년 내지 240만년 전부터를 구석

해운대 중동 유적 출토 구석기 유물(부산시립박물관 소장)

기시대라 이름하는 것도 그러한 이유에서이다. 그러나 구석기시대는 약 7천년 전(B.C. 5천년)에 새로운 도구인 '간석기(마제석기)' 의 신석기시대로 변하였고, 이 때부터 인류의 역사는 비약적으로 발전하였다. 구석기와 신석기시대는 기록이 없는 시대로서 기록을 갖는 '역사시대' 와 구별하여 '선사시대' 라 하기도 한다. 이렇게 기록이 없던 선사시대의 구석기시대부터 부산에서도 사람들의 숨결과 사랑의 역사가 시작되었다는 것이다.

그런데 구석기시대의 청사포인들을 비롯한 해운대 사람들이 오늘날의 부산 사람들의 직접 조상인가 하는 점은 확실치 않다. 그들이 자식을 낳고 낳고 하여 이 지역 사람이 되었을까. 구석기인들은 여러 차례의 기후 변화와 함께 다른 데로 이주해 가고, 신석기시대에 이주해 온 다른 지역 사람들이 우리의 조상이 되었다는 것이 일반적인 역사 해석이기 때문이다. 다만 북한에서는 구석기시대의 '본토' 인들도 우리의 조상이

해운대 좌동 유적 굵개와 홈날, 석재로 사용된 몸돌 등이 출토되었다.

라고 하는데, 이러한 시각으로 보면 구석기시대의 해운대인들도 부산 사람의 직접 조상인 셈이다. 구석기시대의 부산은 한 때 대마도를 비롯해서 일본열도와 육지로 연결되어 있었다.

6,500만년 전에 시작된 신생대 이후 지구는 4차례의 빙하기(추운 기후)와 간빙기(따뜻한 기후)를 거쳤고, 지금은 4번째의 간빙기에 해당한다. 빙하기는 지금보다 평균 섭씨 16도 이상이나 추웠으며, 간빙기는 지금보다 평균 4도 내지 6도가 높을 때도 있어서, 바다 깊이가 100미터 정도나 오르내렸다. 때문에 빙하기에는 일본열도와 한반도가 연결되어 동해는 호수와 같았고, 간빙기의 더운 때에는 일본열도와 한반도의 상당 지역은 바닷물로 덮여 있었다. 이러한 사실을 확인하여 주는 것이 바로 해운대지역의 구석기 유물들이 일본 큐슈지역의 후기 구석기시대 유물들에서도 발견된다는 사실이다. 구석기시대의 기후 변화 때문에 인류는 한 군데 정착하지 못하고 이동하였으며, 지금의 형세와 기후를 갖게 된 것은 구석기 말 신석기 초기였다. 이러한 이유로 우리가 청사포를 비롯한 해운대 주변에 살던 구석기인들이 과연 부산 사람들의 직접 조상이었는가 하는 점에 의문을 갖게 되는 것이다. 부산 사람의 직접 조상은 영도 등에 조개무지와 같은 생활흔적을 남겼던 신석기인들로부터 찾아야 하지 않을까 한다. 그들이 누구였고, 어떻게 살았으며, 어떤 사랑을 하였는가 하는 점들은 다른 장으로 넘겨야 할 것 같다.

국가 태동기의 부산 모습

● 권 오 영 (한신대학교 교수)

우리 나라 청동기시대의 대표적 무덤인 고인돌을 부산에서 찾아보기는 쉽지 않다. 고인돌뿐만 아니라 청동기시대의 유적 자체가 별로 알려져 있지 않다. 이러한 현상은 후대의 무분별한 유적파괴와 관련된다. 현재는 남아 있지 않으나 부산에서도 고인돌이 존재하였음이 일부 문헌에서 확인되고 있기 때문이다. 하지만 부산지역에서 신석기시대 패총유적이나 삼국시대 고분군이 다른 지역에 비해 매우 풍부하게 남아 있는 점과 비교할 때 고인돌 유적의 수는 애초부터 그리 많지 않았던 것 같다.

우리 나라 청동기시대의 대표적인 유물은 세형동검이라고 불리는 칼이다. 이 칼은 실제 전투에 사용되기도 하였지만 그것을 소유한 사람의 신분이 보통 사람보다 높았음을 과시하는 역할을 하였다. 당시 사회에서 지배적인 위치에 있던 사람들은 일반 성원들을 모아 놓고 각종 행사, 특히 종교행사를 벌일 때에 이 칼과 청동으로 만든 거울, 방울을 이용하

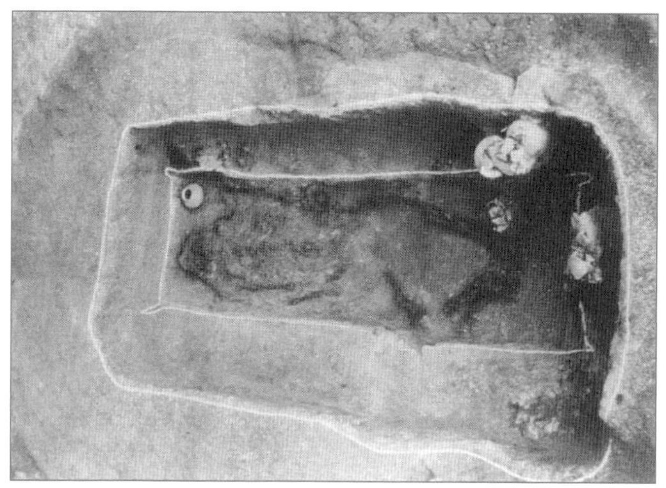

김해 구산동 유적

였다. 청동기가 파란색을 띠는 것은 녹이 슬어서 그런 것이지 원래의 색은 찬란한 황금빛이다. 번쩍번쩍 빛나는 신기한 물건들을 몸에 달고 손으로 휘두르면서 햇빛이 물건에 반사되면 그 사람의 몸에서 광채가 나는 듯한 착각이 일어났을 것이다. 이 물건들을 소유한 사람은 태양(하늘)과 통하는 사람, 즉 하늘의 자손이라는 믿음이 생겼을 법하다.

세속적인 권력이 아직은 미약하던 청동기시대의 지배자들은 이러한 방법을 통해서 일반 성원들을 통제하였을 것이다. 이렇듯 소중한 물건이었기 때문에 그것을 소유한 사람이 죽으면 무덤에 넣어 주었다. 부산에서는 이러한 청동기들이 발견된 예가 매우 드물다. 하지만 고인돌의 경우와 마찬가지로 유적의 파괴나 조사의 부족에서 말미암을 것이다. 인근의 김해나 진영에서는 이러한 청동유물이 자주 발견되고 있기 때문이다. 앞으로 부산에서도 이러한 유물들이 발견되기를 기대해 본다.

현재까지는 고인돌이나 청동기 등의 자료가 별로 없기 때문에 계급의 발생과 정치권력의 태동과정에 대한 연구는 매우 어려운 형편이다.

청동기시대가 끝나고 새로이 철기가 보급되어 가던 초기철기시대(기원전 3세기경~기원전 1세기경)의 유적도 별로 보이지 않는다.

기원전 1세기경부터 기원후 300년경까지를 학계에서는 원삼국시대, 혹은 삼한시대라고 부르고 있는데 이를 부산에 적용시키자면 삼한중의 하나인 변한시대라고 할 수 있다. 이 시기에 대한 역사서술은 중국의 『삼국지』가 거의 유일하다. 물론 우리 쪽 사서인 『삼국사기』가 있기는 하지만 이 시기에 관한 서술내용에는 선뜻 받아들이기 어려운 부분이 적지 않다. 그나마 부산지역과 관련된 기사는 더더욱 드문 형편이다. 『삼국지』에는 변한과 진한을 구성한 24개 국(國)의 명칭이 열거되어 있는데, 그 중 변한 독로국(瀆盧國)이 부산 동래에 해당된다. 독로국은 중국에서 한반도를 거쳐 바다 건너 일본(왜)으로 가는 고대 항로에서 인근의 김해 구야국(狗邪國)과 함께 중요한 위치를 점하였을 것이다. 독로국이 왜와 경계를 접한다는 기록이 『삼국지』에 특별히 기록되어 있기 때문이다.

당시의 국(國)이라는 것을 후대의 국가와 동일시하기는 어렵다. 영토의 넓이나 국민의 수, 권력의 강도 등 여러 가지 면에서 아직은

弁辰與辰韓雜居亦有城郭衣服居處與辰韓同言語
法俗相似祠祭鬼神有異施竈皆在戶西其瀆盧國與
倭接界十二國亦有王其人形皆大衣服絜淸長髮亦
作廣幅細布法俗特嚴峻

「삼국지(三國志)」 위지동이전 변진한조에 실린 독로국 기사

작고 미숙한 존재였다. 국가형성의 태동기, 혹은 국가체제를 향하여 달려가는 과도기였다고 볼 수 있다. 독로국도 이러한 경우에 해당된다.

독로국과 관련된 고고학적 자료는 구서동에서 출토된 토기, 노포동에서 발견된 무덤떼, 복천동의 무덤떼와 동래패총 등을 들 수 있다. 구서동유적은 원래 무덤이었을 것으로 추측되지만 이미 파괴되어 버렸을 것으로 판단된다. 노포동유적은 3세기에 해당되는 무덤들로서 그 중에는 무덤의 크기나 부장품의 양에서 앞서는 것들이 있어서 일반성원보다 우세한 개인이 출현하였음을 보여준다. 하지만 독로국 최고 지배자의 무덤은 아니었을 것이다. 그것은 동래 복천동에 있었을 것이다.

지금까지 수차례에 걸쳐 발굴조사가 이루어진 복천동고분군은 부산에서 가장 중심적인 고분군으로서 무덤의 입지, 규모, 부장품의 면에서 다른 유적들을 압도한다. 따라서 4~6세기경 부산지역 최고의 강자(지배세력)의 공동묘지가 현재의 복천동 구릉에 있었음은 틀림없다. 구릉

노포동 지하철 차량기지 전경 3세기 소국이 존재했던 것으로 추정되는 노포동 유적이 있었던 곳이다.

에 조성된 최고 지배자의 무덤 중 가장 이른 시기인 38호분의 연대는 3세기 후반 내지 4세기 전반경에 해당하는데, 그 이전의 무덤들은 구릉 아래쪽에 있었을 개연성이 높다. 하지만 그 곳은 이미 주택가로 변해 버린 실정이다. 아마도 인근의 김해 구지로유적, 창원 다호리유적의 양상과 유사하였을 것으로 추측된다. 다호리유적은 기원전 1세기에 해당되는 화려한 부장품들이 무더기로 발견되어서 세계적인 주목을 끌었던 바로 그 유적이다. 부산에서 다호리유적에 필적할 만한 유적을 찾는 것이 앞으로의 과제이지만 전망이 그리 밝지는 못하다.

아무튼 복천동고분군의 경우를 볼 때, 늦어도 4세기 전반경이 되면 독로국의 지배자는 일반성원들을 압도하는 강자로 군림하였으며, 그는 철을 매개로 한 당시의 동아시아 국제교역망에서 김해 구야국의 세력과 때로는 협조하고 때로는 경쟁하였을 것이다. 복천동고분군에 부장된 막대한 철기의 양과 외래계 유물의 존재가 그 증거이다. 이 세력의 위세와 신라와의 관계, 소멸과정에 대해서는 다음 연재에서 별도로 다룰 것이다.

오리모양토기(복천동 고분군 출토) 오리모양토기를 비롯한 이형토기는 죽은 이의 장송의례와 관련하여 제작되었다.

신라의 부산 진출은 이렇게 시작되었다

● 이 영 식 (인제대학교 교수)

1969년 9월 부산시 동래구청 뒤의 야산에서 고분 하나가 발굴되었다. 복천동 1호분으로 이름 붙여진 이 고분에서 출토된 금동관(金銅冠)은 전국적인 관심사가 되었다. 이러한 금동관의 출토는 약 1500년 전의 부산에도 독자적 정치력을 가진 왕자(王者)가 존재했음을 보여 주었다. 또한 가야의 옛 도읍인 김해와 가깝기도 하고, 별로 알려지지 않았던 가야의 유물들이 출토되어 가야의 역사와 문화에 대한 관심을 불러일으키기도 하였다. 다만 금동관 자체는 신라계통의 유물이어서 고대의 부산이 가야였던가 신라였던가 하는 논의도 생겨났다. 이후 복천동고분군에서는 1995년까지 120여 기의 고분이 발굴되었고 대개 4~5세기경에 만들어진 것으로 밝혀졌다. 이 고분군의 가치와 중요성을 연구하고 보존하기 위해 이곳에 1996년 10월 우리 나라에서는 처음으로 유적지에 세워진 박물관으로 복천박물관이 개관되었다. 여기는 발굴 당시의 모습을 그대로 재현해 놓은 야외전시관도 있어 고대 부산사람들의 삶과 죽음의 역사를 생생하게 들여다 볼 수 있게 하였다.

동래 복천동고분군은 가야와 신라의 문화적 색채를 동시에 보여주고 있어 흥미롭다. 앞 시기에 만들어진 고분들에서는 가야계통의 유물들이 출토되었지만, 뒤 시기에 만들어진 고분들은 신라계통의 유물들이 출토되었다. 이러한 사실은 복천동을 중심으로 한 고대 부산의 정치적 향방이 4~5세기를 사이에 두고 커다란 변화를 겪었음을 짐작케 한다. 그렇기에 '부산의 고대사를 가야로 볼 것인가 아니면 신라로 볼 것인가' 또는 '가야였던 고대의 부산지역이 언제부터 어떻게 신라의 세력권으로 편입되었던가' 를 둘러싼 논의가 진행되고 있다. 지난 선거의 유행어를 빌린다면 '부산과 경주는 언제까지 남이었고, 언제부터 남이 아니었던가' 가 될지도 모르겠다.

가야전사(지금의 양산군 물금 낙동강변) 신라가 가야를 공략하면서 승리와 무사를 기원하기 위해 세운 사당이다.

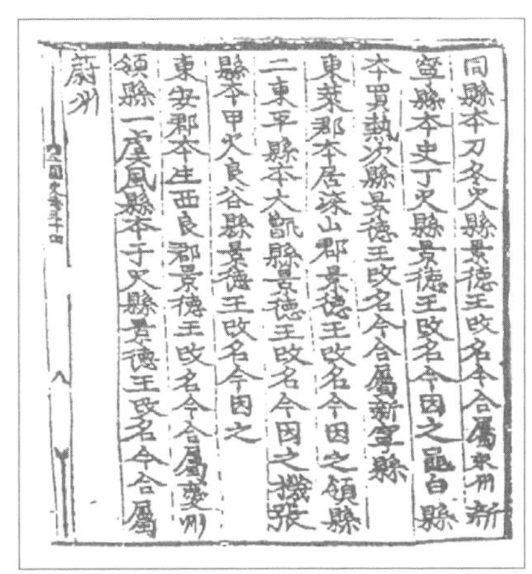
同縣本刀冬火縣景德王改名今合屬永州新
寧縣本史丁火縣景德王改名今因之黽白縣
本買熱次縣景德王改名今合屬新寧縣
東萊郡本居柒山郡景德王改名今因之領縣
二東平縣本大甑縣景德王改名今因之機張
縣本甲火良谷縣景德王改名今因之
東安郡本生西良郡景德王改名今合屬蔚州
領縣一虞風縣本于火縣景德王改名今合屬
蔚州

三國史卷三十四

「삼국사기(三國史記)」 지리지(地理志)의 동래군(東萊郡)기사 동래군이 신란의 군현으로 편입되었음을 보여주고 있다.

신라는 562년까지 가야의 여러 나라를 병합하고, 660년과 668년에 백제와 고구려를 멸망시켜 '삼국통일'을 완수하였다. 685년에 신문왕은 대동강 이남의 한반도를 주·군·현(州·郡·縣)으로 나누어, 중앙의 경주에 대응해 지방으로 편성하였다. 이때 부산지역은 양주(良州, 지금의 양산)에 속하는 군(郡)으로 편입되었고, 757년 경덕왕 때부터 동래군(東萊郡)으로 부르기 시작하였다.

따라서 부산지역이 동래로 불리기 시작했을 때는 이미 신라가 되었다고 해도 과언은 아니다. 그렇다고 해서 그 이전에도 부산이 신라였던가 하면 그렇지는 않다. 『삼국사기』에 의하면 동래군은 본래 거칠산군(居柒山郡)이었다. 거칠(居柒)은 후에 거칠 황(荒)으로, 산(山)에는 고개령(嶺)이 겹쳐 씌여졌는데 지금의 황령산(荒嶺山) 일대이다. 동래군에는 동평현(東平縣)과 기장현(機張縣)이 있었는데, 동평현은 본래 대증현(大甑縣)으로 지금의 당감동 일대이고, 기장현은 지금의 기장군 일대이다. 신라의 거칠산군은 신라 사람 거도(居道)가 거칠산국(居柒山國)을 병합해 세운 것이었다. 『삼국사기』는 이를 탈해왕(57~79) 때의 일로 기록하고 있지만 훨씬 뒤의 사실이 연대적으로 거슬러 기록된 듯하다. 이 전쟁에서 거도는 말을 타는 유희(馬叔)로 거칠산국을 공략하였다고 한다. 그러나 『삼국지』는 3세기 말이 되기까지 삼한(三韓)에서 말은 탈 줄도 몰랐고 보병전만 일삼았다고 기술하고 있다. 또한 4세기 이전의 신라고분에서 말을 탈 때 쓰는 마구(馬具)가 출토된 적도 없다. 따라서 거도가 말로 거칠산국을 병합한 것은 마구가 출토되는 4세기 이후의 역사적 사실이 그렇게 기록된 것으로 보인다. 아울러 『삼국사기』는 신라가 지마왕 10년(121)에 지금의 당감동 일대에 대증산성(大甑山城)을 축조했다고 기록하고 있지만, 이 시기의 신라는 아직 경주 일원을 벗어나지 못한 단계로 이 역시 4세기 이후의 사실로 보는 것이 좋겠다. 동래에 자리했던 거칠산국이 처음부터 신라는 아니었으며 4세기경까지는 가야의 역사와 문화를 지닌 독립소국이었다. 신라가 진출하기 전의 부산을 가야사의 무대로 이해하는 것은 정당하다.

신라의 부산 진출은 『삼국사기』에 보이는 관련 기사들의 배열을 볼 때, 경주→울산→동래 쪽으로 시작되었고, 부산 북쪽의 양산 지역으로 진출하면서 완료되었다. 『삼국사기』는 파사왕(79~111년) 때 이미 낙동강을 경계로 김해의 가락국과 무력으로 충돌했다고 전하지만 이 연대 역시 믿기 어렵다. 이에 비해 눌지왕(417~457년)의 신하였던 박제상(朴堤上)이 양산의 지방장관이었던 사실은 양산 진출의 시기와 결과를 확실히 보여 준다. 박제상은 고구려와 왜로 건너가 신라의 왕자를 구출해냈던 무용담으로 유명하지만 눌지왕대의 직책은 삽량주간(歃良州干)이었다. 삽량주(歃良州)는 지금의 양산이며, 간(干)은 지방의 행정책임자이다. 일제시대에 발굴된 부부총을 비롯한 양산의 고분들은 지방장관의 무덤에 어울리는 규모로 유물들이 신라의 것임이 분명하며, 대개 4세기 말경에 만들어진 것으로 판단되므로 이러한 문자기록을 물적 증거로서 뒷받침해 주고 있다.

양산 물금의 낙동강변에는 신라에서 가야로 건너가던 나루터의 내력을 가진 가야진사(伽倻津祠)가 있다. 지금은 비를 기원하는 용왕제를 지내지만, 여기의 전설에서는 눌지왕 때 신라가 김해 지역으로 군대를 출정시키면서 승리와 무사를 기원하던 사당으로 세워졌다고 한다. 신라가 양산에 진출했던 목적은 낙동강을 건너 김해의 가야를 침략키 위한 교두보의 확보였다. 가야진사(伽倻津祠)에 얽힌 전설은 박제상이 눌지왕 때 양산의 지방장관이었다고 전하는 『삼국사기』와 시기와 내용에서 일치하고 있다.

그러나 신라의 부산 진출은 혼자만의 힘이 아니었다. 신라가 부산으로 진출하기 시작한 것은 의외로 북방 고구려의 후원을 업으면서부터였다. 당시 가야와 왜의 침략을 받고 있던 신라는 고구려에 구원을 요청하였고 이에 광개토왕은 400년에 신라의 서남쪽 변경을 공략하였다. 광개토왕릉비는 이 때의 전쟁을 보병과 기병으로 된 5만의 고구려군이 가야와 왜의 연합군을 격멸했다고 기록하고 있다. 이 전쟁의 결과 신라도 고구려의 영향을 받게 되지만 신라는 이를 계기로 부산지역에 적극적으로 간섭하기 시작하였다. 복천동고분군에서 출토되고 있는 고구려계통의 투구와 마구, 신라계통의 금동관과 고리자루의 큰 칼[三累環頭大刀]은 이러한 사실을 뒷받침해 주고 있다.

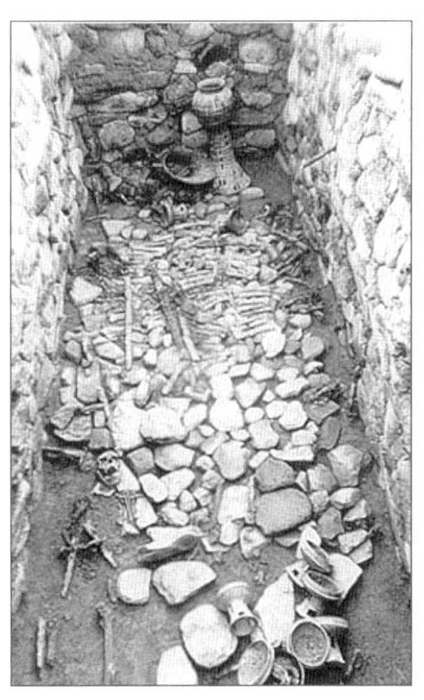

복천동 고분군 내부 동래복천동11호분 5세기 중반을 경계로 거칠산국의 가야왕이 신라의 지방장관으로 편입되던 모습을 보여준다.

고대의 부산은 해상교역의 거점과 철의 집산지라는 매력을 가지고 있었다. 신라가 부산을 대외진출의 목표로 삼았던 것은 당연한 일이었다. 신라는 3세기경까지 경주 일원의 소집단들을 통합하고 4세기부터 울산을 거쳐 동래로 진출하기 시작하였다. 5세기에는 고구려의 군사적 후원과 금동관 · 큰칼과 같은 신라적 위세품의 분배를 통해 동래와 양산지역에 대한 간접적 지배를 모색하였다. 5세기 중반 이후가 되면 복천동고분군의 유물들이 완전히 신라계통으로 바뀌듯이 직접 지배의 단계로 돌입하였다. 이후 부산은 해산물이나 영도의 말(絕影馬)을 공납하고 신라의 해상관문이 되었으니 거칠산국의 가야왕은 신라의 지방장관으로 전락한 셈이었다.

영도는 후백제의 땅이었다

● 이 정 희 (부산대학교 강사)

부산의 섬 가운데 두 번째로 큰 섬인 영도. 후삼국시대 영도가 후백제의 땅이었다는 것은 부산의 역사에 어떤 의미가 있을까?

잘 알려져 있다시피 후삼국시대는 신라 하대에 왕권이 극도로 약화된 9세기 말 전후의 50년 정도를 말한다. 이 시기는 중앙권력이 쇠약했던 만큼 지방에서는 호족세력들이 정치권력을 장악하고 있는 가운데, 후삼국이 각기 세력판도를 넓혀 나가고 있었다. 그러나 후삼국시대는 말이 후삼국이지 신라정부는 현상유지도 제대로 할 수 없던 형편이었으므로, 사실상은 고려와 후백제 양국이 세력 쟁탈에 혈안이 되었던 시기였다.

후삼국시대의 부산에는 독자적인 정치세력이 있었을 것으로 짐작되지만, 이를 알 수 있는 확실한 자료는 없다. 부산과 근접한 김해의 경우 수로왕의 제사를 지내던 가야계 후손으로서 김인광(金仁匡), 소충자(蘇

忠子), 소율희(蘇律熙) 등의 호족세력이 있었다. 다만 부산에는 나말여초 동래의 대표적 토호층으로 정문도(鄭文道)가 있었다. 정문도는 세 아들을 모두 과기에 급제시켜 '동래 정씨'의 시조가 되었던 인물이다. 양정동의 하마정(下馬停)이라는 지명이 정문도공의 무덤 앞을 지나갈 때 모두 말에서 내려야 했던 데서 유래될 정도로 고려전기 부산의 대표적인 명문가였다. 아마 나말여초 동래 정씨 일족 가운데 누군가가 이 지역의 세력가로 존재하였던 것이 아닐까 생각된다.

하지만 이러한 지방세력들은 고려와 후백제의 전투가 시작되면서 자의로, 혹은 힘의 열세로 각기 어느 한 쪽의 세력에 편입될 수밖에 없었다. 그리고 그 결과는 고려 초 지방사회에서 영향력을 행사할 수 있는 위치를 결정하였다. 이런 점에서 영도가 후백제의 영역이었다는 것은 고려 초 부산의 역사를 가늠하는데 중요한 관건이었다. 이제부터 후삼국시대 부산지방, 그 중에서도 영도의 땅으로 되돌아가 보자.

영도의 본래 이름은 절영도(絕影島)였다. 절영도라는 뜻을 풀이해 보

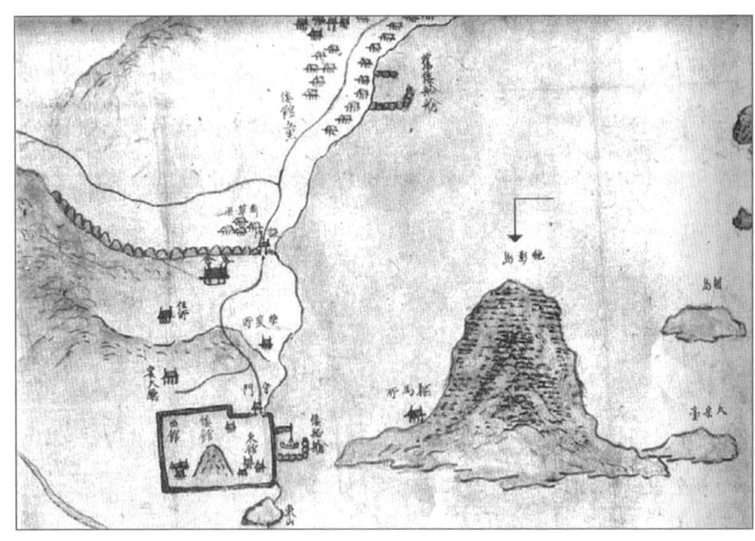

고지도에 보이는 영도의 모습

영도대교(일제강점기)

면, '그림자가 끊어지는 섬'이다. 그러면 여기서 보이는 그림자는 도대체 무슨 그림자였을까. 바로 말의 그림자였다. 당시 영도에는 말이 사육되고 있었는데, 그 말의 빠르기가 얼마나 빨랐던지 달릴 때 그림자가 보이지 않을 정도였다고 한다. 말에서 비롯된 절영도라는 이름은 일제하 우리말 이름으로 지명을 고치면서 '절'자를 빼고 '영도'라는 이름으로 불려졌다.

영도가 명마를 생산할 수 있었던 것은 지형상의 장점 때문이었다. 말은 소처럼 묶어 키울 수 없으므로 방목을 해야 한다. 만일 내륙에서 방목을 하면 말이 달아날 수도 있고, 주변의 호랑이에게 잡혀 먹히는 경우도 많다. 영도는 섬이라는 특성 때문에 이런 우려는 없었다. 따라서 영도의 말은 가파른 산비탈을 마음껏 뛰어다닌 결과 튼튼한 다리를 가지게 되었음은 당연하다. 또 사람의 발길이 닿지 않은 자연 그대로의 목초를 먹이로 했으므로 영양상태도 좋았으며, 털과 살갗도 바닷바람에 단련되어 윤기가 흐르는 명마의 위용을 자랑했다.

다음으로 궁금한 것은, 언제부터 영도에 말을 길렀는가 하는 점이다. 이는 신라시대부터인 것 같다. 신라가 통일한 이후 태평성내를 맞이하던 33대 성덕왕대(702~736)의 일이었다. 성덕왕이 8월 한가위 밝은 달밤, 경주 월성봉에 달구경을 하러가 신하들과 술잔을 기울이며 태평세월에 대한 감회가 솟구치자 삼국통일의 은인인 김유신(金庾信) 장군의 생각에 사무쳤다. 그러자 당시 대아찬 벼슬을 하고 있던 김유신 장군의 12대 손자인 김윤중(金允中)을 불러서라도 회포를 풀고 싶은 마음이 들었다. 함께 술자리를 하고 있던 주변 신하들의 시기 어린 만류를 뿌리치고, 굳이 김윤중을 불러 김유신 장군의 은덕을 기리면서 선물을 주었다고 한다. 그 선물이 절영도의 말 1필이었다. 왕이 신하에게 내린 최대의 애정어린 선물로 선택된 것이 절영도 말이었다는 것은, 영도의 말이 모든 사람에게 얼마나 귀중한 존재였는지 단적으로 보여주고 있다.

한편 주목되는 것은 명마산지인 영도가 견훤(甄萱), 즉 후백제의 땅이었다는 것이다. 후삼국시대는 한국사상 최대의 내란기였는데, 주로 고려와 후백제 사이의 투쟁사였다. 당시 고려와 후백제의 주 격전지는 경상도 동남부 지역이었다. 구체적으로는 진주-부산-울산에 이르는 해안지역과, 양산-밀양-청도 등의 낙동강 중하류 지역이었다. 그러면 왜 양국은 국경선을 맞대고 있는 충청남도의 중부선에서보다 주로 신라의 외곽 일대에서 싸웠을까? 이것은 신라정부의 세력이 미약하여 주변 지역을 점령하는 것이 쉬웠기 때문이며, 신라 지역을 장악하는 것이 결국 후삼국의 승자가 되기 때문이었다.

고려 태조는 즉위(918) 전에 양산을 점령하고, 태조 3년에는 진주를 확보하여 견훤의 신라 침공을 견제하려고 애썼다. 그러나 태조 12년의 고창군 전투 이전까지는 후백제군의 전력이 훨씬 우세했다. 조물성 전투에서 태조가 부하 장군을 잃고 곤경에 빠져 견훤에게 화의를 구걸할 수밖에 없던 것도 이 때문이다. 그리고 나서 한 달 후에 견훤은 태조 왕건에게 명마를 선물로 보냈다. 이런 사정을 감안하면 위의 『고려사절요』에서 견훤이 태조에게 명마를 '바쳤다'고 하는 것은, 후삼국을 통일한 고려측의 의도가 담긴 것이며 당시의 역사적 실상과는 거리가 있다.

견훤이나 왕건은 장수이므로 말에 대해서는 잘 아는 사람들이다. 이러한 두 사람 사이에 절영도 말이 선물로 오간 것은 그만큼 이 지역의 말이 명마로 인정받고 있었기 때문이다. 절영도 명마가 고려에 있으면 후백제가 망한다는 설이 유행했다는 대목에서는 신통함의 극치를 느낄 수 있다.

이 무렵 견훤이 명마를 선물로 보냈던 것은 부산 영도에 이르는 남해안 지역이 자신의 영향권 아래 있음을 과시하기 위해서였다. 영도는 남해안에서 울산으로 고려의 세력이 확대되는 것을 차단할 수 있는 동남해 진출의 교두보로서 전략상 가치가 막중한 곳이었다. 우세한 군사력을 가지고 있던 견훤이 이 곳을 놓칠 리가 만무했다.

민족사의 주인공이 후백제가 아닌 고려 쪽으로 기울고 있을 때, 영도를 비롯한 부산 지방은 불행하게도 후백제의 영역에 포함되어 있었다. 그 결과는 고려 초 부산의 위치에 엄청난 변화를 가져다 주고 말았다.

고려시대 부산에도 차별받는 땅, 향·부곡이 있었다는데

● 구산우 (창원대학교 강사)

고려시대에 부산의 지방 행정단위로는 동래현(東萊縣), 동평현(東平縣), 기장현(機張縣)의 세 현이 있었다. 동래현과 기장현은 오늘날의 동래와 기장 지역이고, 동평현은 지금의 부산진구 당감동 일대에 있었던 지방 행정단위였다. 몇 년 전에 부산시립박물관에서 동평현의 읍성(邑城)인 동평성(東平城)을 발굴하였는데, 여기서 고려시대의 유물이 다수 발견된 점으로 보아 이곳이 고려시대부터 동평현의 행정 중심지였음이 밝혀졌다.

부산에 설치된 세 현은 모두 지방관이 파견되지 않았다. 다만 동래현은 현종(顯宗) 9년(1018) 이전에는 지방관이 파견된 지역으로 행정단위의 격도 현(縣)이 아닌 군(郡)이었지만, 고려가 건국된 지 100년이 지난 현종 9년 이후에는 지위가 낮아져 현이 되면서 지방관이 철수하였다.

조선후기에 만들어진 부산의 지도 지도에 보이는 해안선은 일제하 항만 매립으로 인하여 오늘날의 것과 많이 다르다. 부곡이 있었던 고지도(古地圖)에 매립되어 없어졌다.

고려시대에는 전국적으로 지방관이 파견된 지방 행정단위보다는 그렇지 않은 지방 행정단위가 훨씬 많았다. 고려시대에 부산에 설치된 세 개의 지방 행정단위가 공교롭게도 모두 지방관이 파견되지 않았던 곳이라는 사실은 오늘날의 시각으로는 선뜻 이해하기 어려운 일이다. 하지만 타임머신을 타고 고려시대로 거슬러 올라가면 이는 전국에 걸쳐 흔히 보이는 보편적 현상이었다.

지방관이 파견되지 않은 지역에서는 신라 말부터 지방의 세력가로 군림하던 호족(豪族)의 후예들이 향리(鄕吏)의 직책을 가지고 이곳을 통치하고 있었다. 향리의 통치 권한은 고려 건국 초기에는 거의 전권에 가까운 것이었으나, 이후 국가의 중앙집권적 정책이 강력히 시행되면서 차츰 약화되어 갔다

동평현에서는 확인되지 않지만, 동래현과 기장현에는 일반 촌락 이외에 특수 행정구역으로 여러 개의 향과 부곡이 있었다. 동래현에 소속된 특수 행정구역은 하나의 향과 네 개의 부곡이 있었는데, 생천향(生川鄕)과 고지도(古智島)·조정(調井)·형변(兄邊)·부산(富山)부곡 등이 그것이다. 생천향은 오늘날의 남구 대연동에 있었으며, 고지도부곡은 일제시기에 매립되어 이제는 부산의 지도에서 찾아볼 수 없는 부산진 앞바다의 고지도(古智島)라는 섬에 있었다.

조정언(調井堰)의 비석(금정구 두구동) 고려시대에는 이곳에 조정(調井)부곡이 있었는데, 지금은 저수지가 되어 부곡의 흔적이 이름으로만 전해질 뿐, 그 자취를 찾아보기 어렵게 되었다.

조정부곡은 지금의 금정구 두구동(杜邱洞)으로 짐작되고, 형변부곡은 신선대가 있는 남구 용당동(龍塘洞)에 있었다. 부산

부곡은 현재의 부산 지명이 나오게 된 곳으로서 고지도부곡의 맞은 편인 부산진 일대에 있었던 것으로 추정된다. 따라서 부산(釜山)이라는 지명은 한자 표기는 다르지만 원래 부산(富山)부곡에서 나온 것이다. 한편 기장현에는 향은 없고 고촌(古村) · 결며(結旀) · 사량촌(沙良村) · 사야(沙也)의 네 부곡만이 있었다.

향이나 부곡이라는 명칭은 모두 순수한 우리말의 '주비'를 한자로 표기한 것인데, '주비'는 자연촌락을 뜻하는 말이다. 중국에서 부곡은 특정 신분의 사람을 가리키는 말이었으나, 우리 나라에서는 지역을 뜻하는 말로 바뀌어 버렸다. 향 · 부곡은 먼 옛날 신라 때부터 존속해온 것으로, 그 기원은 다양하게 설명되고 있다. 하나는 신라가 사로국(斯盧國)을 모태로 삼아 신라가 고대국가로 성장하기 위해 이웃하는 소국을 복속하고 정복한 지역을 신라의 영토로 편입시키는 과정에서 생긴 것이라는 견해이다.

그리고 그 과정에서 신라가 지방사회를 효과적으로 지배하기 위해 정복지역을 군현(郡縣)으로 만들 때, 인구가 적고 갈아먹고 살 토지가 부족한 지역을 향 · 부곡으로 만들었다는 견해도 있다. 또한 새로운 토지를 개간하기 위해 기존의 촌락 외곽에 건설한 새로운 촌락을 향 · 부곡으로 편제했다는 견해도 있다. 한편 고려 왕조가 건국된 후삼국시대에 태조 왕건(王建)에 저항한 지역을 부곡으로 편제하기도 하였다.

기원을 어떤 것으로 설명하든, 분명한 사실은 향 · 부곡이 일반 촌락과는 구분되면서 차별대우를 받는 특수 행정구역이라는 사실이다. 고려시대에는 향 · 부곡 이외에도 특수 행정구역이 매우 많았는데, 국가에서 긴요하게 필요한 수공업품이나 특수 물품을 생산하는 소(所) 지역이나, 군사적으로나 행정 집행에 필요한 교통 통신과 관련되는 기능을 담당한 역(驛), 진(津) 등의 지역이 대표적인 곳이다.

향 · 부곡 · 소를 비롯한 특수 행정구역은 우리 나라에서 물산이 가장 풍부한 경상도, 전라도, 충청도 지역에 집중적으로 분포하고 있었다. 물산이 풍부한 지역에 특수 행정구역이 많았다는 것은 사회적 생산의 측면에서 보면 지역적 분업체제를 배려한 결과로 해석되지만, 수취와 수탈이라는 측면에서 보면 효율을 드높이기 위한 결과이기도 하였다.

향 · 부곡에 거주하는 주민이 주로 농업에 종사하면서 국가에 바쳐야 할 기본 세금을 농민과 똑같이 부담한다는 점에서는 일반 촌락민과 구별되지 않지만, 거주 이전의 자유 없이 평생 한 지역에 붙박고 살도록 요구하는 제도적 장치가 이들에게는 엄청나게 강하게 작용하고 있었다. 이들은 국가가 공인하는 경우가 아니면 자유로이 거주를 옮길 수 없었다. 뿐만 아니라 집단적으로 인력을 징발할 필요가 있을 경우에도 국가는 이들을 손쉽게 동원하여 곧잘 써먹곤 하였다.

따라서 향 · 부곡 지역은 국가와 향리를 비롯한 향촌사회의 지배층으로부터 공식적 혹은 비공식적, 그리고 유형 무형의 수탈을 받기 쉬운 곳이었기 때문에 당시로는 주민이 매우 살기 괴로운 곳이었다. 말하자면 향 · 부곡은 '평등한 사람이 사는 차별되는 땅'이었다. 이웃 나라 일본에도 우리의 향 · 부곡처럼 차별받는 지역으로서 부락(部落)이 꽤 많이 있었으며, 오늘날까지도 부락민을 차별 대우하는 관습이 남아 있어 사회 문제가 되기도 한다.

이런 여러 가지 사정 때문에 향 · 부곡에 거주하는 주민의 신분을 종전에는 노비에 준하는 천민(賤民)으로 보기도 했지만, 최근에는 일반 농민에 비해서는 사회적 위상이 다소 뒤떨어지지만 기본적인 신분에서는 양인(良人)과 동일한 신분으로 파악하려는 견해가 우세하다.

오늘날 전국 두 번째의 대도시로서 위용을 과시하고 있는 부산이라는 지명이 원래 고려시대에 일반 촌락에 비해 차별 대우를 받던 한갓 부곡의 명칭에서 유래한다는 사실은 무엇을 의미하는 것일까. 그리고 부산의 중심부를 형성하는 몇몇 지역이 고려시대에는 일반 촌락에 비해

격이 떨어지는 특수 행정구역이었다는 사실이 우리에게 세월 따라 무상하게 변하는 역사의 더께를 보여준다면 이는 지나친 과장일까. 아울러 부산 지역에 있었던 하나의 현에 너덧 개의 향 · 부곡이 있었던 것은 다른 지역에 비해서도 적지 않은 숫자이다. 이는 고려시대에 부산 지역이 중앙에서 멀리 떨어진 해안가의 변두리였기 때문에 국가의 보호 손길이 미치지 않은 채 향촌지배층의 수탈과 차별 대우를 방치한 결과로 생긴 현상인지도 모른다.

향 · 부곡을 비롯한 특수 행정구역은 12세기 무렵부터 우리 역사의 표면에 드러나기 시작한 사회변동과 민의 저항으로 말미암아 고려후기에 이르면 전국적으로 소멸의 길을 걷게 되었다. 부산 지역에 있었던 향 · 부곡들도 여기에서 결코 예외는 아니었던 듯, 조선초기에 이르면 모두 향 · 부곡에서 벗어나 일반 촌락으로 상승하여 촌락 해방을 맞이하였다.

부산포의 왜구들

● 김 춘 화 (부산대학교 강사)

항구도시인 부산은 근대 이전에는 문화 전파의 관문인 동시에 국방상의 요충지였다. 가깝고도 먼 나라 일본과는 무력 접촉도 있었던 반면 우리의 많은 문화와 사상이 일본에 전해지기도 했다.

우리들은 일본의 무력 침략에만 관심을 가지고 그 이면에 일본이 가지고 있던 조선 문화에 대한 욕구는 간과하고 있는 것은 아닌지 모르겠다.

고려 말부터 우리 나라 해안에는 약탈을 일삼던 왜인무리들이 있었다. 이들은 무장한 채로 노략질을 했는데, 바로 왜구들이다. 고려 말부터 조선 초기의 위정자들은 강경한 태도로 이들을 몰아내기 시작했다. 조선 초기 세종이 즉위한 이후 있었던 대마도 정벌이 가장 큰 왜구 소탕 정책이었다. 세종 초까지 실질적인 국방권을 쥐고 있는 태종이 이 일을 주도했다. 태종은 왜구에 대해서 강경정책을 실시했는데, 한 가지 예로

동국신속삼강행실도(1617년 ; 광해군 9) 유근(柳根) 등이 편찬, 「삼강행실도」와 「속삼강행실도」의 속편)
왜구의 겁탈을 피해 조선의 여인들이 절개를 지켰던 모습을 판화로 제작한 그림이다.

왜의 사신이 불교 경전을 하사해 줄 것을 요구했을 때에도 왜구의 활동을 금지한다는 조건을 달고서야 대장경을 내려줄 정도였다.

고려에 이어 조선 초기에도 계속하여 왜구들이 나타난 것은 일본의 국내 정세와도 관련이 있다. 당시 일본은 남북조의 쟁패로 사회적 불안정과 중앙통치권의 해이로 전국이 분국화되었다. 이런 상황 속에서 국내 상업이 확대되면서 해외물자 획득욕까지 왕성해졌다. 이에 일본인의 해외활동이 현저해지면서 왜구라는 무리가 출현하였던 것이다. 그 후 일본 국내의 혼란이 수습되면서 중앙권력이 강화되고 조선에서 요청한 왜구 단속도 받아들여져 어느 정도 그들을 통제할 수 있게 되었다. 그렇지만 왜구는 끈질기게 조선 정부에 많은 문제를 안겨 주었다.

그러나 조선의 국력이 강화되자 침략과 약탈이 어렵게 된 것을 알게 된 왜구와 그 배후 조종세력인 일본 호족들은 평화적인 무역관계를 요구해왔다. 조선 정부는 일본과의 선린관계를 유지하기 위해 이를 승인

하였다. 하지만 모든 포구에 왜인들이 출입하면서 군사적 · 경제적인 면에서 폐단이 일어나자 포구를 한정하여 개항하기로 하였다. 우선 태종 7년(1407)에 부산포와 제포를 개항하였는데 대마도 정벌 이후 포구를 폐쇄시켰다. 그러나 교역에 많은 불편을 느낀 대마도인과 그 외 다른 지역의 일본인이 무역을 재개해 줄 것을 요청하여 세종 5년(1423)과 8년(1426)에 부산포와 제포(내이포 ; 진해 웅천), 염포(울산)의 삼포를 열어 무역을 허가하였다.

그리고 국방을 목적으로 왜인들을 통제하기 위하여 삼포에 왜관을 설치하여 교역 또는 접대의 장소로 삼았다. 부산포 왜관은 세종 때 허가되어 부산진의 성 밖에 위치했으며 오늘날 부산진의 자성대 근처였을 것으로 추정된다. 조선정부는 삼포에서만 일본 무역선의 내왕을 허락하였으며 무역과 어로가 끝나면 곧 돌아가게 하되, 항거왜인(恒居倭人)이라 하여 거류한 지 오래된 자 60명만을 잠시 잔류하도록 허락하였다.

부산포에서는 왜인의 수가 늘어 중종 때는 300여 명에 달하였고, 점차 우리 나라 관원들과의 마찰이 잦았다. 왜인의 왕래, 항거왜인의 발생 등은 여러 면에서 폐단을 낳았다. 정박하는 포구에서의 왜인들의 소란, 상품을 강매하는 작폐와 함께 국방상으로는 기밀이 탐지되는 문제, 아울러 사신들이 가져온 물자 등의 수송으로 농민의 부담이 가중되었다. 그리고 접대비와 무역액의 과다지출로 재정부담이 가중되는 등 많은 폐단이 일어났다. 한편 왜인은 공물로서 면포를 받아 가기도 하고, 거류왜인은 경작 토지에 면세 혜택을 받기도 하였다. 이러한 관용책을 악용하여 왜인들의 법규위반 사태는 빈번히 일어났으며, 연산군 때를 거치는 동안 절정에 달하였다. 1506년 중종반정으로 즉위한 중종이 정치개혁의 일환으로 왜인을 법규에 따라 엄하게 통제하자 왜인들의 불만이 고조되어 조선인들과의 충돌이 잦아졌다.

삼포개항 후 항거왜인의 행동은 거칠어졌으며, 그들의 횡포는 극에 달하였다. 그들의 숫자는 증대하였지만 조선 조정은 적절한 대응을 하지 못하였다. 게다가 부산첨사 등 삼포의 첨사들이 항거왜인을 사역시키고 접대를 제대로 하지 않자 왜인들은 1510년 4월 삼포에서 난을 일으켰는데, 이것이 삼포왜란이었다. 삼포의 왜란은 먼저 제포에서 일어났고, 이곳에 거주하던 왜인들과 대마도주의 아들이 이끌고 온 왜인 4,000여 명이 합세하여 난을 일으켰다. 이들은 부산을 공격하여 첨사 이우증(李友曾)을 살해하고, 제포를 공격하여 첨사 김세균(金世鈞)을 납치한 뒤 웅천성과 동래성을 포위·공격하고 민가들을 약탈하였다.

이에 조선 정부는 황형(黃衡)과 유담년(柳聃年)을 각각 경상좌우도방어사로 삼아 삼포로 보내어 진압하였다. 그 결과 대마도주의 아들은 피살되고 삼포 거류의 왜인들은 모두 대마도로 도주하여 난은 평정되었다. 삼포왜란은 10여 일 정도에 그쳤지만, 왜인은 항거왜인과 대마도 왜인 4,000여 명이 동원되었고 아군은 약 5,000여 명의 군사가 동원되었다. 조선

부산포 왜관 위치도 1471년 신숙주가 제작한 「해동제국기」에 수록된 그림

측은 군민 272명이 피살되고 민가 796호가 불탔으며, 왜선 5척이 격침되고 295명이 참획되었는데 조선 조정에서는 참수된 왜인들의 무덤을 높이 쌓아 뒷날 입국하는 왜인들로 하여금 경계심을 가지게 했다. 조선 정부는 삼포왜란을 계기로 삼포를 폐쇄하고 통교를 끊었으며 이 상태는 중종 7년(1512) 8월에 임신약조(壬申約條)를 체결하여 국교를 다시 열 때까지 계속되었다.

삼포왜란의 사태가 불리한 결과를 가져온 것을 알았던 대마도주는 일본의 막부에 청하여 강화의 알선을 의뢰하였다. 일본에서는 사신을 파견하여 강화를 요구하였고 1512년 재차 강화를 요구하여 임신약조로 대마도와의 통교가 복구되었다. 조선측에서는 종전의 예와 같이 회유책으로 대했으나, 그들의 행패와 왜구의 침입은 근절되지 않았다. 임신약조의 체결은 왜인에게 불리하게 작용했고 제포만 개항하게 되었다. 그러나 중종 36년(1541) 제포에서 대마도 왜인과 조선 관병의 충돌로 대마도 왜인이 모두 방출되고 왜관을 부산포로 옮겼다. 이후 부산포는 일본과의 외교 · 교역의 창구역할을 담당하며 그 위상도 높아졌다.

어떤 의미에서 왜인들은 조선과의 교역에서 많은 이익을 얻고 있었다고 할 수 있다. 일본과의 교역은 조공의 형식으로 진행되었는데, 왜사신의 진헌물에 대해 조선이 회사물을 내리는 방식이었다. 조선전기 대마도에 내려준 회사품들은 주로 그들이 필요로 하는 식량과 질 좋은 조선 면포, 그리고 대장경, 대반야경, 법화경 등의 불경 등이었다. 특히 일본은 조선에 대한 문화적 욕구가 컸기 때문에 유교와 불교에 관한 서적과 미술품 등을 요청하여 와서 이를 준 일도 적지 않았다. 그리고 이 같은 물건들의 증여는 일본의 문화발전에 크게 기여하였다.

우리는 일본에 많은 문화를 전해준 반면 왜구의 노략질과 임진왜란 등의 왜침을 받았다. 그렇지만 왜침을 받았다는 것으로 우리의 문화적인 우위가 반감되는 것은 아니다. 조선 초기에는 대장경 등이 전해졌고 임진왜란 이후에는 도자기 제작기술, 주자학 등이 강제적이지만 그들에게 전해졌던 것이다.

개항 이후 뒤바뀐 동래와 부산의 운명

● 하 명 화 (서면중학교 교사)

부산은 우리 나라 제2의 도시이며, 제1의 항구도시이다. 부산의 중심지는 과연 어디일까? 그것은 당연히 용두산 주변지역, 즉 남포동, 광복동, 중앙동 일대일 것이다. 지금은 연산동으로 옮겨졌지만 1998년 이전까지 시청이 있었고, 부산을 항구도시이게끔 하는 부두, 부산국제영화제를 개최하면서 국제적으로 유명해진 PIFF 광장, 그리고 부산의 명물인 자갈치 · 국제시장 등 부산을 대표할 수 있는 것들이 모두 여기에 모여 있다.

그러나 오랜 옛날부터 부산이 우리 나라 제2의 도시였으며, 용두산 주변이 부산의 중심지였을까? 그 대답은 한마디로 '아니다' 이다. 고작 100여 년 전 만해도 부산지역의 중심은 용두산 주변이 아니라 지금의 동래지역이었다. 지금은 동래가 부산광역시의 한 구에 속해 있지만 개항이 될 즈음에만 하더라도 '부산' 이 동래에 포함되어 있었다.

동래지역은 관아가 있던 읍지역과 어민들이 살던 지금의 부산진 주변의 부산포지역, 그리고 이 지역과는 동떨어져 있던 일본인과의 외교 창구인 왜관지역으로 나뉘어져 있었다.

옛날 동래지역은 전통적인 동래의 양반들이 사는 곳이었다. 선비들의 놀이였던 동래학춤, 동래한량춤 등이 전해져 오고 있는데 이것은 소비적인 동래양반의 모습을 잘 보여주며, 그들의 독자적인 문화가 있었음을 말해주는 것이다. 그리고 일본인에 의해서 많은 부분이 훼손되었지만 지금까지 남아 있는 충신당, 독진대아문, 망미루, 장관청, 군관청, 송공단 등 동래부 관아건물들은 동래부가 정치, 국방에서 얼마나 중요한 곳이었는지 말해주고 있다. 그리고 오늘날에도 부산은 상업도시이듯이 이 시기에도 동래지역에는 동래상인들이 중심이 되어 상업을 발달시키고 있었다. 왜관을 통해 일본인들과의 거래를 독점하고 전국적인 유통망을 형성하고 있었다. 즉, 동래지역은 경제면에서도 이 지역의 중심

서면로타리 부산 발전의 상징인 구 서면로타리 부산탑은 1980년대 지하철 1호선 공사로 해체되어 오늘날의 모습으로 바뀌었다. 부산탑 중앙의 인물상은 부산박물관 정원에 전시되어 있다.

토막민의 삶 토막민은 일제시대 조선인 빈민주거지를 말하는 것으로 이후 판자집의 원형이 되었다.

으로 확고한 위치를 점하고 있었다.

여기에 비해 부산이라는 지명의 유래가 된 부산포지역은 어업에 종사하는 사람들이 주로 살았으며 동래읍에서 떨어진 한산한 어촌이었다. 하물며 일본인들이 살던 왜관지역은 두말할 필요도 없었다. 이 지역에는 일본인들이 주변으로 나돌아 다니지 못하도록 담장이 쳐져 있었고, 성인남자만 살 수 있었다. 그리고 일본인과 조선인 사이의 거래는 왜관 내에서만 가능했다. 이처럼 용두산 주변지역은 일본과 무역 · 외교를 담당하던 지역이었으나 개항 이전까지는 폐쇄적이고 고립된 곳이었다.

그러나 1876년 개항이 되면서 동래와 부산의 관계는 점점 변화하기 시작하다가 1910년 국권을 빼앗기면서 동래와 부산의 관계는 완전히 바뀌었다. 1876년 강화도조약으로 부산의 개항이 결정된 후 용두산 주변의 땅 약10만 평을 일본인을 위한 거주지로 개방하였다. 정치 · 군사력을 이용하여 조선을 마음대로 침략할 수 있었던 일본인들은 자기 마음대로 규칙을 정해 이곳의 땅을 일본인에게만 빌려줄 수 있도록 정하였다. 즉 일본영토와 다름없게 된 것이다. 하지만 일본인들은 우리 나라에서 공식적으로 지정해준 땅 밖으로는 나갈 수 없었고, 땅을 사거나 팔 수도 없었다. 그러나 일본인들은 영도를 비롯하여 거주지 주변 땅을 사들여 도로와 시가지를 만들었다. 일본인의 토지약탈은 조선인들의 주거 환경을 악화시켜 조선인들을 일본인 거류지역 외곽에 토막집을 짓고 살아갈 수밖에 없었다. 또 거주지 주변의 마을 이름도 일본식으로 불렀는데, 오늘날에도 쓰이고 있는 대청동, 보수동, 부평동 등의 이름이 이 시기에 만들어진 것이다.

이처럼 부산이 점점 식민지 도시가 되어가면서 부산지역에 거주하는 일본인들은 그들의 필요에 따라 여러 가지 시설을 만들었다. 1876년 부산관리청 내에 근대식 우편국이 개설되고, 기선도 취항하였으며 1878년 1월에는 일본국립제일은행 부산지점이 개설되어 일본화폐를 한국에 유통시키면서 한국의 금을 매수하여 일본으로 보내었다. 세관, 부산역 등을 비롯한 근대식 각종 건물, 항만건설, 도로의 정비, 수도의 가설, 학교 건립, 전신 · 전등 · 전화 · 전차가설, 병원 설립, 오락기관 등이 들어서게 되었고, 한국인의 의사와는 관계없이 일본의 세력은 주변으로

부산세관(1910년대) 일본이 조선침략을 원할히 하기 위한 첨병기구로 만들었다. 오늘날 첨탑만이 세관 앞 정원에 보존되어 있다.

확대되어갔다.

그러나 동래지역에서 발전한 곳이라고는 일본인들의 유흥을 위한 온천장지역이 전부였다. 사실 전차를 비롯한 교통망이 동래지역민의 생활을 위해서 만들어진 것이 아니라 '온천장으로 가는 길'을 편하게 하기 위해서 만들어졌다.

부산지역이 동래지역에 비해 교통도 편리하고, 시설들이 갖추어지면서 동래지역은 이름뿐인 행정 중심지로 전락하고 부산지역이 정치·경제·사회·문화의 실질적인 중심지로 떠오르고 있었다. 그러면서 동래지역의 상권을 장악하고 있던 동래상인들도 일본인들과 결탁하거나 일본인이 만든 조직(상업회의소, 상법회의소)에 포섭되었다. 동래지역민들은 동래의 상권을 잃지 않기 위해 대항하기도 했지만, 조직적인 일본인들을 당하지 못하였다. 특히 3·1운동 때는 동래지역의 주민들이 일본인에 대항해서 만세운동을 펼치기도 했는데, 지금까지도 동래시장 입

온천장 전차 종점 전차는 부산의 일본인들이 동래온천을 관광지로 개발하기 위해 1915년 개통되었다.

구가 '만세거리' 라고 불리어진다.

이와 함께 동래지역의 인구에도 점점 변동이 오기 시작했다. 즉, 동래와 이웃 경남지역의 사람들과 일본인들이 부산을 중심으로 모여들기 시작하였다. 이러한 현상과 함께 국권을 일본에게 빼앗기면서 동래는 행정의 중심지라는 이름마저도 일본인이 만들어낸 도시 부산에 넘겨주고 말았다.

그 후 동래라는 지명이 한때 사라져 버리기도 했으나 다시 동래군으로 되살아났으며, 1936년에는 동래에 속했던 서면지역이 부산에 속하게 되고 일제말기에 동래지역 전부가 부산지역에 속하게 되면서 오늘날과 같은 행정구역의 틀을 이루었다.

일제가 기존의 지역 중심지인 동래를 제쳐두고 많은 비용이 듦에도 불구하고 새로 도시 부산을 개발시켜 동래를 유명무실하게 만들었다가 다시 그 이름마저 빼앗은 이유는 무엇일까? 그것은 바로 일본이 우리나라를 식민지로 만든 이유인 대륙침략의 발판이라는 점에서 찾을 수 있을 것이다.

대륙을 침략하기 위한 발판으로 일본과 우리 나라, 중국을 바로 연결시키기에 부산이 보다 쉬웠으며, 동래지역은 민족주의 성향이 강한 도시였기 때문에 일본인이 더 많이 거주하는 부산지역을 새로운 중심도시로 개발하는 편이 훨씬 나았던 것이다. 이처럼 당시 부산이 국내 교통의 오지였고, 도시 발전의 틀거리를 갖추지 못하고 있었음에도 불구하고 일본인의 거주 정도, 침략이라는 목적, 일본과의 교통 등을 고려하여 부산을 지역의 중심지로 삼고 적극 개발시켜 나갔던 것이다.

일본 중심의 도시개발 영향으로 부산은 아직도 다른 도시에 비해 경제적 · 문화적으로 일본의 영향을 많이 받고 있다. 부산의 장기적인 발전을 가로막는 도시공간의 부족문제는 이 시기부터 뒤틀리기 시작한 부산의 역사에서 찾을 수 있다. 즉, 앞은 바다이고 뒤쪽은 산으로 둘러싸인 부산의 지리적인 특성을 무시하고 일본과의 편리한 교통만을 고려하여 부산을 개발시킨 점을 들 수 있다.

해방 이후 일제의 잔재를 청산하기 위해 일제 때 바뀐 이름들을 다시 찾고 있으며, 1998년 시청이 연제로 옮겨짐으로써 상징적으로나마 부산과 동래의 뒤바뀐 운명을 다시 되돌리고, 잃었던 동래의 역사를 되찾으려고 노력하고 있다. 이제 일본이 중심이었던 부산의 역사에서 진정으로 우리를 중심으로 발전하는 부산의 역사가 되어야 할 것이다.

남겨진 일제의 유산들 –동양척식주식회사와 미문화원

● 박 철 규 (부경역사연구소 연구원)

최초의 개항지인 부산은 일본인이 처음으로 활동한 무대로서 일제는 일찍부터 식민지 침략의 발판으로 삼고자 노력을 기울였다. 그 결과 지금까지도 부산에는 다른 도시보다 많은 일제의 잔재들이 남아 있다. 도심의 기본골격도 그러하지만 부산 사람이라면 누구나 잘 알고 있는 '고관' 등의 지명을 비롯, 각종 구조물에도 여전히 살아 있다.

영도대교와 얼마 전에 헐린 부산시청, 그리고 검찰청 등을 비롯해 광복동의 상가, 동광동의 회사 · 은행 · 저택, 신창동의 양조장, 부평동의 미곡시장, 대교동의 창고, 충무동의 어시장, 보수동의 주택 등은 그 단적인 예라고 할 수 있다. 이와 같은 잔재들은 용두산 타워에서 영도와 부두, 그리고 대신동 쪽을 바라보면 단번에 확인이 된다.

최근에 헐린 구 부산시청의 경우를 한번 보자. 건축 당시 부산 · 경남

구 부산시청 본관건물(1936~1998년) 구 부산시청의 설립은 기존 부산의 중심지가 동래에서 부산으로, 조선인에서 일본인으로 옮아갔음을 의미하는 상징성을 띠고 있다.

에서는 최초로 엘리베이터가 설치되었는데 인근 주민들이 이것을 타보기 위해 성시를 이루었다고 한다. 미쯔비시라는 영문상호가 선명히 새겨져 있었던 이 엘리베이터는 헐리기 직전까지 운행되었다.

그런데 많은 일제의 잔재 중에서도 눈길을 끄는 것 중의 하나가 미문화원이다. 이곳은 일제의 수탈기구였던 동양척식주식회사(이하 동척) 부산지사였다가 한미관계의 상징, 바로 미문화원으로 탈바꿈해 온 곳이다. 이곳은 1919년 5월부터 고지마[五島甚吉] 소유의 대지정미소(大池精米所)였다가 1929년 동척 부산지점 건물이 준공되었다. 동척은 8·15 이후 미군에 접수되어 1949년 7월부터 현재까지 미문화원 등으로 사용되었다. 우리 정부는 어찌된 영문인지 이곳에 대해 사용료를 받기는커녕, 소유권조차 1970년 12월이 되어서야 국세청으로, 1984년 4월 재무부로 귀속시켰다.

잘 알려진 바와 같이 동척은 일본의 특수회사의 하나로 강도적인 토지수탈과 착취로 가장 나쁜 인상을 남겨준 일제의 착취기관이었다. 1908년에 창립된 동척은 최초 서울에다 본사를 두었으나 1912년 업무를 확장, 본점을 동경으로 이전하고 우리 나라에만 국한하였던 침략 및 착취의 대상과 범위를 아시아 일대로 확대하였다. 동척의 토지는 출자지와 매수지를 합해서 9만여 정보에 달했는데 일본에서 모집하여 온 이민에게 1만여 정보를 양도하였다. 이들 이민자는 경기, 경상, 전라도 순으로 많았는데, 이들은 우리 민중을 착취 억압하던 일제의 유일한 대변자이며 앞잡이 역할을 담당했다.

수탈과 착취의 대명사인 동척 지점이 부산에 설립된 것은 1921년 11월이었다. 이후 동척 부산지사는 해방 직후까지 부산 · 경남지역에서 13개 소의 농장을 경영하였는데, 이곳에서 거두어들인 소작료만 해도 연평균 5만석 정도였으니 가히 그 규모를 짐작할 수 있다. 부산 · 경남지역에서 제법 넓다 싶은 들은 거의 동척 소유 농장이거나 일본인 지주의 것이라 해도 결코 지나치지 않았다.

집행광(執行狂)의 동척회사 동척은 조선인 소작농으로부터 가옥, 소작료, 의복을 수탈해 부자가 된 반면 조선인 농민들은 헐벗었다.

8 · 15 해방이 되고 그 해 9월 7일 동척관리위원회 부산지부(위원장 민재우)가 조직되었으며, 같은 해 11월 12일 신한공사로 개칭되었다(1946년 7월 해체령). 당시 미군정 농상국장은 미곡공

부산 미문화원 일제시대의 동양척식주식회사를 해방 후 미군이 진주한 후 문화원으로 사용하였다.

출을 철폐하겠다고 밝히면서도 항간에 널리 퍼져 있던 소작료 3:7의 율을 부정하며 실질적으로는 끝까지 수탈이 고삐를 늦추지 않았다. 그리고 일제로부터 해방되었음에도 불구하고 일본인 소유토지의 소작료는 전 수확고의 3분의 1을 반드시 현물로 신한공사에 납부할 것을 종용하였다. 이와 같은 방침 때문에 동척의 후신으로 등장한 신한공사조차도 당시 농민들의 신망을 얻지 못하였다.

한편 1945년 9월 16일 미 24군단 제40사단의 병력 약 300여 명이 부산에 진주하였다. 부산에 도착한 미군 선발대는 당시의 철도호텔과 동척 부산지사, 부산부청 제1회의실 등의 10개 소를 숙소로 접수하였다. 그 후 그들은 당시 일본인들이 경마장으로 사용하고 있던 현재의 하얄리아 부대와 현 55보급창을 비롯하여 각 학교 건물 및 구 상공회의소를 징발하여 사용하였다.

부산 중구 대청동 동양척식주식회사 부산지점 건물에 미문화원이 들어선 것은 1949년 7월이다. 즉 이곳에 미국무성 산하 미국해외공보처(USIS)기관으로 부산미문화원이 들어섰던 것이다. 미문화원은 이후 부산과 경남, 제주지역을 대상으로 미국정책 홍보를 표방하며, 1960년대는 주로 영화, 연극 등 문화사업을 통해, 1970년대 이후는 주로 대학생들을 겨냥한 도서대출과 어학연수, 미국 대학 소개 등을 통해 미국의 이해와 문화 확산에 주력해 왔다.

그런데 1980년 광주항쟁 이후 대학생과 재야의 반미 감정이 거세지면서 미국과 미정책의 상징인 미문화원은 각종 시위와 점거사건이 끊임없이 수난을 당하였다. 즉 지난 1982년 3월 한미 수교 1백 주년에 즈음한 부시 미대통령의 방한을 앞두고 문부식 등이 주도한 '부산 미문화원 방화사건'은 해방 이후 최대 반미시위로 전국적으로 커다란 반향을 일으켰다. 이후 1986년 5월과 12월, 1991년 2월 등 모두 3차례에 걸쳐 대학생들에 의한 점거농성과 점거기도가 이루어졌으며, 부산지역의 대표적인 시위명소가 되어 경찰 1개 중대가 상주 경비해야 하는 처지가 되어왔다.

그리고 지난 1996년 9월, 〈부산 미문화원 건물 반환 범시민추진위원회〉(이하 추진위)가 "미국이 이번에도 건물 전체를 반환하지 않을 때는 우리 국민의 전면적 저항에 당면하게 될 것"이라고 경고하고 반환을 촉구하기도 했다.

실제 전국에 산재한 미군기지와 시설은 대략 9천만평 정도가 된다고 한다. 물론 무상으로 사용하고 있다. 부산시내만 해도 하얄리아부대, 제55보급창, 미전용 8부두, 장산의 기지 등이 미군기지 외에도 무상으로 사용해 온 곳이 미문화원과 주한미국원조사절단(6백평) 등이 있다.

이 같은 거센 시민적 요구에 따라 지난 1996년 10월 1일 미문화원을 개설 47년 만에 폐쇄시켰다. 이에 미군기지 및 시설의 이전과 반환을 위한 부산 시민들의 노력은 더욱 활기차게 전개되고 있다. 지난 1997년

1월 8일에는 하야리아부대 부지 반환을 둘러싸고 내세운 조건과 관련, 미국에 대한 강력한 규탄성명이 발표되었다. 추진위는 "수천 만평의 우리 영토를 반세기 가까이 군사기지로 무상 사용하고서도 오는 2002년 아시아경기대회 선수촌이 건설될 하야리아부대 부지 반환을 볼모로 엄청난 요구조건을 내세우는 것은 제국주의적 본성"이라고 비난했다. 또한 추진위는 정부와 부산시가 전 아시아 회원국들에게 미국의 이 같은 횡포를 폭로, 미국의 방해로 아시아경기 개최가 불가능하다는 것을 알리고 개최권을 반환할 것을 촉구하기도 했다.

추진위와 〈부산땅 하얄리아 등 되찾기 부산시민대책위원회〉는 미문화원 방화사건 15주년을 기하여 1997년 3월 17일 기자회견을 갖고 미문화원 건물 및 하얄리야부대, 제55보급창 등 무상점유 미군시설의 즉

부산근대역사관 미문화원은 1999년 한국정부로 반환되어 침략의 역사교육 공간으로 활용하기 위해 2003년 7월 부산근대역사관으로 재탄생하였다. (사진제공: 부산근대역사관)

각 반환과 주둔군지위협정(SOFA)의 국제적 수준개정 등의 결의문을 채택했다. 최근까지도 부산지역의 이 같은 요구는 지속적인 시민운동으로 확산 · 전개되고 있다. 그러나 지금도 미문화원 앞의 보도를 걷는데는 약간의 통제를 겪어야 한다.

이상과 같은 시민들의 지속적인 노력으로 드디어 1999년 4월 이 건물은 부산시민의 품으로 돌아왔다. 그런데 이 건물의 활용방안을 놓고 상당기간 범시민추진위원회와 부산시, 중구 지역주민 사이에 갈등이 발생하기도 했다. 하지만 종국에는 '부산근대역사관'으로 활용되는 것으로 결정되었다.

동양척식주식회사 부산지점, 미문화원 등으로 사용되었던, 외세지배로 점철된 아픈 근 · 현대사의 기억을 고스란히 간직하고 있는 이 역사적인 건물이 2003년 7월 3일 부산근대역사관으로 거듭난 것이다. 부산근대역사관을 채우고 있는 260여 점의 자료는 유물 한 점 한 점에도 외세 수탈의 역사가 베어 있다. 외세 지배에 대한 저항의 내용이 다소 부족한 듯하지만 그야말로 살아 있는 부산근대사의 교육장이 될 것으로 기대된다.

유신독재를 타도한 부마민주항쟁

● 노 기 영 (부산대학교 강사)

1979년 10월 16일 부산대학교에서 '독재자의 압제에 맞서 식어가는 정열과 잊혀져가는 진실을 뜨겁게 불태우자'는 한 장의 유인물이 뿌려지자 학생들은 대열을 지어 도서관(현 자율도서관) 앞으로 모여들기 시작했다. 곧이어 수백여 명이 '유신철폐'를 외치며 교정을 돌자 강의를 듣던 학생들까지 합류하여 그 수는 폭발적으로 늘어갔다. 이 날의 교내 시위는 독재정권의 종말을 알리는 신호탄이자 역사의 한 페이지를 장식한 부마항쟁의 발단이 되었다.

박정희정권은 1972년 10월 사실상의 영구집권이 가능하도록 헌법을 개정하면서 독재정치의 대명사라 할 유신체제를 탄생시켰다. 유신정권은 긴급조치, 반공법, 국가보안법을 무기로 국민의 눈과 귀와 입을 철저히 막았고 이후 암흑의 시대가 7년간 이어졌다. 민주화를 꾀하는 시도

1988년 세워진 10·16 부마항쟁탑 부산대 중앙도서관 앞에 자리잡고 있다.

는 탄압의 대상이 되었으며 재야 지도자 장준하의 의문사로 보듯이 새벽은 멀게만 느껴졌다. 한편 박정희정권의 경제개발계획은 보리고개로 일컬어지던 극단적 기아를 추방하는 성과를 거두었으나 빈부격차의 심화라는 또다른 문제를 야기했다. 1970년 11월 노동자 전태일의 죽음과 1979년 8월 YH 여공들의 신민당사 농성은 최소한의 생존권조차 보장받지 못한 민중의 불만을 보여주는 단적인 예였다. 국민의 기본적 인권과 자유민주주의의 형식적 틀마저 깨진 탄압과 공포의 시대로 불리던 그때 부마항쟁이 일어났다.

1979년 10월 16일 오후 수천명의 부산대 시위대는 학교 밖으로 뛰쳐나와 부영극장을 비롯한 시내 곳곳에서 2백~3백명씩 모여 동시다발적으로 시위를 펼쳤다. '유신철폐', '독재타도'를 외치는 학생들의 용기 있는 행동에 시민들은 힘찬 박수와 격려로 성원을 보냈고, 상인들은 경찰에 쫓기는 학생을 숨겨주거나 과일이나 음료수를 나누어주면서 동조했다. 유신독재의 강요된 침묵을 거부하는 젊은 함성이 높아가자 민주주의를 향한 부산 시민의 억눌린 열망이 터져 나오기 시작한 것이었다.

해질 무렵 귀가하던 직장인과 노동자, 고등학생이 속속 대열에 합세하면서 시위는 삽시간에 거대한 항쟁으로 발전해 갔다. 시청 앞과 충무동 입구에는 5만여 명의 인파가 물결을 이루면서 '독재타도'를 한 목소리로 외쳤다. 거리는 어느새 민주와 자유의 새벽을 노래하는 축제의 장이 되었다. 그러나 그것은 잠시였다. 시위대의 수가 급격히 늘어나자 당혹한 경찰은 더욱 가혹하게 대응하였다. 부상당한 사람들이 속출했고 이 광경을 지켜보던 시민들의 분노는 거세졌다. 시위군중은 수백 명씩 몰려다니면서 경찰과 충돌했고 급기야 남포, 부평, 보수, 중앙파출소 등을 차례차례 습격하기에 이르렀다. 밤 10시부터 통금을 실시한다는 경찰의 방송에도 동요하는 사람은 없었고 항쟁의 불꽃만이 어둠을 가르고 있었다. 다음날인 10월 17일은 공교롭게도 유신선포 7주년을 맞는 날이었다. 부산대학교는 임시휴교 조치로 교문을 닫았으나 저녁 무렵 부산 시민들은 시내에 모여 시위를 이어갔다. 그들은 관공서와 항쟁의 발생 사실조차 보도하지 않은 신문사를 공격하면서 정권을 대변하는 기관에 반감을 표출했다. 이날 경남도청, 중부세무서, KBS, MBC, 부산일보, 일부 동사무소 등이 파괴되고 투석당했다.

부산시청에 진주한 계엄군 박정희 정권은 1979년 10월 부산 시민들의 반독재 투쟁을 진압하기 위해 군대를 파견하였다.

한편 10월 18일 마산에서는 부산의 항쟁 소식을 접한 경남대생을 필두로 시위가 일어났다. 이승만 독재정권을 몰아냈던 '3 · 15의거의 후예'라는 긍지를 가진 마산 시민 1만여 명이 함께 일어나 도로를 가득 메우고 '독재타도,' '박정희 하야'를 외치며 시가행진을 펼쳤다. 경찰의 강경진압에도 아랑곳하지 않고 독재의 주구로 상징되던 양덕동 공화당사와 관공서, 파출서를 공격했다. 수출자유지역 노동자와 상당수의 고교생까지 참여한 마산시위는 부산보다 한층 더 격렬한 양상을 나타냈다.

민중의 올바른 요구를 받아들이지 않은 독재정권은 비참한 종말을 맞는다는 역사적 진리를 박정희정권은 미처 깨닫지 못하였다. 박정권은 10월 18일 부산지역에 계엄령을 선포하고, 마산 · 창원에는 19일 위수령을 발동하여 항쟁을 저지하고자 했다. 탱크와 장갑차를 앞세운 계엄군이 각 대학교와 관공서에 일제히 배치되었으며 시위대를 향해 무차별 진압을 가했다. 수많은 시민들이 부상당했으며, 결국 10월 18일 부산은 3일에 걸친 항쟁의 막을 내려야 했으며, 마산의 항쟁도 이틀만인 20일 새벽 진압되고 말았다. 조직적 지도부와 뚜렷한 구심점 없이 민중의 자발적 참여로 이루어진 부마항쟁은 정권의 폭력적 대응으로 인해 며칠만에 종결될 수밖에 없었다. 하지만 독재정권 역시 오래 가지 않았다. 부마민중항쟁 이후 박정희정권의 내부분열은 격화되었고 마침내 10월 26일 군부독재는 막을 내렸다. 탄압과 공포의 시대가 종결된 것은 중앙정보부장 김재규의 총탄에 박정희가 사망한 것이 직접적인 계기였다. 하지만 그 뒤에는 군부독재의 억압적 통치에 대항하는 민중의 강력한 민주화 열망과 요구가 있었으며 부마민중항쟁은 그 정점에 있었다.

1979년 10월 부산과 마산의 항쟁은 4 · 19 이후 독재정권에 대항하는 학생과 다수 시민이 봉기한 최초의 사건이었다. 또한 부마항쟁은 유신의 억압적 통치구조와 부정부패에 대한 불만이 자연발생적으로 분출

시내를 향해 달리는 시위대 부산시민과 함께 박정희 독재정권을 타도하기 위해 시내로 향하는 학생시위대.

된 항쟁으로 군부독재를 종식하고 민주화를 이루는데 일대 전기를 가져왔다. 이로 인해 부산과 마산의 시민들은 '우리가 일어나면 정권이 바뀐다'는 자부심을 갖게 되었고 부마항쟁은 찬란한 지역적 항거로 각인되었다. 한편 곳곳에서 동시에 시위를 벌이고 흩어지는 게릴라식 시위와 남녀 학생들이 데이트하는 연인으로 가장하여 동참하던 모습은 부마항쟁 때 처음으로 시작되었다.

부마항쟁의 결과 민족·민주운동의 변방으로 취급받아오던 부산은 민주화운동의 중심으로 자리잡았으며 지역운동의 기반을 마련하였다. 그리고 부마항쟁에서 드러난 민중의 역량은 1980년 '서울의 봄'과 '5·18 광주민주항쟁', '1987년 6월항쟁'으로 이어지면서 1980년대 민중항쟁을 꽃피우는 원동력이 되었다. 1987년 6월 직선개헌과 정권타도를 위한 전국적 항거와 함께 다시 치솟아 오른 부산의 반독재투쟁은 바로 부마항쟁의 부활이었다. 당시 서울의 명동성당에 비견될 부산카톨릭센터의 농성은 부산지역의 시위를 이끄는 구심점으로 항쟁에 활기를 불어넣으면서 전국적인 주목을 받기도 하였다.

1989년 부마항쟁기념사업회에서는 부마항쟁을 기리기 위해 증언과 자료를 모은 『부마민주항쟁 십주년기념자료집』을 발간하였다. 그리고 1999년 10월 최초의 민주화운동 기념공원인 부산민주공원이 보수산 일대 중앙공원 내에 조성되었다. 이렇듯 부마항쟁은 부산시민의 자랑스러운 역사로, 지역사회를 위한 건전한 시민운동을 활성화시키는 시민정신의 원천으로 새롭게 이해되고 있다.

부산민주공원 민주항쟁기념관 민주화운동에 관한 상설전시와 함께 시민들을 위한 다양한 프로그램과 행사를 개최하고 있다.

제2부

역사와 함께 한 부산사람들

1장

변방의 사람들

대한해협을 건넌 부산의 선사인들

● 정 효 운 (동의대학교 교수)

선사시대란 역사 이전의 시기를 말하는 것으로서 구석기시대, 신석기시대, 청동기시대로 나누어지는데, 일본에서는 토기를 중심으로 시대를 구분하여 선토기(先土器) 시대, 죠몽[繩文] 시대, 야요이[彌生] 시대로 나누고 있다. 현재 부산의 선사유적 가운데 구석기시대의 유적으로는 해운대 신시가지 조성시 조사된 좌동과 중동유적을 비롯하여 청사포, 노포동 등 4개 소가 확인되고 있다.

이들 유적의 형성시기는 석기 제작의 수법이나 형태적 특징으로 보아 후기 구석기의 늦은 단계인 B.C. 2만년 전후의 것으로 추측하고 있다.

지금으로부터 1만년 이전의 구석기시대는 평균 온도가 현재보다 6, 7도 정도 낮은 빙하기였기 때문에 바닷물의 결빙과 증발로 인해 해수면은 150m에서 160m정도 낮았다고 한다. 이런 연유로 깊은 해저를 가진

동해는 거대한 호수를 이루고 서해안과 남해안 및 동해안의 얕은 지역은 일본열도를 포함하여 육지로 연결된 지형을 형성하였다고 한다. 따라서 지금과 같이 국경이 없었던 시절 부산의 구석기인들은 걸어서 일본으로 건너갈 수 있었던 것이다.

당시의 생활이 정착생활이 아니라 수렵과 채집 경제를 위주로 하였기 때문에 부산의 구석기인들은 당시의 주요 사냥감이었던 맘모스보다 몸집이 조금 작은 나우만[Naumann]코끼리나 큰 뿔 사슴 등의 동물을 쫓아 한국에서 일본으로 건너갔던 것으로 보아진다. 이들은 동물가죽으로 만든 옷을 입고 손에는 돌창을 들고 허리에는 돌도끼와 돌칼을 차고 무리를 이루어 일본에 도착하여 생활을 영위하며 일본의 선토기(先土器)시대 문화를 이루어 나갔다고 생각된다. 이후 잦은 화산의 폭발과 해빙기로 인해 해수면이 상승하여 한반도와 일본열도는 바다로 갈라져 더 이상 부산에서 일본으로 걸어서 갈 수 없었다.

범방동 조개무지 조개무지에서는 굴을 비롯한 조개류와 도미 등의 어류, 동물뼈가 출토되고 있어 당시의 생활상을 잘 알 수 있다.

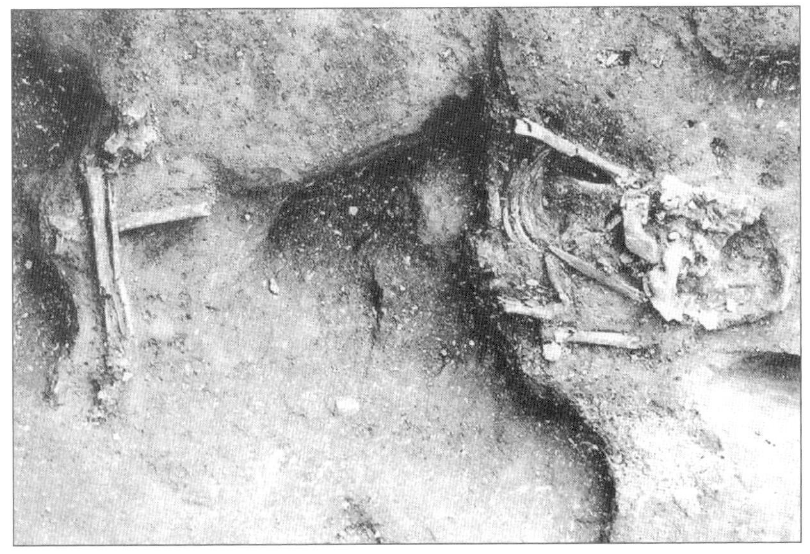

신석기 시대의 사람뼈 범방 조개무지에서 출토된 신석기시대 사람의 뼈.

부산의 신석기시대 유적은 지금까지 18개가 알려져 있는데, 이들 유적은 대부분이 낙동강 부근이나 해안에 위치하는 특징을 보이고 있다. 이러한 점은 당시 부산의 신석기인들이 어로와 채집을 위주로 하여 생활을 영위하고 있었다는 사실을 보여준다. 그러나 동삼동패총에서는 굴을 비롯한 조개류와 도미, 대구, 참치 등의 어류 외에 사슴이나 멧돼지 등의 동물 뼈가 출토된 점으로 미루어 보아 어로와 채집을 주로 하나 때로는 동물 사냥도 병행하였다는 사실을 알 수 있다. 또한 이 유적에서는 일본의 죠몽토기와 일본 규슈산[九州産]으로 생각되는 흑요석(黑曜石)이 다수 출토되어 이 지역의 신석기인은 일찍부터 바다를 건너 일본과 교류하였다는 것을 알 수 있다.

부산에서 일본으로 가는 해로로는 다음의 세 가지 방법이 많이 이용되었다. 첫째 부산의 서쪽 남해안에서 일본 규슈의 서쪽 지역에 도착하는 방법, 둘째 부산 부근의 해안에서 대마도로 건너가 이키[壹岐]섬에서 규슈 북단인 지금의 후쿠오카[福岡]지방에 도착하는 방법, 셋째 부산의 동쪽 동해안 지역에서 오키[沖]섬으로 가서 일본의 동북부 해안에 도착하는 방법이 그것이다. 이 가운데 부산의 신석기인들이 이용한 주된 해상로는 두 번째였다고 보아진다. 이는 지금도 날씨가 맑은 날 부산의 남단 해안에서 보면 대마도가 어렴풋이 보이는 점에서도 알 수 있듯이 항해 기술이 그다지 발달하지 못한 선사인들에게 있어 확인할 수 있는 지형지물이 있다는 사실은 항해하는 데 있어 그만큼 심리적으로 안정감을 주었을 것으로 생각된다.

따라서 그들은 통나무를 잘라 만든 배를 타고 융기문, 빗살문 등의 토기에 조, 피, 수수 등의 밭작물 종자를 담고, 밭농사에 필요한 마제석기나 사냥에 필요한 돌도끼와 돌칼, 돌화살촉, 생활에 필요한 골침이나 골각기와 조개껍질로 만든 장식품, 어로에 필요한 낚시바늘 등의 어로도구를 싣고 대마도를 거쳐 이키섬 그리고 규슈 북단에 도착하여 일본의 죠몽토기인들과 교류를 하거나 정착하여 선진문물을 전하였을 것으로 생각된다.

부산의 청동기시대 유적은 노포동 유적 주거지, 내성 주거 유적지, 괴정동 패총, 감천동 지석묘를 비롯하여 39개소가 알려져 있는데, 내성 주거지에서 일본의 야요이토기가 많이 출토된 점으로 보아 부산의 청동기인들도 신석기시대와 마찬가지로 일본지역과 많은 교류를 하고 있었음을 알 수 있다.

한편, 청동기시대의 유적은 신석기시대 유적이 주로 강이나 해변에 위치하고 있는데 비해 대체로 부산의 내륙 지역에 많이 분포하고 있다. 이점은 청동기시대가 되면 부산의 청동기인들이 어로 · 채집 위주의 경제에서 벗어나 벼농사에도 많은 관심을 보였다는 사실을 알려주는 것으로 해석된다. 이 시기의 출토유물을 보면 무문토기, 단도마연토기를 비롯한 토기류와 연마한 돌칼, 돌화살, 돌창, 돌도끼, 돌끌 등의 마제석기류가 주류를 이루고 있으나 아직 청동기가 발견되지 않고 있는 점이 의문으로 남는다. 그러나 바다 건너 대마도에서 세형동검과 거울 등의 청동기유물이 많이 출토되고 있는 점으로 보아 부산에서도 청동기가 사용되었을 가능성은 매우 크다고 생각된다.

부산의 청동기인들이 일본열도로 건너간 바다 길도 신석기시대와 마찬가지로 대마도-이키-규슈 북단의 경로가 주로 이용되었을 것이다. 이 시기는 일본의 도작문명을 이룬 야요이 문화기로서 최초로 벼농사가 전래된 시기이기도 하였다. 따라서 벼이삭을 따는 데 사용하는 반달형 돌칼이라든지 벼농사에 필요한 가래, 쟁기 등의 목제 농기구를 비롯하여 벼농사 기술을 전파하였다. 이때 전래된 고대의 쌀인 적미(赤米)는 대마도의 남단인 즈츠[豆] 지역에서 지금도 재배되고 있다.

구석기시대에는 걸어서, 해수면이 상승한 신석기시대에는 배를 타고 바다를 건너가 일본의 죠몽인들과 교류 · 정착하며 죠몽문화의 형성에 직 · 간접적으로 영향을 미쳤다. 뿐만 아니라 부산의 청동기시대인들은 직접 바다를 건너 도작문화를 전파하여 일본의 야요이문화를 꽃피우는 데 커다란 영향을 미쳤던 것이다.

정과정곡과 과정로에 얽힌 사연

● 정 용 숙 (부산대학교 명예교수)

학창시절 고전문학 시간에 배운 옛 글들 가운데는 인상깊은 글들이 있었다. 정철(鄭徹)의 관동별곡(關東別曲)은 자연에 대한 아름다움을 눈으로 보듯이 생생하게 느끼게 해주었고, 조침문(弔針文)을 배우면서 보잘 것 없는 바늘(針) 하나의 효용성을 넓은 안목에서 생생하게 그려낸 무명의 작가에게 존경의 마음을 품기도 했었다. 그러나 옛글이라 하여 모두가 그런 감동을 주는 것은 아니었다. 현대의 생활감정과 괴리되거나, 읽어도 그 뜻을 알 수 없어 수업시간 내내 필기하느라 바빴던 작품들도 있었다. 정서(鄭叙)가 지은 고려 가요 '정과정곡(鄭瓜亭曲)'은 나에게는 후자에 속하는 글이었다. 충신연주지사(忠臣戀主之詞 : 충신이 임금님을 그리는 노래)로 불려지는 내용이 권위주의에 반발하던 사춘기의 정서에 맞지 않았고, 훈민정음 풀이의 가사도 너무 어려웠다.

오랜 세월이 지난 지금, 고려시대 역사를 전공하는 사람으로 다시 보는 '정과정곡'은 그 의미가 남다르다. 우리말로 전하는 고려가요 가운데 작자가 확실한 유일한 노래라는 점에서도 그러하고, 번역문에서는 느껴지지 않는 운(韻)이 읽을수록 새롭게 다가왔다. 작자가 동래 출신이라는 점도 부산에서 살아온 나에게는 정감을 돋우기에 충분했다. 그리고 무엇보다도 이 노래가 800년 이상의 세월을 뛰어넘어 오늘까지 전해지고 있다는 데에 생각이 미치면, 자칫 일실(逸失)할 뻔하였던 우리 무형문화재의 보존이란 차원에서도 무상의 가치를 지니고 있음을 알게 된 것이다.

내 님믈 그리ᅀᆞ와 우니다니
山졉동새 난 이슷ᄒᆞ요이다
아니시며 거츠르신 ᄃᆞᆯ아으
잔월효성(殘月曉星)이 아ᄅᆞ시리이다
넉시라도 님은 ᄒᆞᆫ ᄃᆡ녀져라 아으
벼기더시니 뉘러시니잇가
과(過)도 허믈도 천만 업소이다
ᄆᆞᆯ힛 마러신뎌
ᄉᆞᆯ읏브뎌 아으
니미 나ᄅᆞᆯ ᄒᆞ마 니ᄌᆞ시니잇가
아소 님하 도람 드르샤 괴오쇼서

내 임을 그리워하여 울고 있더니
두견새와 나와는 비슷합니다 그려
아니며 (모든 것이) 거짓인 줄을 아 --
지새는 새벽달과 새벽별 만이 아실 것입니다.

죽은 혼이라도 임과 한자리에 가고 싶습니다. 아-
(임의 뜻을) 어기던 사람이 누구였습니까
과실도 허물도 전혀 없습니다
말짱한 (거짓) 말씀이었구나
(정말) 죽고만 싶은 것이여 아 --
님께서 저를 벌써 잊으셨습니까
맙소서 임이시어, 돌려 들으시어 사랑하소서
(朴炳采, 『高麗歌謠의 語釋硏究』, 1973, 선명문화사, 190~191쪽)

이 노래는 『고려사』 악지에 제작동기와 이제현(李齊賢)의 한역시가 수록되어 있고, 훈민정음으로 풀이된 우리말 노래는 16세기에 편찬된 『악학궤범』에 전한다.

이 노래의 작자인 정서(鄭敍)의 가계를 살펴보면, 그의 증조부 정문도(鄭文道)는 동래 호장(戶長)이었다. 동래 정씨의 조상으로, 그의 산소

동래 정씨의 선조 정문도(鄭文道)의 묘소 전경(양정 현대 아파트 맞은 편 정묘사 내에 있음) 통칭 정묘(鄭墓)라고 한다.

하마정의 하마비(下馬碑) 말을 타고 정묘(鄭墓)앞을 지나는 사람들은 말에서 내려 걸어갔다.

는 하마정의 화지공원 내에 지금도 잘 보존되어 있다.

호장은 상급 향리인데, 대개 나말여초에는 지방을 독립적으로 지배했던 호족에서 전화된 것이다. 동래 정씨가 지방 세력가에서 벗어나 고려의 중앙정계에까지 두각을 나타내게 된 것은 정서(鄭敍)의 조부 정목(鄭穆, 1040~1105년) 때부터였다. 정목은 그의 묘지명에 의하면, 18세에 청운의 뜻을 품고 상경하여 33세가 되던 1072년(문종 26)에 과거에 급제하여 중앙의 관리가 된 인물이다. 그는 3품의 관직에까지 올랐고, 세 명의 아들이 모두 과거에 급제함으로써 문벌가문으로 도약할 수 있는 발판을 굳히게 되었다. 정서의 부친인 정항(鄭沆, 1080~1136년)은 숙종 때 등제하여 종2품관인 지추밀원사(知樞密院事)에까지 올랐으며, 중앙 정계의 문벌가문과 혼인관계로 연결되어 있었다.

정서는 아버지 정항 덕분에 문음(門蔭)으로 진출하여 벼슬이 정5품인 내시낭중(內侍郎中)에 이르렀고, 17대 인종비 공예태후(恭睿太后)의 여

정과정 옛터 비 수영 하수종말처리장 위 공원에 정과정 옛터의 표지를 세웠다.

동생과 혼인하였다. 인종은 동서인 정서를 무척 총애했다고 한다. 그러나 이질인 의종이 왕위에 오른 후, 왕제인 대녕후 경(大寧侯暻)을 추대하려는 음모 사건이 일어났고, 이에 가담했다는 참소를 입고 의종 5년(1151)에 고향인 동래로 유배되었다. 당시 의종은 그가 무고함을 알고 있었다고 생각되는데, 의종이 그를 떠나 보내며 "이번 일은 조정의 공론으로 부득이해서 한 일이니, 가 있으면 곧 소환하게 될 것이다"라고 하였다는 『고려사』 기록을 통해 알 수 있다.

중앙정계를 떠나 고향 땅에서 유배생활을 하게 된 정서는 동래현의 남쪽 10리쯤 되는 곳에 정자를 짓고 참외(瓜)를 심어 스스로 호를 과정(瓜亭)이라 하였다. 그리고 자연을 벗삼아 세월을 보내면서 왕의 부름을 기다리다가 왕을 그리는 애틋한 정을 읊은 노래를 불렀다고 한다. 이 노래를 작자의 호를 따서 후세 사람들이 정과정곡이라 하였다. 작자가 귀양에서 풀려난 것은 무신란이 일어나 의종이 폐위되고 명종이 즉위한

오늘날 정과정 모습 정과정이 있었던 곳으로 알려진 토곡 하수종말 처리장 뒷산. 참외밭이 아스팔트 거리로 변하고 빌딩이 늘어서 있지만, 거리 이름에서나마 정과정의 흔적을 찾을 수 있다.

해(1170)였다.

옛날 정서가 참외를 심었던 장소를 역사현장으로 보존하려는 노력이 추진되어, 토곡에서 연산 1동과 8동을 지나는 길을 과정로라 하고, 연산 9동 수영천 가까이 있는 학교 이름을 과정초등학교라 하였다. 그리고 정서가 개경을 향하여 북방요배를 하였다고 생각되는 남구 망미동 산 4의 7번지에 정과정비를 세웠다.

정서에게 20년의 유배생활은 말할 수 없는 개인적 불행이며 뼈를 깎는 고통으로 점철된 나날이었겠지만, 그 속에서 피어난 그의 노래는 당대를 주름잡던 수많은 인사들의 명망을 제치고, 우리 민족이 존립하는 먼 훗날까지 많은 이들에게 우리 문학의 정수를 일깨워 줄 것이다. "인생은 짧고 예술은 길다"라는 명구가 가슴을 친다.

울릉도 지킴이, 안용복은 부산의 보통사람

● 오 인 택 (부산교육대학교 교수)

현재 독도가 일본이 주장하는 영유권 시비 대상이지만, 조선시대에는 독도가 아니라 울릉도가 일본의 영유권 시비 대상인 적이 있었다. 오늘날 울릉도가 한국 영토라는 사실은 한국인뿐만 아니라 일본인 가운데도 의심하는 사람은 없다. 이는 조선시대의 영유권 시비 과정에서 울릉도를 지켜낸 결과이다. 여기서 잊을 수 없는 인물이 부산의 보통사람 안용복이다.

동래에 살던 평민 신분의 어부였던 그는 17세기의 울릉도 영유권 시비에서 일본 대마도의 농간을 막는 데 적극적인 역할을 하였던 인물이다.

울릉도는 일찍이 6세기 초에 신라의 영토로 편입된 후, 항상 우리의 영토였다. 그런데 고려후기부터 조선초기까지 왜구의 약탈로 조선 정부는 섬 주민을 육지로 이주시키는 공도정책(空島政策)을 실시하면서, 울릉도는 주민이 살지 못했으며 텅 비게 되었다. 왜구가 거의 소멸된 이후에도 조선인의 울릉도 거주는 금지되었다. 정부의 부역과 군역을 피하여 울릉도에 숨어드는 백성이 생겨났지만, 뱃길이 멀고 험하여 제대로 조사하기 어려웠기 때문이다.

안용복 장군 충혼탑 수영공원에 있다. 1967년 10월 31일 안용복장군기념사업회가 안용복의 업적을 기리기 위하여 세웠다.

공도정책(空島政策)으로 인하여 울릉도에 조선 정부의 통제력이 제대로 미치기 어려웠다. 그러한 가운데 일본 대마도가 울릉도에 관심을 가지기 시작하였다.

대마도는 거의 대부분이 산이며, 경작지는 섬 전체의 3% 정도에 불과하여, 오랫동안 울릉도에 많은 관심을 가졌다. 대마도주가 1407년(태종 7)에 울릉도로의 집단 이주를 건의하였다가 조선 정부에게 거절당한 사건이나, 1612년(광해군 4) 울릉도의 지형을 조사하려다가 조선 정부에 의해 모두 거절당한 사건 등은 그러한 사정을 잘 말해준다.

울릉도에는 배를 만들 나무, 대나무, 각종 수산자원 등이 풍부하였기 때문에, 정부 몰래 남해와 동해연안의 어부들이 고기잡이를 나가는 일이 있었다. 또 일본 어부들이 몰래 들어와 고기잡이를 하기도 하였다.

그러한 가운데 점점 일본 어부들 사이에 울릉도가 명백한 조선 영토라는 생각이 약해지면서 양국 어부들의 울릉도 영유권 시비 가능성이 증가하였다. 이러한 분위기 속에서 안용복이 조선의 울릉도 영유권을 일본 정부에 항의하기에 이른다.

안용복은 1693년(숙종 19) 봄 동래·울산의 어부들 40명과 함께 울릉도로 고기잡이 나갔다가 일본 어부들과 충돌하였다. 안용복은 동료 박어둔(朴於屯)과 함께 일본에 끌려갔다. 그러나 그는 굴하지 않고 일본 관료들에게 납치 행위와 울릉도 침범의 부당성을 따졌다. 그 결과 일본 정부는 울릉도가 조선 영토라고 인정하는 문서를 안용복 일행에게 발급하지 않을 수 없었다. 그 후 안용복은 1696년 봄에도 울릉도에 고기잡이를 나갔다가 일본 어부들을 발견하고, 동료 11명과 그들을 쫓아 일본으로 들어가 일본 정부에 항의하였다.

울릉도가 조선영토라는 일본 정부의 공식적인 입장에도 불구하고 울릉도 문제에는 항상 대마도주(對馬島主)의 중간 농간이 작용하였다. 그러한 점은 안용복이 1693년 일본에 납치되었을 때의 상황에서 잘 드러난다. 대마도주는 일본 정부가 지급한 문서를 탈취하고 안용복 일행을 동래부에 인계하면서 조선 정부에 항의 서한을 보냈다. "일본 영토인 다케시마[竹島]에 침범한 죄인을 송환하니 조선 정부가 앞으로 조선 어부들의 다케시마 고기잡이를 금지해야 한다"는 것이었다. 다케시마는 울릉도의 일본 이름이다.

항의 문서에서 대마도주가 울릉도란 명칭을 사용하지 않고 '일본 영토 다케시마'라고만 표기한 점은 농간의 극치였다. 울릉도와 다케시마가 별개의 섬이며, 그 가운데 다케시마는 일본 영토라는 착각을 유도하려는 속임수였다. 조선이 그 점을 제대로 간파하지 못하고 항의 문서를 그대로 수용한다면, 장차 이를 빌미로 울릉도를 탈취하려는 속셈이었다.

한편 대마도주의 서한을 받은 조선 정부는 다케시마와 울릉도가 동

팔도총도(八道總圖) 1683년 제작된 지도이다. 동해에 독도[于山島]와 울릉도가 선명하게 그려져 있다. 안용복 사건 직전의 일반적인 조선인의 영토 의식을 보여준다.

일한 섬이라는 사실을 모르는 척하고, '일본 영토 다케시마'에 대한 침범 항의를 수용하면서도 '울릉도가 조선 영토'라는 사실을 분명하게 언급하였다. 대마도주의 농간을 봉쇄한 것이다. 당황한 대마도주가 '울릉도가 조선 영토'라는 표현의 삭제를 요청하자, 조선 정부는 오히려 일본에서 송환된 안용복의 진술을 통하여 대마도주의 속셈을 정확히 파악

수영성 남문 수영공원 입구에 있다. 조선 중기에 만들어진 수영성은 당시 경상도 해군사령관(경상좌도 수군절도사)이 머물던 진영인데, 안용복이 거주하였던 곳으로 알려져 있다.

하고 강력한 항의 서한을 일본 정부에 보냈다. 조선은 울릉도는 다케시마로도 불리지만 명백한 조선의 영토임을 강조하고, 안용복 등이 조선 영토에서 납치된 사건의 부당성을 항의하였다. 이로 말미암아 일본 정부는 자체 조사에 착수하여 1696년 1월 울릉도의 조선 영속 및 어업권을 공식적으로 확인하였고, 1697년 조선의 울릉도 영유권을 인정한다는 공식적인 입장을 조선에 통보하였다. 이로써 조선 정부는 울릉도 영유권을 확고하게 유지하였다.

현재의 울릉도 영유권은 17세기 말(1693~1699년) 영유권 시비를 극복한 경험을 담고 있는 것이다. 평범한 어부 안용복은 울릉도에 대한 분명한 영토 의식을 갖고 적극적으로 일본에 항의함으로써 울릉도 영유권을 확립하는 데 커다란 역할을 하였다. 이는 오늘날 직면한 일본의 독도 침탈 기도에 시사하는 바가 적지 않다. 보통사람들의 폭넓은 관심과 참여를 통해서만 침탈을 저지하고 독도를 지켜갈 수 있을 것이기 때문이다.

부산이 낳은 발명의 천재, 장영실

● 김 보 정 (부경역사연구소 연구원)

세종대의 측우기(測雨器)나 자격루(自擊漏)와 같은 천문기구의 제작으로 우리 나라 천문학의 수준을 당시 세계 최고의 수준으로 끌어올린 장본인이 바로 장영실(蔣英實)이라는 점은 잘 알고 있으나, 그가 부산 동래 출신이라는 사실을 아는 사람은 많지 않다.

기록에 의하면 『세종실록』 15년 9월 을미조에 그의 아버지는 원나라 소항주(蘇杭州) 사람이며, 어머니는 동래현 관기(官妓)였다고 서술되어 있다. 한편, 아산장씨(牙山蔣氏) 족보에는 아버지가 고려말 정3품 전서(典書)의 벼슬을 지낸 장성휘(蔣成暉)라고 기록되어 있다. 이렇듯 장영실은 아버지의 존재가 확실하지는 않으나, 어머니가 동래현의 관기(官妓)였다는 점에서 신분이 미천한 관노(官奴) 출신임을 알 수 있다.

비록 그의 신분은 미천하였을지라도 제련, 축성, 농기구, 무기 등의

자격루 장영실이 만든 최초의 자동물시계

수리에 뛰어나서 남다른 과학적 재능을 갖고 있었다. 장영실의 재주가 특출하다는 소문이 점차 널리 알려지면서 세종에게 발탁되었다. 1421년(세종 3)에는 천문기기의 연구를 위해서 중국에 파견되었고, 2년 후 정5품인 상의원 별좌(尙衣院 別坐)에 올라 관노의 신분을 벗었다. 1432년(세종 14)에는 중추원사 이천(李蕆)을 도와 당시의 천문관측대인 간의대 제작에 착수하면서 그의 과학적 재능이 본격적으로 발휘되기 시작하였다. 세종대의 천문기구들은 거의 1432년에서 1437년 사이에 제작되었다. 대부분 장영실이 만들었다고 해도 과언이 아니다.

그런데 천문기구들이 유독 이 시기에 제작된 것은 일정한 동기가 있었다. 바로 농사와 관련한 세종의 농사정책과 맞물려 있었기 때문이다. 당시는 집약적인 농업기술로의 전환이 강구되었으며, 이를 뒷받침할 천문기술이 필요하였다. 이에 측우기는 지역에 따른 풍흉의 영향과 토지 생산력의 차이에 따라 조세를 차등있게 부과하기 위해서 발명되었다.

그의 대표적인 발명품 가운데 물시계인 자격루(自擊漏)가 있다. 조선 건국 이후 최초의 물시계로서 1398년(태조 7)의 경루(更漏)가 있으나,

이는 고려말기의 물시계와 같은 형식인 유입형 물시계이다. 그 뒤 1423년(세종 6) 청동 물시계가 제작되었다. 청동 물시계는 중국에 유학을 다녀온 장영실이 만든 것으로 자동으로 시간을 알리는 새로운 모델이라고 『연려실기술』에 전하고 있다.

1425년(세종 7) 10월에 준공된 경복궁 서운각의 보루각에 설치하여 가동되었다. 이는 장영실이 만든 최초의 물시계로 중국 유학에서 얻은 결실이다. 그리고 역사에 길이 남을 그의 대표적인 발명품으로 자동 물시계를 발명하게 된다. 1434년(세종 16)에 만들어진 자격루(自擊漏)가 바로 그것이다.

자격루는 파수호(播水壺) 4개, 수수호(受水壺) 2개, 살대 12개, 동력전달장치, 자동시보장치로 구성되어 있다. 파수호에서 흘러내려온 물이 수수호로 들어가서 살대를 띄워 올리면 그 부력이 지레대와 쇠사슬에 전달되어 격발하고 구슬이 떨어지면서 시각을 알리는 장치를 움직이는 것이다. 이 자동장치는 11세기 송나라의 소송(소송)이 제작했던 천문시계와 원 순제(順帝)의 명에 의해 제작된 궁정 물시계, 아라비아 알자자리(Aljazari)의 자동 물시계의 영향을 받은 흔적이 있다. 그러나 자격루의 자동시보장치 추진방식과 격발방식은 이들 자동 물시계의 것과는 다르며, 기술적으로 매우 앞선 독창적인 모델이다. 장영실은 이 자격루를 만든 공로로 정4품 호군(護軍)으로 승진하였다. 장영실이 죽은 뒤 자격루의 자동시보장치의 고장을 수리하지 못하여 사용이 중지된 적도 있었으나 1543년(중종 29) 새로운 자격루가 만들어지기까지 100여 년 동안 장영실의 자격루는 조선의 물시계로서 그 기능을 다하였다.

이후 장영실은 천체 관측을 위하여 혼천의(渾天儀)를 제작하고 당시의 금속활자인 갑인자(甲寅字)의 주조에도 관여하였다. 1437년(세종 19)에는 해시계인 앙부일구(仰釜日晷), 현주일구(懸珠日晷), 천평일구(天平日晷)도 제작하였다. 그 이듬해인 1438년(세종 20)에 종3품 대호

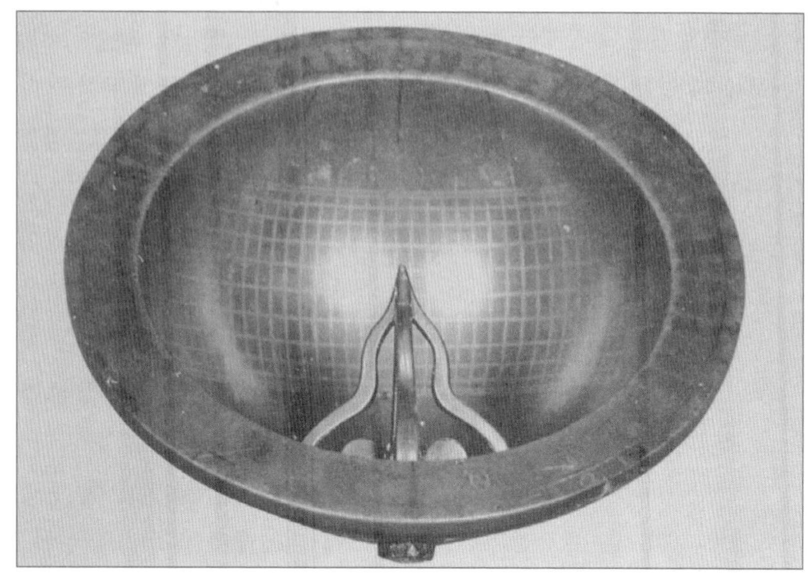

양부일구 '하늘을 쳐다보는 솥 모양의 해시계'라는 뜻으로, 쉽게 말해서 오목해시계라 할 수 있다.

군(大護軍)으로 승진한 장영실은 세종을 위하여 특별히 옥루(玉漏)라는 물시계를 발명하였다. 이 시계는 흠경각에 보존되어 100년 넘게 임금의 사랑을 받다가 명종 초에 경복궁의 실화로 불타 없어졌다가 1554년(명종 9) 장영실이 남긴 설계도로 다시 복원되었다. 그러다가 1441년(세종 23)에 세계 최초의 강우량을 측정하는 측우기를 발명한 공로로 정3품 상호군(上護軍)으로 승진하였다.

그러나 1442년(세종 24) 장영실의 감독 아래 제작된 세종의 승여(乘輿)가 부서지는 바람에 불경죄로 투옥되어 장형을 받은 뒤 파면 당하였다. 이후 그에 대한 기록은 보이지 않아서 알 수가 없다. 지금 우리가 사용하고 있는 과학이라는 용어가 생소했던 시절, 또한 신분제가 철저했던 시대에 살았던 인물이었기 때문에 장영실은 단지 관노 출신의 재능 있는 장인으로만 인정받았을 뿐이다.

비록 신분은 미천하였을지라도 그의 위대한 업적을 생각한다면, 특

동래부 동헌 내부 장영실의 어머니는 동래현의 관기였다고 한다.

히 신분제 사회 속에서 자신이 가진 재능만으로 자신의 신분을 벗어난 점, 조선 전기 최고의 군주인 세종이 그의 과학적 재능을 인정한 점에서 볼 때 그는 충분히 과학자로서 평가받을 만한 자랑스런 부산의 인물이다. 장영실의 후손과 각계 각층의 인사들은 1982년 '과학선현 장영실 선생 기념사업회'를 결성하고 아산군 인주면 문방리 장영실 묘역을 단장했으며, 1984년에 추모기념비를 제막했다.

임진왜란을 지켜낸 의로운 부산사람들

● 김 강 식 (울산대학교 연구교수)

전쟁은 종종 인류의 역사를 바꾸어 놓았다. 정확히 1592년 4월 13일 부산에서는 일본군의 침략으로 전쟁의 불길이 치솟았다. 그날 태평양의 파도가 마지막 부서지는 아늑함에 젖어 있던 절영도(지금의 영도) 앞바다에는 일본군이 개미떼처럼 줄지어 들어왔다. 이렇게 시작되어 동아시아 삼국의 국제전쟁으로 발전한 임진왜란은 일본의 일방적인 도발로 발생하여 우리에게 수많은 영향을 끼쳤다.

조선시대에 부산은 우리 나라의 관문이었기 때문에 임진왜란 최초의 격전지가 되었으며, 7년간 이어진 일본군의 주둔으로 가장 오랫동안 직접적인 피해를 입었다. 이에 임진왜란의 상흔이 곳곳에 배어 있다. 임진왜란 중 부산사람들의 일본 침략에 대한 저항의 기운은 드세고도 드세었다. 부산사람들은 관군의 일원으로 싸우든지, 아니면 독자적인 의병

부산진 순절도(육군사관학교 박물관 소장) 1760년 동래부사 홍명한(洪名漢)이 변박(卞璞)을 시켜 옛 순절도를 모사한 것임. 성 벽 옆에 일본군이 배를 타고 접근해 있어서 지형이 지금과 다름을 알 수 있다.

운동에 적극적으로 참가했다.

임진왜란 중 일본군과 치른 최초의 전투는 부산진성 전투였다. 임진왜란 전에 비교적 견고하게 구축되고 전쟁 준비가 제대로 갖추어졌던 부산진성은 지금의 부산진시장 서쪽편의 증산(甑山)에 위치하고 있었다. 1592년 4월 13일 오후 일본군의 고니시 유기나가[小西行長]가 이끈 조선 침략 선봉 제1군 18,700명의 대군은 700여 척의 병선으로 부산포에 침략해왔다. 그들은 14일 아침 우암 부근에 상륙하여 곧 바로 부산진성을 공격했다. 조선시대에 부산진성은 경상도 해안에 설치되었던 수군 첨절제사의 4개 진영 중 경상도 제 1의 해상관문으로 일본군들이 조선에 상륙할 때는 반드시 거쳐야 할 요충이었다. 한편 부산진성에서 약간 떨어진 곳에는 일종의 치외법권 지역이었던 왜관(倭館)이 있어서 일본인들의 제한적인 출입이 유일하게 허용되고 있었다. 때문에 대마도에서 차출된 일본군은 부산의 지리에 익숙하였다.

당시 부산진성의 민호(民戶)는 300여 호로 군민을 다 합쳐도 일본군의 대군에 비교가 되지 않았는데, 실제 병력은 불과 1000여 명이었다. 이러한 절대적인 열세에도 불구하고 첨사 정발(鄭撥)을 위시한 부산진성의 군 · 관 · 민은 문자 그대로 혼연일체가 되어 나라의 관문을 지키기 위해 끝까지 싸우다가 장렬히 전사하였다. 당시 일본군은 날아가는 새도 맞추어 떨어뜨린다는 조총(鳥銃)을 가지고 있었지만, 조선군의 무기는 활과 화살, 소량의 화기가 고작이었다. 전투는 성을 사수하려는 조선군과 성 안으로 침입하려는 일본군이 성벽을 사이에 두고 치열하게 전개되었다. 한참 후 부산진성의 북쪽으로 일본군이 난입하자 부산진성의 군과 민은 백병전으로 맞섰으나, 중과부적(衆寡不敵)으로 성은 함락되고 말았다.

임진왜란 직전에 부임하여 전쟁 준비를 철저히 한 정발은 일본군에 의해 임진왜란 중 가장 용감하게 싸운 조선인 장군으로 칭송되었으며, 검은 전투복을 입고 싸웠기 때문에 흑의장군(黑衣將軍)으로 불리었다. 부산진성 전투에서 일본군은 저항에 대한 보복으로 개와 고양이까지도 죽여버리는 잔혹함을 보였다고 대마도주 소오 요시토시[宗義智]의 종군 승려 천형(天荊)은 『서정일기(西征日記)』에 생생하게 새겨 놓았다.

부산진성 전투의 자취를 찾아보면, 지금의 좌천동 가구거리 서쪽에 위치한 정공단(鄭公壇), 오늘날의 부산(釜山)이란 지명이 유래한 증산(甑山)이 자리했던 바로 그 자리에 지금은 아파트 건축 등으로 원형을 거의 잃어버린 부산진성 터, 변박(卞璞)이 모사해 그린 부산진순절도에서 어렴풋이나마 당시를 떠올릴 수 있을 뿐이다. 한 가지 안타까운 점은 부산진순절도는 보물로 지정되어 있지만 서울의 육군사관학교 박물관에 보관되어 있다는 사실이다. 우리 지역의 소중한 유물이 부산인의 품으로 하루속히 돌아왔으면 한다.

4월 14일 오전 부산진성을 함락시킨 일본군은 동래로 진출했다. 동래는 부산진성과 가까운 거리에 있었으며, 조선시대 부산의 행정 관할은 동래부에 있었다. 동래부사는 문관 출신의 송상현(宋象賢)이었다. 송상현의 수성 계획은 지역의 병권을 가지고 있던 경상좌병사의 군과 인근 군현의 군사력을 이용하여 싸울 작정이었다. 그러나 송상현의 계획

자성대에서 바라본 부산진성의 원경 지금의 부산(釜山)이라는 지명이 유래한 증산(甑山)에 있었다. 제대로 보존되지 못해 부산의 뿌리를 잃은 것 같아 안타깝기만 하다.

동래부순절도(육군사관학교 박물관 소장) 1709년 동래부사 권이진(權以鎭)이 쓴 화기(畵記)에서 전해지고 있음. 동래읍성의 전체 윤곽과 전투 상황이 자세히 묘사되어 있는 기록화이다.

은 수포로 돌아갔다. 안타깝게도 경상좌도의 육군을 책임진 병사 이각(李珏)은 울산에서 동래성을 지원하려 왔다가 일본군의 군세가 막강함을 보고서는 뒤에서 지원하겠다고 해놓고서는 도망쳐 버렸다. 직접 부사의 명령계통은 아니었지만, 부산의 해안 방어를 책임졌던 경상좌수영의 수사는 박홍(朴泓)이었다. 그는 부산포에 적이 들이닥치자 마자 성을 버리고 달아났던 장본인이었다. 이처럼 동래성은 전쟁의 암운이 몰아치는 상황이었지만, 문자 그대로 고립무원이었다. '외로운 성에 달무리 지나, 인근의 진에서 구원은 없구나' 라는 송상현의 시구는 사면초가가 된 동래성을 잘 묘사하고 있다.

일본군은 부산진성 전투에서 조선 민의 굳센 항전을 경험하였기 때문에 대군을 동원하여 일시에 동래성을 세 방면에서 포위 · 공략했다. 당시 일본군은 무혈입성을 노렸다. 이에 일본군은 戰則戰矣 不戰則假道[싸우려고 하면 싸우고 싸우지 않으려면 길을 비켜라]라는 투항 유도의 글귀를 동래성 남문(현 동래경찰서 자리) 밖에 내걸었다.

한편 송상현은 戰死易 假道難[싸워서 죽기는 쉬워도 길을 비키기는 어렵다]이라고 써 결사항전을 표시하였다. 지금 이 글귀는 충렬사 소줄당 앞 화강암에 새겨져 있는데, 부산사람들로 하여금 국난극복에 솔선수범했던 공직자의 자세와 충직한 삶의 모습을 되새기게 하기에 충분하다. 사실 송상현은 붕당 사이의 대립이 첨예화되었던 선조 연간의 붕당정치 성립기에 죽음의 땅이라고 여겨져 관료들이 기피했던 동래부사에 기꺼이 부임하여 전쟁 준비를 착실히 한 인물이었다.

동래성 전투는 15일에 전면적으로 전개되었다. 일본군은 동서남 세 방면에서 조총을 난사하며 성을 넘으려 하였고, 조선의 군민은 활과 칼을 들고 성벽을 지켰다. 그러나 이윽고 동북쪽으로 일본군이 침입하였다. 무기를 갖지 못한 민들은 막대기나 괭이를 가지고, 또는 지붕의 기왓장을 부수어 일본군과 대적했다. 마침내 대격전은 많은 희생자를 냈으며, 동래성은 함락되었다.

동래성 전투는 시간적으로 보면 부산진성 전투보다 전투 시간이 짧았다. 이는 일본군이 대군을 일시에 동원하였기 때문이다. 함락시의 처참함은 임진왜란 이후 동래부사로 온 이안눌(李安訥)이 4월 14일 집집

마다 곡소리가 나서 물어보니, "곡해 줄 사람이 있는 것은 슬프기가 덜한 것이니 휘두른 적의 칼날에 온 가족이 다 죽어서 곡해줄 사람조차 남지 않은 집이 얼마인지 모른다"고 한 데서 단적으로 알 수 있다. 동래부민은 모두 다 퇴각하지 않고 싸우다 죽었다. 당시 송상현은 통신사의 일행으로 내왕한 바 있던 일본군의 평조익(平調益)이 피신하라고 하였으나, "임금과 신하의 의리는 무거운 것이오니 아비와 자식의 은정을 가벼이 하겠다"라는 하직의 시를 남기고 끝까지 싸우다가 살해되었다.

동래성 전투의 흔적은 지금의 시청에 해당하는 조선시대 동래부의 치소(治所)가 있었던, 현 동래시장의 충신당(忠信堂) 내에 자리한 송공단(宋公壇), 박정희정권 때 대대적으로 정비된 안락로터리의 충렬사(忠烈祠), 조선시대에 동래부의 요충을 감싸안고 있었던 동래읍성 터, 동래부사 권이진(權以鎮)이 쓴 화기(畵記)에 전해오는 동래부순절도 등이 있다. 한편 지하철 교대역 옆 온천천에 걸쳐진 세병교(洗兵橋)는 병사들이 병기를 씻었던 곳이었다고 전한다.

이 외에도 임진왜란 때의 부산전투로는 첨사 윤흥신(尹興信)과 아우 윤흥제(尹興悌)가 군민과 함께 싸운 다대진 전투와 일본군의 통치에 저항한 지하 레지스탕스였던 좌수영성 전투 등이 있다. 또 임진왜란을 구한 명장 이순신이 일본 수군의 전선을 100여 척이나 쳐부수었던 부산포해전이 유명하다.

아무튼 임진왜란이라는 국난에도 꿋꿋하게 저항했던 후예들로서 자긍심을 갖고서, 부산의 문화유적 중 절대다수를 차지하는 임진왜란 유적에 대한 관심을 갖자. 정녕 그것이 부산정신을 이어가는 올바른 길일 것이다.

무역으로 큰 돈 번 동래상인

● 변 광 석 (울산대학교 강의전담교수)

사람이 먹고 입는 등 여러 가지로 생활하기 위해서는 물품이 필요하다. 그래서 곡식이나 생필품과 같은 물건을 시장에서 구입하는데, 이것을 생산자로부터 소비자에게 유통시켜 주는 사람이 상인들이다. 이들은 이 시장 저 시장을 돌면서 물건을 팔았으므로 '장돌뱅이' '장돌림' 또는 '장꾼'이라 불렸고, 시장을 옛날에는 '저자' '장' 또는 '장시'라고 하였다. 하기사 요즘은 우리들이 1주일이라 하여 7일을 생활주기로 삼지만, 이전에는 장날이 5일마다 열렸으므로 그것이 생활주기였고 장이 서는 날이 우리 선조들의 휴일이었다.

으레 장날이 되면 온갖 물건을 사고파는 사람들과 장터의 흥을 돋우는 광대패나 사당패 등 놀이패들이 북적거리게 마련이어서 한바탕 축제의 분위기가 된다. 사람들은 꼭 사거나 팔 물건이 없더라도 구경삼아 저

자거리에 나온다. 그래서 "장보러 간다"고 하였고 "남이 장에 가니 씨오쟁이 짊어지고 따라간다"는 속담도 있다.

조선시대 상인들로서 먼저 서울에는 시전이라는 상인조합이 있었는데 이들 상인은 상품을 독점판매하는 상당한 권한을 가졌다. 한강은 전국의 상품이 배에 실려서 모여들었으므로 나루터에는 객주나 여각 등 상인들이 늘 북적거렸다. 한편 전국 각 장시에서는 관할 고을에서 공인을 받은 보부상이나 영세 상인 수공업자 농민들이 장날마다 돌아다녔다. 지방에서 활동하는 상인 중에 으뜸가는 존재라면 개성상인(송상)과 의주상인(만상) 및 부산의 동래상인(내상)을 단연 꼽을 수 있다.

이들은 지방의 상권 장악은 물론이지만, 특히 대외무역으로 큰 돈을 벌어들인 거상(巨商)들이었다.

잡화상점 동래의 명물 담뱃대를 비롯한 각종 잡화류를 갖추고서 손님을 기다리고 있다.

장터 풍경 왼쪽은 양곡상점이고 오른쪽에는 노점상들이 즐비해 있다.

주목할 점은 대상인들이 지역적으로 원거리에 놓여 있었지만 유통망을 장악하려고 그들끼리 긴밀하게 연결되어 있었다는 사실이다. 개성상인들이 몰래 일본에 물건을 내다팔기 위해 부산에 와서 활동하기도 하였고 의주상인도 동래상인과 결탁하여 독점적 상거래인 도고활동을 벌이기도 하였다. 이를테면 조선 말 헌종 때 동래상인이 의주상인과 결탁하여 소가죽(牛皮)을 모두 매점해 버리자, 본래 소가죽의 판매권을 가지고 있던 서울의 창전(昌廛)상인들이 장사길이 막힌다며 그들을 엄금해 줄 것을 정부에 호소하기도 하였다.

이처럼 송상이나 내상과 같은 지방의 거상들은 각종 상품을 매점하면서 국내 유통망을 장악하고는 그 판로를 국외시장과 직접 연결해 나가고 있었다. 특히 동래상인은 국내무역도 물론이지만 왜관(倭館)을 거점으로 대일무역에 주로 활동하였다. 무엇보다도 많은 자본과 탄탄한

1920년대의 동래장 모습(현재 동래시장 부근) 장날이 되면 주변의 양산, 기장, 김해 등에서 나오는 토산물과 동래의 특산물이 모두 거래되었다. 왼쪽 위에 큰 기둥과 난간이 보이는 건물이 망미루이다. 지금은 금강공원 입구에 있다.

조직을 갖추고 상권을 장악했다. 따라서 부산은 왜관을 중심으로 부를 축적했던 조선후기 전국 거상들의 활동무대였다.

조선후기 일본과의 무역은 정기적인 사행무역이나 공무역이 있었지만 사무역이 더욱 활발하였다. 사무역은 조선상인과 대마도의 상인 사이에 이루어졌다. 여기에는 바로 동래상인들이 중심이었다. 대마도의 상인들도 이윤이 많은 사무역에 혈안이 되어 있었다. 당시 무역활동은 초량왜관의 개시대청(開市大廳)에서 열린 왜관개시였다. 조선에서는 우리 상인과 대마도인 사이에 이루어지는 사적 거래를 개시라 불렀다. 공무역과 달리 대부분의 거래품목과 수량에 제한이 없었고 경제적인 순수 이윤추구가 목적이었다.

조선 초에는 왜관개시가 월 3회 열렸으나 광해군 이후 월 6회의 5일장으로 바뀌었다. 개시가 열리면 수세관리와 동래부의 색리(色吏)들이 동래상인들의 무역물품을 점검한 뒤, 훈도(訓導) 별차(別差)와 함께 상인들을 인솔하고 들어가 일본 상인들과 동서로 줄지어 마주보고 앉아 가격을 논한 다음에 매매하도록 하였다. 사무역이라고 하더라도 이처럼 엄격한 통제하에 교역이 이루어졌고 거래된 무역액은 모두 기록하여 세금을 부과하였다. 따라서 왜관의 출입은 까다로웠다. 그러나 양국이 서로 필요로 하는 물품을 교역할 때면 막대한 이익을 남겼기 때문에 왜관 개시가 중요하였다.

그래서 이 무역에 참가하는 동래상인으로 허가를 받으면 그 자체로 큰 이권이 되었다.

예를 들자면 왕실에서 사용하는 활을 만드는데 필요한 무소뿔(水牛角 또는 弓角)은 부산에서 일본상인들로부터 수입되었다. 이를 조달하는 공인조직을 궁각계(弓角契)라 하였다. 1694년(숙종 20)에 궁각계를 조직한 사람들이 바로 동래상인이나 역관(譯官)이었다. 무소뿔의 원산지는 동남아시아였으므로 내상들은 남방의 물자까지 교역한 셈이었다. 역관도 일본어 통역만 하는 관리가 아니라 왜관에서 공공연히 장사를 하였다. 그래서 역관은 상역(商譯)으로도 불렸다.

왜관에서 무역할 때 거래되는 상품으로 일본에서 들어오는 것은 동철 · 유황 등 광산물과 소목 · 호초 등 약재 및 무소뿔, 기타 염료나 공예품들이었다. 반면 조선에서 보내는 물품은 인삼, 짐승가죽, 모시나 명주 등 직물, 호도나 대추 등 농산물, 종이나 부채 및 중국의 물산 등이었다.

본래 상업이란 이익을 추구하는 것이고 권력이란 힘을 추구하는 것인데, 상업이 힘을 얻기 위해서는 이익을 보장해 주어야 했다. 이를 이권이라 부른다. 상인들이 큰 상권을 얻기 위해 권력의 힘을 빌붙는 것은 상례였다. 그래서 정치적 권력과 상업적 재력을 겸비한 사람을 우리는 흔히 정상배(政商輩)라고 한다. 물론 이 말은 부정적 이미지이다. 아무튼 상인들이 정치가들에게 자금을 제공하는 관례는 예나 지금이나 마찬가지인 모양이다.

조선후기 숙종 때 유명한 정치사건이 있었는데, 그것은 바로 소론(少論) 중에서 주로 관직에서 물러난 자들이 중심이 되어 정치주도권을 잡으려는 시도였다. 이른바 환국(換局) 사건이었다. 먼저 소론들은 중인(中人)들을 부려서 동래상인과 시전상인들로부터 정치자금을 공급받았다. 이 자금으로 무인(武人)들을 고용하고 환관과 총융사(摠戎使)들에게 뇌물을 제공하여 환국을 도모하였다.

당시 자금을 제공한 동래상인은 박세건(朴世建)과 김도명(金道明 ; 역관 金天民의 아들)이었다.

의주나 동래 등 상업의 요지에서 수령을 지낸 전직관료가 소론의 환국기도에 참여한 점도 흥미롭다. 그들이 동래상인과 같은 거상들의 자금제공으로 환국을 도모한 사실은 당시 남인(南人) 정권이 대민정책에 있어서 이들 대상인층과 일정한 마찰이 있었다고 보여진다. 이른바 농본억상책에 입각하여 지주층과 자영농민의 보호에 중점을 두면서 반면에 당시 성장하던 상공인세력을 억압하는 면이 있었다고 생각되는 것이다.

기록에 전하는 동래상인들의 인맥이나 신분은 자세히 알 수 없지만, 주목되는 점은 조선후기 동래지방에서 실세를 지녔던 향리층(鄕吏層)이나 무임층(武任層)들이 많았다는 사실이다. 대표적인 인물로 박창수(朴昌壽) · 최주한(崔周翰) 등이 있는데, 이들은 모두 중군(中軍) 등 무임직을 지낸 인물들이었다.

결국 조선시대 동래상인들의 활동무대였던 부산은 일본과의 무역 중심지이자 중국 상품을 일본상인들이 구입해가는 중계무역의 위치였다. 그러다가 근대로 들어오면서 사정이 달라졌다. 일본은 나가사키(長崎) 등 주요 항구에서 중국과 직접 거래를 하면서 구태여 부산에까지 와서 중국물품을 구할 필요가 없어졌다. 대신에 개항이 되면서 부산은 일본의 중계무역을 충실히 수행해주는 역할이 되어버렸다. 일제하에는 식민지 무역항구로 전락하게 되었다. 해방 후 수출산업이 발전하면서 국제무역의 중심지로 자리잡기 시작하였고 국내 최대의 물동량을 자랑하는 항구로 발전하였다. 특히 오늘날 부산이 수출산업의 전진기지로 자리매김되고 상공인의 뿌리가 깊은 것도 옛날 활발한 무역활동을 했던 동래상인들의 전통과 결코 무관하지가 않다.

150년 전통을 이어온 동래 터주대감들의 계모임, 동래기영회

● 김 동 철 (부산대학교 교수)

우리 사회에는 동창계 · 친척계 · 형제계 · 고향친구계 등 많은 계모임이 있다. 일반인들은 하나 이상의 계 또는 비슷한 모임에 들어 있는 것이 보통이다. 이같은 현상은 문화인류학자나 사회학자의 중요한 연구 대상이 되고 있다. 그러나 이런 계들이 생성과 소멸을 거듭하고 있지만 오래 계속되는 경우는 드물다. 특히 대를 이어 명맥을 유지해 오는 것은 거의 없다. 성격은 많이 바뀌었지만 150년 전통을 이어 오는 모임이 있다니 실로 놀라운 일이 아닐 수 없다. '사단법인 동래기영회' 가 바로 그 단체다. 동래구청을 나와 앞에 있는 오거리에서 바로 오른쪽 길을 따라 조금 내려가면 왼쪽에 유형문화재 8호인 장관청이 있다. 장관청은 정면 6칸, 측면 2칸의 'ㄱ' 자형 건물이다. 이 일대는 동헌을 비롯한 여러 관청 건물이 집중되어 있던 읍치, 즉 동래부의 중심지였다. 장관청 출입문에는 '사단법인 동래기영회' 라는 간판이 걸려 있다. 기영회가 현재 회관으로 사용하면서 관리중이다. 건물 정면에는 '기영당', '기로당' 이라는 현판이 긴 세월이 지났지만, 그 날의 역사를 전하고 있다.

기영회는 장관청과 어떤 관계이기에 문화재로 지정된 건물을 회관으로 쓰고 있을까. 이것은 150년 전 기영회가 처음 만들어질 때와 무관하지 않다. 1846년(헌종 12) 나이 많은 사람들이 학소대 남쪽 학림거사 윤언서(尹彦瑞) 집에 모여 이 모임을 만들었다. 이들은 중국 고사를 따서 모임 이름을 '기영계' 라 하였다. 계원의 자격은 50세 이상이며 계원 40명으로 출발했다. 기영계를 만든 사람은 동래부의 퇴임 이서와 무임들이었다. 조선 후기에 지방에는 행정업무를 담당하는 6방 중심의 질청(길청)과 치안이나 군사업무를 담당하는 무청이 있었다. 국방의 요충지인 동래에는 일반 군현과는 달리 무청이 많았다. 중군청, 군관청, 교련청, 장관청, 수성청, 별기위청, 별무사청, 도훈도청 등이 그 중심이었다. 장관청은 속오군과 아병군을 맡고 있는 무청이었다.

복천동 고분에서 본 학소대(내성초등교 앞) 기영회는 1846년 학소대 남쪽 학림거사 윤언서(尹諺瑞)의 집에서 만들어졌다. 지금 학소대는 사라지고 그 자리에 법륜사가 들어서 있다.

당시 동래에는 질청의 퇴임자가 만든 대

동회와 무청의 퇴임자가 만든 만동회가 활동하고 있었다. 원래 따로 있던 두 조직이 1846년 기영계로 합친 것이다. 이 조직은 단순한 퇴임자의 모임이 아니었다. 이들은 이서나 무임의 인사 등 많은 문제에 영향력을 행사했다. 동래부사는 이들의 경험을 무시할 수가 없었기 때문이다. 이런 조직은 다른 지역에도 있었다. 남원에는 이서와 무임의 퇴임자로 구성된 양로당이 있었고 경주나 안동의 안일방도 비슷한 조직이라고 할 수 있다.

기영계는 1853년(철종 4)에 조직을 정비하였으며 1876년(고종 13)에는 계를 더욱 발전시키기 위해 '내산기영회'로 명칭을 고쳤다. 1883년(고종 20)과 1897년(광무 1)에는 동래부사가 이 모임에 가입하기도 했다. 동래부사까지 가입함으로써 기영회는 동래지역의 대표적인 모임

장관청(동래구청 부근) 동래부의 부속건물로 장관(將官)들의 집무소였다. 현재 사단법인 동래기영회 회관으로 사용되고 있다.

동래고등학교 기영회가 설립한 사립 동명학교의 맥을 이어오고 있다.

으로 발전해 갈 수 있었던 것이다. 기영회는 임진왜란 때 돌아가신 분들을 모시는 송공단 · 동래의총을 비롯하여 거사단 · 영보단 · 관황묘 등의 각종 제사를 담당했다. 특히 『삼국지』의 주인공인 관우(關羽)를 모시는 관황묘의 제사를 담당한 것은 매우 흥미로운 대목이다. 우리 나라에 관우신앙이 정착된 것은 임진왜란 이후다. 관우는 용맹의 상징으로 무임집단의 수호신으로 추앙받았기 때문이다.

기영회의 활동 가운데 주목되는 것은 교육운동, 국채보상운동 등 한말 동래지역의 애국계몽운동을 주도한 점이다. 1883년 우리 나라 근대적 사립학교의 시초인 원산학사가 설립되었으며, 부산에도 1895년 최초의 근대 학교인 개성학교가 설립되었다. 당시 동래에도 각종 학교가 설립되었는데 1898년(광무 2) 기영회 회원 신명록(辛明錄) 등이 동래군 한문소학교(동래부학교)를 설립했다.

이 학교는 1904년에 개교한 개양학교에 흡수된다. 개양학교는 일본인의 보조를 받고 일본어 교육을 담당한 보통소학교라서 학생을 수용하거나 교육수준을 높이기가 어려웠다. 그래서 1906년 기영회 회원과 주민들이 삼락학교를 설립, 조선의 인재양성에 주춧돌을 놓았다.

1907년 기영회가 삼락학교에 개양학교를 흡수하여 새로 사립동명학교를 세웠다. 역사의 흐름에 따라 성격은 다소 바뀌었지만 지금도 명문 동래고등학교가 이 학교의 그 빛나는 전통을 이어오고 있다. 박필채, 정도용, 이광욱 등 7명의 사립동명학교 교장 가운데 정도용을 제외하면 모두 기영회 회원이었다. 특히 초대 회장인 박필채는 양반 출신으로 1905년 기영회에 가입했다. 이임과 무임 출신자로 구성된 기영회에 박필채가 가입한 점이 주목된다. 동래에 세거한 이임이나 무임 출신이 아닌 사람도 가입한 것은 기영회 조직이 점차 개방되고 있음을 보여주고 있다.

1846년의 창립회원 중에는 부산 왜관의 도중상고도 있었다. 도중상고는 일본과의 개시무역을 독점한 무역상인이다. 기영회 회원 중에는 도중상고 외에 대일무역을 비롯한 상업에 종사한 동래상인들이 많았다. 1905년의 을사강제조약에 대항하는 국권회복운동이 전국적으로 일어났다. 국채보상운동은 이때 일어난 범국민적인 애국계몽운동이었다. 부산지역 애국계몽운동의 선구적인 역할을 한 사람은 부산상무회의소 회원이었다. 여기에는 이유명(李裕明) 등 기영회 회원도 다수 포함돼 있었다. 특히 동래에서는 '동래부 국채보상 일심회'가 1907년 만들어졌다. 정한정(鄭漢禎), 송상종(宋商宗), 이상흔(李相昕), 신명록(辛明錄) 등 기영회 회원이 주도적인 역할을 한 것이다. 우리 나라 최초의 근대적인 지방금융기관은 1912년 설립된 구포은행이다. 구포은행이 설립되기 전에 구포저축주식회사가 있었다. 1908년 설립된 이 회사는 지방금융기관의 선구이며 구포은행의 전신이었다. 이 은행의 설립과 경영에 중요한 역할을 한 장우석(張禹錫), 윤병준(尹炳準), 윤상은(尹相殷) 등은 그 후 기영회에 가입하였다. 이후 1918년 복천동의 동래은행 설립과 경영에 중요한 역할을 한 김석만은 당시 기영회 회원이었고, 윤병준, 추종엽, 김형찬, 김병규 등은 그후 기영회에 가입하였다.

이같이 개항기 부산의 민간계로 막중한 영향력을 행사한 기영회도 150년 전통을 이어오면서 조직이나 성격이 많이 변했다. 지난 1985년엔 문화회관을 짓는 등 지금도 각종 문화 · 장학 · 사회 사업 등을 활발히 전개하고 있다. 계원은 65세 이상으로 연령이 제한되어 있으며, 현재 40여 명의 회원이 활동하고 있다. 회원 중에는 동래부 이임과 무임의 후손들이 많이 있으나 아닌 사람들도 다수 있다. 150년 전에 만든 목적이 무엇이든 간에, 동래기영회는 동래지역 터주대감들의 모임으로 그 전통을 이어오고 있다.

동래기영회의 앞으로 150년 후의 모습은 어떤 것일까. 그것은 다음 세대가 평가할 문제다. 부산 시민이라면 누구나 시간이 날 때 전통의 기영회가 자리한 동래 장관청을 찾아 역사의 숨결을 느껴보는 것도 의미 있는 일이 아니겠는가.

2장

격동기의 사람들

근대 부산경제를 이끌었던 윤상은

● 차 철 욱 (부산대학교 한국민족문화연구소 상임연구원)

영남인의 젖줄인 낙동강은 오늘날 오염된 강으로, 부산사람들의 불안한 삶의 상징으로 탈바꿈해 버렸다. 하지만 원시시대 이래 낙동강은 부산사람들의 생명줄이었으며 고기잡이와 물물교류가 활발하게 이루어졌던 어머니 품같이 넉넉한 강이었다. 특히 근대에 들어와 낙동강 하류의 구포는 강을 오르내리는 물화 유통의 중심지였다. 개항 후 구포 상인들은

윤상은(1887~1984년)의 20대 모습

일본상인과 중계무역으로 많은 재력을 쌓았다.

당시 구포의 경제기반을 토대로 일본자본의 침투로부터 조선경제를 지키려했던 사람이 윤상은(尹相殷)이다. 그는 사천군수이자, 3천석 대지주였던 윤홍석(尹弘錫)의 5남 중 3남으로 1887년 구포에서 태어났다. 1901년 14세였던 윤상은은 일찍부터 서구문화를 받아들여 철도회사(1898)와 개성학교(1895 ; 현 부산상고) 등을 설립했던 박기종(朴琪淙)의 막내딸과 결혼했다. 1904년 장인이 설립한 개성학교에서 신학문을 공부한 윤상은은 그 해 동래감리서에서 관료생활을 시작하였으나 이듬해 을사조약으로 그만두었다.

을사조약 이후 나라를 살리기 위해 전국적으로 산업과 교육진흥운동이 활발하였다. 고향에 머물던 윤상은은 경제활동과 학교 설립에 적극적이었다. 경제활동에서는 양잠사업에 뛰어들어 1906년 부산에서 열린

구포구명학교 1회 입학식 광경 (1907년 10월 15일, 오늘날 구포초등학교) 이 건물은 남창창사(南倉倉舍)로 사용되던 것을 윤상은이 정부에 요구하여 건물과 부지를 무상으로 증여받았다.

경남은행 본점(초량 소재)

박람회에서 은상을 수상할 만큼 명성을 얻었다. 그리고 1907년 구포구명학교(오늘날 구포초등학교)를 설립하여 새로운 시대를 이끌어갈 인재 양성에 힘썼다. 이 일은 부친의 친구이면서 구포 객주로 많은 자산을 모았던 장우석(張禹錫)의 지원으로 가능했다. 구명학교는 윤상은의 조카이자, 상해임시정부의 초대 재무차장을 지낸 윤현진(尹顯振)이 1회 졸업생이었고, 부산의 대표적 독립운동가인 백산 안희제 선생이 1910년 전후 2년 간 교장을 지냈다는 점에서 이 학교의 설립 취지를 짐작할 수 있다.

한편 당시의 민족경제는 일제의 침탈로 점차 질식상태로 빠져 들어가는 질곡의 시점이었다. 윤상은은 민족경제를 살리고 나아가 일본경제를 몰아낼 방안으로, 조선인 상인의 든든한 자금줄이 될 구포저축주식회사(자본금 2만 5천원)를 1909년 설립하였다. 이 회사에는 구포사람들이 중심이 되면서 안희제, 윤현진, 전석준 등 경남의 유력지주들이 참가하였다. 하지만 조선총독부는 1910년 회사령을 발동해 기존 회사로는 예금취급을 할 수 없도록 하였다. 그래서 윤상은은 1912년 6월 자본금 50만원의 구포은행으로 확대하여 일본 금융자본의 횡포에 맞서려 했다.

그런데 그는 구포 조선인 상인들의 재력으로는 자본금을 충당할 수 없자 부산 거부들의 자본을 끌어들였다. 이때 구포은행에 참여한 자들은 이규직, 윤병준 등 조선인을 비롯해 하자마[迫間房太郎], 오오이케[大池忠助] 등 16명의 일본인이었다. 일본인들은 부동산, 수산업 등으로 부산에서 제일가는 거부들로서 은행의 대주주가 되었고, 구포은행 경영권도 장악하였다. 결국 구포은행은 1915년 본점을 부산으로 옮기면서 경남은행으로 명칭을 변경하였다. 이와 동시에 윤상은도 은행경영권을 거의 상실하였다.

하지만 윤상은은 구포은행 경영권을 장악하기 위해 자기 재산을 투자해 1917년 최대주주가 되었다. 그 후 영업이 번창하여 1918년 마산과 하동에 지점을 열고, 그 해 12월엔 최연국(사천), 전석준(양산), 손영돈(밀양), 김홍조(울산) 등 경남 지주들이 설립한 주일은행을 흡수하였다. 그런데 은행운영을 위해 조선총독부 내무국장이었던 우사미[宇佐美勝夫] 같은 거물급 일본인과도 교분을 터고 지내야 했다. 이러한 윤상은의 모습은 자본과 정치력에서 일본인에 의지하지 않을 수 없었던 당시 조선인 자본가들의 일반적 현상이었다.

윤상은이 본점을 부산으로 옮긴 것은 일제가 한국을 강점하면서 부산 인근의 상권이 구포에서 부산 시내로 옮아갔음을 의미한다. 그것은 1905년 경부선이 개통되고, 부산에 상주하던 일본인 상인들이 점차 조선의 상품 유통에 눈을 뜨면서, 부산이 조선과 일본을 연결하는 중심지로 성장한 반면 구포는 부산의 상업을 보조하는 역할로 전락한 때문이다. 즉 구포를 중심으로 성장의 기운을 엿보던 조선인 자본가는 일본 상인들의 성장에 기력을 잃어갔다.

윤상은은 은행 경영을 통해 얻은 이익금을 독립자금과 사회운동에 지원하였다. 1910년대 말 부산에는 제1차 세계대전 후 호황기를 타고 백산상회를 비롯한 민족계 무역회사들이 많이 설립되었다. 이들 무역상들은 3·1운동을 기점으로 상해임시정부에 많은 독립자금을 제공했는데, 윤상은은 이들에게 현금대부를 많이 해주었다. 그리고 3·1운동 후 총독부가 통치형태를 '문화통치'로 전환하자 부산에 기미육영회(1919. 11), 부산예월회(1919. 12) 등 사회단체가 설립되었는데, 윤상은은 기미육영회에 가입하여 인재들을 매년 유학보냈다. 그 중 대표적인 사람으로는 국문학자 이극로(李克魯)를 꼽을 수 있다.

이러한 윤상은의 정치·경제활동은 부산·경남 지주들과 깊은 인연으로 가능하였다. 특히 울산 지주였던 김홍조와는 첫째 딸 연숙을 시집보내 사돈관계를 맺었다. 그 외 윤상은은 당시 동아일보 사주였던 김성수(金性洙)와도 친분을 맺고 있었다. 김성수는 동생 윤영은과 일본 유학시절 같이 공부한 인연으로 귀국 후 윤상은 집안에 자주 왕래하였다. 그래서 김성수가 설립한 경성방직(1919), 동아일보(1920)에 발기인으로 참여하였다. 이런 인연은 이후 윤상은의 사회활동에 커다란 영향을 미쳤다.

그런데 3·1운동 후 조카 윤현진이 상해임시정부 재무차장이 되자 일제 경찰은 윤상은을 압박하였고, 이를 피하기 위해 1920년 봄 일본으로 유학길에 오른다. 일본 생활에서 윤상은은 새로운 인연을 맺었다. 동경 기독교청년회 총무로 있던 백남훈은 일본에 첫발을 내디딘 윤상은 일행을 보살펴 주었다. 유억겸, 최승만, 김준연 등에게는 매달 학자금을 지원해 주었다. 김도연은 윤상은보다 여덟 살 아래였지만 같은 반으로 절친한 사이였다.

1923년 윤상은은 일본 유학을 마치고 귀국 후 일시 경남은행을 운영하였으나 1928년 대구은행과 합쳐 경상합동은행이 발족하자 일선에서 물러났다. 그리고 몇 회사의 주주였으나 커다란 활동을 하지 않고 구포에서 소일하다 해방을 맞이하였다. 해방과 동시에 다양한 정치세력이 등장하자 구포에서 건국준비위원회를 구성하였으나, 곧 그와 친분이 있던 김성수, 백남훈, 김준연, 김도연이 조직한 한민당에 참여하였다. 그러나 그다지 활발한 정치활동을 하지는 않았다.

윤상은이 해방 후 경남 재무부장을 지낼 때 유억겸이 미군정 초대 문교부장을 지냈다. 두 사람의 친분으로 윤상은은 1946년 5월 15일 부산대학교 설립인가를 받아 내었다. 그리고 김도연이 정부수립 후 초대 재무부장을 지낼 때 그의 추천으로 전매청장으로 근무하기도 했으나 정치색깔이 다르다는 이유로 이승만의 눈총을 많이 받았다.

교우관계로 볼 때 윤상은을 민족주의 우파로 분류할 수 있다. 하지만 이들이 일제 말 대부분 친일화되어 민족을 배반했던 것과는 달리 윤상은은 고향 구포에서 은인자중하며 해방을 맞았다. 해방 후에도 일시 관료로서 활동했지만 대부분의 시간을 부산의 핏줄인 낙동강과 어울려 평생을 보냈다.

항일무장투쟁의 큰 산맥, 박차정과 김원봉

● 이 송 희 (신라대학교 교수)

우리 나라의 대표적 여성 민족해방운동가였던 부산 출신의 박차정(朴次貞)과 그의 남편인 의열단 단장 약산 김원봉(金元鳳)은 1990년대 들어와서야 역사적 조명을 받았으며 그들의 업적도 객관적으로 평가되고 있다. 그것은 김원봉의 월북이 남북 분단과 이데올로기의 극단적 대치상황과 연결되어 이들의 평가에 인색하였기 때문이다.

박차정은 1910년 동래 복천동에서 아버지 박용한(朴容翰)과 어머니 김맹련(金孟蓮)의 3남 2녀 중 넷째로 태어났다. 그녀는 강한 항일의식을 가졌던 아버지와 어머니의 영향으로 어려서부터 항일의식을 갖게 되었다. 1924년부터 조선소년동맹 동래지부에서 항일활동을 시작하였는데, 1925년 동래일신여학교 고등과에 입학하면서 그의 항일의식은 더욱 고조되었다.

박차정이 전국적 차원에서 본격적으로 여성운동과 민족운동을 주도

김원봉과 부인 박차정

하게 된 것은 근우회 활동을 하면서부터였다. 박차정은 1928년 5월 10일에 결성된 근우회 동래지회에서 활동하다가 제2회 전국대회가 열렸던 1929년 7월부터 중앙회에서 본격적으로 활동을 시작하였다. 이 때 박차정은 경남의 전형위원으로, 33인 중앙집행위원의 한사람으로, 또한 33인 중에서 선정된 14인 상무집행위원으로 선출되었는데, 담당했던 업무는 선전조직과 출판부문이었다.

한편 박차정은 1930년 1월 '근우회사건'이라는 광주학생운동 후속으로 일어난 서울의 여학생시위사건을 배후에서 지도하였다. 즉 11개 여학교의 대표들을 만나 학교의 분위기와 사정을 알아보고 각 학교끼리의 연락방법, 기타 모든 것을 지시하였다. 그 결과 허정숙과 함께 보안법 위반으로 구속되었다가 석방되었으나 일제의 모진 고문으로 몸이 상하여 꼬박 한 달이나 누워서 치료를 받아야만 했다.

이후 박차정은 둘째 오빠 박문호(朴文昊)가 보낸 사람을 따라서 중국 망명길에 올랐다. 상해를 거쳐 북경으로 가서 당시 조선공산당 재건운동에 주력하고 있었던 김원봉의 의열단에 합류하여 조선공산당재건설 동맹 중앙부의 위원으로 활동하였다. 박차정은 1931년 3월 동지 김원봉과 결혼하였다.

약산 김원봉은 1898년 밀양 감천리에서 아버지 김주익과 어머니 월성 이씨 사이에서 장남으로 태어났다. 애국심이 강한 소년이었던 약산은 11세에 마산 창신학교에 편입하였다가 13세에는 동화학원으로 편입하였다. 1915년경에 다시 서울의 중앙학교에서 공부하였는데, 얼마 되지 않아 그만두고 전국을 방랑하며 사람을 사귀고 견문을 넓혔다. 이때 김원봉에게 크게 영향을 주었던 것이 대한광복회의 투쟁이었다. 그러나 그는 당시의 비밀결사운동이 추구했던 독립운동 방식에 회의를 품게 되었고, 강력한 무력항쟁을 함으로써만 비로소 조선은 일본의 굴레를 벗어나서 자주독립국가가 될 수 있다고 믿었다. 그래서 그는 1916년 중국으로 망명하였다. 이후 중국 천진의 덕화학당(1916)과 남경의 금릉대학(1918)에서 공부하였다.

근우회 창립총회(1927년 5월)

1919년 11월 약산은 당시 독립운동가들이 심혈을 기울였던 외교 독립노선에 반대하고 암살파괴활동을 독립운동 기본방략으로 삼는 의열단을 조직하였다. 의열단의 암살 파괴운동은 당시 민중에게 많은 감명을 주었다. 그러나 민족해방의 근본문제를 해결할 수는 없었다. 더욱이 세계적인 사회주의 운동의 성장, 국내의 대중운동과 사상운동의 발전에 부응하지 못하여 1924년부터 의열단 활동은 급격히 침체되었다. 그리하여 1926년 의열단은 형식을 갖춘 정치조직으로 탈바꿈하고 결사적인 항일군대를 편성키 위해 각 단원들이 황포군관학교와 중산학교 등 각급 학교에 입학하기로 하였다. 약산도 1926년 1월 황포군관학교에 제4기생으로 입학하였다. 1928년 약산의 의열단은 민족주체 민중중심 원칙을 확고히 하고 국내 노농대중운동을 지향하였으며, 1929년 봄에는 북경으로 거점을 옮겨 조선공산당재건설동맹을 세웠다. 이때 박차정과 만나 결혼하였다. 이렇게 만난 박차정과 김원봉은 부부이자 동지로서 오로지 민족해방운동에 전념하였다.

1932년 남경으로 옮긴 약산과 박차정은 10월 혁명간부학교를 개설하여 국내에서 모집한 학생을 대상으로 교육하였는데, 특히 박차정은 여자부 교관으로 활동하였다. 1935년 약산의 의열단은 유일당 건설을 위해 조선민족혁명당을 결성하였고 박차정은 조선민족혁명당 남경부녀회를 결성하여 여성들을 전체 민족해방운동에 편입하고자 하였다. 박차정은 여성이 진정으로 해방되기 위해서는 일본제국주의가 타도되어야 하고 조선의 혁명이 정치, 경제, 사회 등 모든 분야에서 진정하게 이루어져야 된다고 믿었다.

민족혁명당은 1937년 11월 조선민족전선연맹 창립을 선언하고 한 중 민족연합전선을 결성하여 중국의 항일전선에 참가하기로 하였다. 이 때 박차정은 그들의 죄과를 묻는 라디오 방송을 하였고, 오랜 옥고 끝에 숨진 안창호(安昌浩)의 추도회를 개최하였다. 드디어 1938년 10월 김원봉

조선의용대 1주년 기념사진(1938년) 조선의용대는 중국 연안지방에서 치열한 항일무장투쟁을 전개하였다.

은 한중 연합전선의 형식을 빌어 항일무력기관으로서 조선의용대를 한구에서 결성하고 중국항전 참가와 일제타도 조국해방의 임무를 수행하고자 하였다. 이때 박차정도 22명으로 구성된 부녀복무단의 단장을 맡아 활동하다가 1939년 2월 곤륜산 전투에 참가하여 부상을 당했다.

김원봉은 1941년 12월에 민족연합전술의 일환으로 임시정부 참여를 결정하고 임정의 개조투쟁을 시도하였으며, 1944년 5월에 임정의 군무부장에 취임하였다. 이즈음 35세의 박차정은 부상의 후유증으로 유명을 달리하였다. 민족해방을 위해 혼신을 다했던 박차정은 해방을 1년 앞두고 눈을 감았던 것이다. 해방 후 김원봉은 귀국하면서 박차정의 피 묻은 적삼과 유골을 가져와 자신의 고향인 밀양 감천동 뒷산에 안장하였다. 이후 김원봉은 월북하였고, 1958년 숙청된 것으로 전해진다.

이처럼 박차정과 김원봉은 일제하 부산 · 경남지역이 낳은 대표적 민족해방운동가로 지역의 이름을 크게 빛내주고 있다.

근대 의학의 기수, 동래부사 지석영

● 홍 연 진 (부산시사편찬위원회 상임위원)

우리 나라 종두(種痘)의 아버지라 불리는 송촌(松村) 지석영(池錫永, 1855~1935) 선생을 모르는 사람은 아마도 없을 것이다. 그러나 지석영이 부산에서 종두법을 배웠다는 것과 한말에 동래부사를 지냈다는 사실을 아는 사람은 드물 것이다.

지석영은 1855년(철종 6) 서울 출생으로 자(字)는 공윤(公胤), 호(號)는 송촌(松村), 본관은 충주(忠州)이다. 그는 일찍부터 경세제민(經世濟民)의 학(學)에 뜻을 두었을 뿐만 아니라 서학(西學)에도 관심이 남달랐다. 그러나 그 당시의 조선사회는 서학을 배척하는 분위기가 팽배했던 시기로 그 뜻을 펼치기에는 많은 제약이 따랐다. 그러나 다행히도 19세기 말로 접어들면서 근대사회로의 전환을 위한 새로운 계기가 확대되면서 서학에 대한 접근이 상대적으로 용이해졌다. 중국 상해(上海), 광동

(廣東) 등에서 출판된 서양관련 각종 한역서(漢譯書)들이 국내로 유입되었고, 이들 중 서양의학서, 특히 영국 제너의 종두법(種痘法)은 지석영에게 특별한 관심을 불러 일으켰다.

지석영(1855~1935)

한편 그의 관심이 새로운 국면을 맞게 되는 계기는 김기수(金綺秀)가 수신사로 일본에 파견될 당시 지석영의 스승인 박영선(朴永善)이 김기수의 통역관이 되어 동경에 가면서였다. 박영선은 쥰데도오[順天堂]의원의 의사 오오다끼[大瀧富三]에게서 우두종법(牛頭種法)을 배우면서, 구가[久我克明]의 『종두귀감(種痘龜鑑)』을 얻었다. 박영선은 귀국 후 그의 문하에 있던 지석영에게 『종두귀감』을 전하면서 지석영의 종두에 대한 관심은 더욱 높아졌다. 이것이 그가 부산과 인연을 맺게 된 출발점이었다.

당시 부산에는 현대식 시설을 갖춘 제생의원(濟生醫院 ; 일본인 경영)이 있었다. 지석영은 우연한 계기로 서울에서 제생의원의 원장 마쓰마[松前讓]를 소개받고, 부산으로 내려와 당시 종두법의 권위자로 알려진 일본 해군 군의관 도스까[戸塚積齋]를 만나 이 병원에서 70일간 종두법에 관한 현장교육을 받고 그 실체를 터득하였다. 지석영은 종두에 대한 시술교육을 마친 뒤 그 해(1879) 12월 25일 서울로 돌아가던 도중에 충주 덕산면(德山面)에 들러 그의 의제(義弟)에게 종두를 시술하였는데, 이것이 한국인이 한국인에게 종두를 시술한 최초의 사례였다.

그 후 서울로 돌아온 지석영은 연구를 계속하여 종두시술의 효과에 더욱 확신을 갖고 두묘(痘苗) 제조의 필요성을 절실히 통감하여 1880년 제2차 수신사 김홍집(金弘集)이 파견될 때 수행원으로 일본에 가게 되었다. 일본에 도착한 그는 김홍집의 주선으로 당시 일본 외무경(外務卿) 이노우에[井上馨]를 통하여 일본 위생국 우두종계소장(牛痘種繼所長) 기꾸찌[菊池康庵]에게서 두묘(痘苗) 제조법과 독우채장법(犢牛採裝法)을 배우고 귀국하였다. 귀국 후에도 지석영은 서울에서 종두를 실시하고 그 해 11월에 일본공사관의 의관(醫官)인 해군 군의관 마에다[前田淸則]로부터 의학에 관한 지식을 습득하기도 하였다.

1882년 임오군란으로 보수세력이 정권을 장악하자 지석영은 일시 몸을 피하였다가 그 해 8월 다시 정세가 반전되어 종두시술의 확산을 꾀하였다. 9월에는 전라도어사 박영교(朴泳教)의 초청으로 전주성(全州城) 내에 우두국을 신설하고 도내의 인사들에게 우두법을 가르쳤고, 1883년에는 충청도어사 이용호(李容鎬)의 초청으로 공주부(公州府)에 우두국을 신설하는 등 전국을 대상으로 종두법의 확산에 힘썼다.

한편, 이 해에는 식년문과(式年文科)에 을과(乙科)로 급제하여 전적(典籍), 지평(持平)을 역임하고 1885년에는 여러 해 동안 배워온 지식과 경험을 바탕으로 우두 관련 최초의 의학서인 『우두신설(牛痘新說)』을 저술하였다. 1887년 지석영은 사헌부의 장령(掌令)으로서 나날이 기울어져 가는 사회의 피폐상을 논하다가 당국의 미움을 받아 전라도 강진현 신지도(新智島)에 유배되었으나, 여기서도 그는 계속하여 종두의 연구에 힘썼다. 6년 만에 석방되어 서울로 돌아온 지석영은 형조참의, 승지를 거쳐 1896년 드디어 동래부사가 되었다. 동래부사 재직시 그는 부사로서의 임무는 물론 이 지역에서 두창(痘瘡)이 유행하자 우두종법을 실시하여 지역민들의 난제를 해결하였다.

그 뒤 1899년 지석영은 의학교육의 중요성과 필요성을 학부대신에게 주청하여 경성의학교를 설립하고 교장에 취임하였다. 1905년에는 국문의 올바른 이해와 교육을 위하여 신정국문(新訂國文) 6개조를 상소하여 학부(學部) 안에 국문연구소를 설치하고 연구위원이 되었으며, 1909년에는 『자전석요(字典釋要)』를 집필하는 등 국문연구에도 공헌하였다.

이와 같이 지석영은 1880년대 중반까지는 일본을 통한 개화사상과 종두법의 보급에, 1880년대 후반부터 일제강점기 전후 시기에는 일본을 통한 근대 의학교 설립 및 우리의 국문보급활동으로 이어졌고 1910년 9월 관직에서 물러났다. 조정에서는 이러한 그의 공적을 높이 평가하여 태극장(太極 章, 1908), 팔괘장(八卦章, 1910. 6) 등을 수여하였다.

일제강점기 지석영은 1914년 의생(醫生) 면허를 취득하여 유유당(幼幼堂, 서울 교동의 소아과)을 개원하였고, 1915년 전선의생회(全鮮醫生會) 회장, 1917년 조선병원(朝鮮病院) 원장 등을 역임하였고 1935년 2월 별세하였다.

지석영 공적비(금강공원 경내 소재) 지석영은 한말 동래부사를 지냈다.

최근까지 지석영에 대한 연구는 긍정적 평가가 극대화되었음을 부인할 수 없다. 그러나 당시 서양문물을 접할 수 있는 경로는 일본, 중국, 서양선교사들을 통한 기회가 제한적이긴 하여도 열려 있었음에도 불구하고 이들에 대한 연구가 지나치게 일본 중심으로 이루어진 연구경향은 재고되어야 할 것이다.

특히 1909년 12월 이토오 히로부미[伊藤博文]의 추도회에서 이재곤(李載昆)이 개회사, 지석영이 추도사(追悼辭), 이완용(李完用)이 위사(慰辭)를 하였다는 사실과 1910년 9월 20일 퇴임시 일천원 하사증서(一千圓 下賜證書)를 받은 사실은 당시 민족에게 주어진 시대적 사명과 역할을 되새겨 볼 때 지석영의 행위는 역사의 주체인 인간의 삶을 냉철하게 평가하는데 시사하는 바가 매우 크다고 하겠다.

부산의 항일운동가, 백산 안희제

● 강 대 민 (경성대학교 교수)

민족사상의 고취자요, 민족교육의 선각자요, 민족자본의 육성자요, 민족언론의 선구자로서, 영남의 지도자이면서 독립투사였지만, 즐겨 카이젤 콧수염을 기르고 다니며 언제나 멋을 아는 신사였던 백산 안희제(安熙濟) 선생은 1885년 경남 의령군 부림면 설뫼에서 태어났다. 어릴 때부터 총명하고 창의성이 풍부했으며 말이 나오면 청산유수처럼 좌담에 능하였다고 한다.

백산 안희제(1885~1943)

그는 어려서 고향의 족형 안익제에게 한학을 수학하고, 1905년 을사조약의 소식을 접하자 "국가가 망했는데 선비가 어디 살 것입니까? 고서를 읽고 실행하지 않으면 도리어 무식자만 같지 못합니다. 시대에 맞지 않는 학문은 오히려 나라를 해치는 것이니, 내일 당장 경성으로 올라가 세상에 맞는 학문을 하여 국민의 직분을 다하는 것이 공맹의 도라 할 수 있는데 어찌 산림간(山林間)에 숨어서 부질없이 글귀만 읽고 있겠습니까?"라고 조부에게 고하고 상경하여 흥화학교, 보성전문학교를 거쳐 양정의숙을 졸업하였다.

이 시기 백산은 신학문을 통한 자주독립운동사상에 고취되어 보성·양정학우들을 중심으로 한 청년지사들과 교유하면서 애국계몽운동에 참가하게 된다. 그는 고향인 의령군에 의신학교, 창남학교, 구포에 윤상은과 구명학교를 설립하고 영남 각지를 순회하면서 강연회 등을 통한 민중계몽운동을 전개하였다. 1909년 10월에는 부산에서 서상일·김동삼·남형우 등과 함께 영남지역 청년민족주의자들의 결집체이자 비밀결사단체인 '대동청년단'을 조직하여 국권회복을 위한 본격적인 활동을 개시하려 했다. 그러나 일제의 강점으로 그 뜻을 펼칠 수 없게 되자, 일본 견학이라 소문을 내고는 두만강을 건너 블라디보스톡으로 가서 6개월간 머물게 된다. 안창호·이갑·신채호 등 민족지도자들과 조국광복의 계책을 의논한 후 다시 모스크바로 가서 결사를 조직하여 활동하던 중 고향의 친우 최병찬이 폐병에 걸리자, 그를 봉천으로 입원시킨 다음 만주로 나와 그곳의 독립운동단체를 방문한 후 1914년 9월 부산항에 도착하였다.

부산에 와서 자리잡은 백산은 고향 전답을 팔아 초량 객주인 이유석·추요식과 더불어 부산 동광동에 '백산상회'를 설립하여 독립운동자금을 조달하다가 '조선국권회복단' 사건으로 일시 일경에 체포되었다. 백산상회는 표면상으로는 상업적 이익을 추구하는 상리기관(商利機

關)인 것처럼 보였으나 상해임시정부의 국내연락과 그 자금조달을 목적으로 설립된 독립운동의 국내후원기관이었다. 백산상회는 임시정부와 백산, 나아가 우리 고장과 임시정부와의 관계를 연결하는 중요한 활동무대였다. 백산상회가 있던 자리에는 현재 백산기념관이 들어서 있어 언제라도 백산의 애국정신을 접할 수 있어 좋다.

안희제는 이른바 '임정36호'의 국내 책임자로 미국, 중국의 첩보조직과 연계를 맺고 활동하였으며, 변장술에 능하여 족적이 항상 신비로웠으며, 총독부에서도 그를 정체 불명의 인물로 보았다고 한다. 백산은 때로는 금테 안경에 일본 옷을 입고 다녔으며, 단장을 짚고 다니기도 하였으며, 어디를 가든 일본인이 경영하는 고급호텔에 투숙함으로써 신분을 은폐하였다고 한다. 그리고 백산은 장차 독립운동에 필요한 인재양성을 목적으로 '기미육영회'를 조직하여 국내 및 국외에 유학시킬 우수

백산 안희제의 생가(경남 의령군 부림면 설뫼) 1955년 생가 정비작업 중 화재로 소실되었으나, 새로 복원되었다.

백산기념관(중구 동광동) 옛 백산상회가 있던 장소에 중구청이 기념관을 만들어 선생의 업적을 기리기 위한 교육장으로 이용하고 있다.

한 청년을 선발하고 '부산예월회(釜山例月會)'를 조직하여 민족자본가들의 결속을 다지고, 민립대학 설립운동의 발기인으로 참여하는 등 부산지역의 사회운동과 민족자본육성에 남다른 열정을 보였다.

한편 언론활동에도 큰 관심을 가지고 동아일보 발기인에 참여했으며, 동아일보 부산지국장을 역임한 후 영남지방 유지들과 『시대일보』를 인수하고 『중외일보』로 개칭하여 경영하다가 필화사건으로 총독부로부터 무기정간 처분을 받은 후 1929년 1월 복간하여 사장으로 취임하면서 당시로서는 최초로 조석간 4면씩 8면을 발행하는 의욕을 보였다. 이로써 중외일보는 조선일보사, 동아일보사와 치열한 경쟁을 벌였지만 결국 재력부족으로 1931년 6월 19일 종간호를 낸 후 종간되었다. 백산의 언론활동은 단순한 언론경영의 차원을 넘어 항일민족운동의 수단이었음을 알 수 있다.

백산은 1930년대 미증유의 대수해로 수많은 사람들이 굶주림에 시달리자 '전조선수재구제회'를 조직하여 수재민을 구제하는 일에 헌신한 후 국내에서의 활동을 청산하고 1931년 그가 평소에 구상해 오던 국외독립운동기지 개척을 실행하고자 중국으로 망명하여 발해의 고도인 동경성에서 발해농장 경영에 착수하였다. 그는 경북 봉화 금정광산 개발로 많은 돈을 번 김태원의 도움으로 토지를 매입하고 개간하여 실농민 3백여 호를 이곳으로 옮겨 자작농제를 시행하여 정착시킨 후 '발해보통학교'를 설립하여 교장이 되어 학생들에게 민족정신과 자주독립사상을 고취시켰다.

발해농장은 표면적으로는 농지개간사업을 하는 농장이었으나 사실은 국외독립운동기지였다. 백산은 민족종교인 대종교 총본부가 이곳 동경성으로 옮겨오자, 대종교 3대 교주 윤세복을 비롯한 간부들을 대동청년단에 가입시키는 한편 교단의 요직을 맡아 서적을 간행하고 교보를 발행하는 등 대종교 활동을 본격적으로 전개하였다. 그러자 일제는 대종교의 활동이 민족의식 고취와 독립운동 세력 확장으로 연결되는 것에 위협을 느껴 국내외의 대종교 간부들을 체포하고 탄압하기 시작했다.

백산도 일경에 의해 투옥되고 혹독한 고문을 당한 후 1943년 8월 4

발해농장과 안희제(1933년) 백산은 발해농장을 거점으로 항일운동을 주도하였다.

일 병보석으로 출감된 뒤 집안 아우 안영제가 영안현에서 경영하던 영제의원에 입원한 지 3시간만에 59세를 일기로 순국하고 말았다. 죽음을 목전에 둔 순간, 그는 단정히 일어나 앉아 물었다. "대전(大戰)상황이 어떻게 되어 가느냐?" "이미 이탈리아가 패망하고 미 · 영 · 소를 중심으로 하는 연합군이 득세해 가고 있습니다"라는 주위 사람들의 대답에 그는 지극히 만족한다는 듯 미소를 지으며, "일제가 망할 날도 목전에 다다랐다. 일제의 패망을 확신하니 죽는 나는 별로 유한(遺恨)이 없다"라고 말하였다. 이어 곁에 앉아 있는 큰아들 상록(相綠)을 바라보며 "미급한 아비를 두어 너는 고생이 많다. 너는 아비가 일평생 뜻한 바가 무엇인가를 잘 알 터이니, 노력하여 동포의 고난을 네 고난으로 알고 살아나가거라, 가사(家事)든 국사(國事)든 오직 자력(自力)을 중심으로 해야 하느니라"라는 유언을 남기고 영면했다.

해방이 되고 임시정부가 환국한 후 김구가 제일 먼저 보고 싶어한 사람이 바로 우리 고장의 인물인 안희제 선생이었음을 다시 한번 상기하면서, 백산의 자주독립정신이 갖는 참의미를 중구 동광동에 소재한 백산기념관을 찾아 다시 한번 되새겨보자.

부산 사람들의 국채보상운동

● 최 경 숙 (부산외국어대학교 교수)

지금부터 90여년 전 우리 선조들은 국채를 갚기 위해 하나된 모습으로 일어섰다. 1905년 을사조약 이후 일본의 지속적인 정치적 · 경제적 침략으로 국민주권은 상실되었다. 한편, 생활의 기반을 잃어 가는 과정에서 민중들은 근대교육의 성장, 신문 · 잡지 · 지식인들의 계몽 등의 영향으로 일본의 침략에 항거하는 자아의식을 갖게 되었다. 이에 따라 국권회복을 위한 운동에 적극적으로, 또 자발적으로 참여하는 경우가 많았는데 그 중의 하나가 국채보상운동이었다.

국채보상운동은 1907년 1월 29일 서상돈 · 김광제 등 대구 지방의 애국지사들이 처음 제창하여 전국적으로 확산되었다. 당시 국채 1,300만원은 일년 국가예산에 거의 맞먹는 거액이었으므로 만일 외채를 상환하지 못할 경우에는 우리의 국토가 일본의 영유가 되고 말 것이라는 위

동래상업회의소 일본인 상업회의소에 대응해 조선인이 조직한 상공인 단체로서 동래 국채보상운동을 주도했다.

기의식을 느끼고, 나라 빚을 갚기 위해 보상운동을 거국적으로 전개하였다.

대구에서 시작된 이 운동은 부산과 경남지역으로 확산되기에 이르렀다. 부산지방에서 국채보상운동의 선구적 역할을 한 것은 부산 상무회의소 회원들이었다. 이 운동의 전개과정에서 여성들의 참여가 두드러지게 나타났다. 부산상무소 회원 부인들의 부인회가 중심이 되어 단연동맹금 모금이 전개되었으며, 좌천리에서는 남자들보다 부인들이 먼저 '부산항 좌천리 감선의연부인회'를 결성하였다. 이어서 '부산항 좌천리 단연동맹회', '영도 국채보상부인회', '동래부 국채보상일심회'가 발기되어 국채보상운동을 전개하였다. 여성들이 국난 앞에서 '어찌 남녀의 차별이 있겠느냐' 하면서 솔선하여 이 운동에 참여한 것은 매우 뜻있는 일이었다.

그때까지만 하여도 여성들의 사회 활동이 전혀 없었음에도 불구하

大韓每日申報

光武十一年三月十日

第四百五十九號

대한매일신보(1907년 3월 10일) '동래부 국채보상일심회'에서 게재한 신문 광고. 국채보상운동 취지문을 싣고 있다.

고, 여성들이 즉각적으로 많이 참여하였다는 사실, 특히 보수성이 강하다는 평을 듣는 영남지역에서 다른 지역보다 현저하게 여성들의 참여가 활발하였다는 것은 흥미로운 일이다. 이는 경상도 지방에서 국채보상운동을 발의하였다는 것도 작용하였겠지만 부산 · 창원 · 마산 등지는 항구도시로 외래 문물과 보다 많이 접할 수 있었기 때문에 일제의 경제수탈을 피부로 느끼는 강도가 더 강하였고, 개화의식이 높았던 것이 아닌가 여겨진다. 부산지역에서 여성들이 조직을 통하여 국민으로서의 권리와 의무를 내세우면서 활동한 것은 이 운동이 처음이었다.

국채보상운동은 불우한 처지에 놓인 사람들이 더 적극적이었다. 부녀 · 아동은 물론이거니와 짚신장수, 콩나물장수, 떡장수, 나물파는 여인, 술파는 여인, 계집종, 머슴, 걸인, 백정, 마부까지 국가가 있은 다음에 국민이 있다고 하여 많은 사람들이 참여하였다. 이는 옛날부터 국가가 위기에 빠졌을 때 이에 대처해 온 민초들의 저력이었다고 볼 수 있다.

국채보상운동은 각계 각층이 참여한 범국민적인 운동이었으나, 지도원리나 조직운영에 많은 미비함이 나타났다. 당시 이 운동의 구심체로 떠올랐던 국채보상지원금총합소와 국채보상연합회의소는 강력한 전국적인 지도부로서의 통일적 지도체계를 확립하지 못하여 그 기능을 발휘하지 못하였다. 또한 운동 주도층의 사회경제적 기반이 미약하여 국내의 저지세력과 일제의 탄압정책에 부딪치자 효율적으로 운동을 지속시켜 나갈 수 없었다.

오로지 애국하는 마음으로 일어난 범국민운동으로서의 국채보상운동은 끝내 광범한 민중운동으로 진전되지 못하고 좌절되고 말았다. 그러나 이때 크게 앙양된 민족의식과 독립사상은 그 후 반일민족해방투쟁의 정신적 기반을 마련해 주었다.

당시 국권회복운동의 또 다른 하나가 학교 설립운동이었다. 관립학교는 관리의 양성에 편중하는 경향이 있어 고관의 자제가 주로 다녔으므로 당시의 민족적 욕구에 부응하기도 어려웠고 민족교육에 기여하지도 못하였다. 따라서 실질적인 면에서 민족적 욕구를 충족시켰던 것은 관립학교보다는 사립학교였다.

개성학교 개교식 광경(1896년) 근대 민족교육을 실현하기 위해 박기종이 영주동에 세웠는데, 이후 일제 시대는 제2상업학교, 해방 이후 부산상업고등학교로 바뀐 후 현 서면 롯데백화점에 위치하다가, 1989년 당감동으로 이전하였다.

사립학교는 1883년 우리 나라 최초의 근대학교인 원산학교 이후 별 진전이 없다가, 갑오개혁 이후 점점 그 수가 증가하였다. 그러다가 1905년 러·일 전쟁에서 승리한 일본이 1906년 2월 통감부를 설치하자 근대 교육을 통한 국권회복운동이 활발하게 전개되었다. 교남학회, 서북학회, 호남학회, 관동학회, 대동학회 등의 학회들은 을사조약 이후 지역성을 띠고 출신지역의 인사들을 중심으로 조직되어 지역사회의 개발과 문화 향상, 민족의식의 고취와 교육구국운동을 전개하였다.

이러한 시대적 상황 아래 부산은 1876년 개항 이후 밀어닥친 신문화를 수용함으로써 개화에 대한 열망이 고조되었으며, 아울러 자주·자강의 정신이 팽배하여 신교육을 통한 민족교육을 희구하는 기운이 응집되어 여러 곳에서 학교가 설립되었다. 부산에서 설립된 최초의 근대적인 학교는 1895년 5월 설립된 부산개성학교였다. 그러나 설립자 박기종

(朴琪淙)의 취지와는 달리 개성학교는 일제의 식민지교육의 전초작업을 위한 예비적 포석 기능을 담당하게 되었다. 또한 기독교 선교사업의 일환으로 교육사업이 추진되어 최초로 근대식 여자학교인 부산진 일신여학교(1895)가 설립되었다.

동래에서는 '기영회'의 추진 아래 '동래부학교', 1904년 '개양학교', 1906년 '삼락학교', 1907년 11월 '동명학교', 1908년 5월 '명륜학교' 등이 차례로 설립되었다. 1905년 5월 교육을 위한 '찬학연구회'가 조직되고, '부산친목회(1905)'가 중심이 되어 학교 설립을 추진하였다. 또 교남교육회의 학교 설립운동과 관련하여 동래의 양진학교와 명진학교, 진주의 신안학교, 김해의 동명학교 등이 교남교육회와 직·간접으로 관계를 맺고 있었다.

이외에도 노동자와 농민을 위한 야학교가 초량(초량동립학교), 영주동(명진학교), 동래부(동래부수면 사립노동야학교)에 설립되었다. 노동야학은 애국계몽운동의 일환으로, 개항 이후 농촌지역의 경제파탄과 함께 농민들이 도시나 항구로 이주하여 노동자가 될 수밖에 없었던 상황과 연관되어 있었으며, 국권회복에는 하층민까지 모두 참여해야 된다는 당대의 절박한 분위기 속에서 급속히 확산되었다. 이와 같은 노동야학교의 교육활동을 통한 노동자들의 의식 성장이 1921년 부산 부두노동자 총파업을 단행할 수 있었던 배경이 되었다고 할 수 있을 것이다.

동래별장 주인 하자마와 진영농민운동

● 최 원 규 (부산대학교 교수)

화려한 온천장의 현대식 건물에 눌린 채 간선도로의 안쪽에 비켜 서 있는 동래별장은 해방 후 유명한 요정으로 변신을 거듭하면서 아직도 일본식 대저택의 멋을 한껏 자랑하고 있다. 동래는 부산시내와 달리 한국인이 주로 거주하였으나, 온천장은 일제가 일찍이 강점 지배로 쌓인 피로를 풀기 위해 호텔, 별장, 놀이시설 등 휴양지로 개발했던 곳이다. 현재 남아 있는 별장은 일본인 거부 하자마[迫間房太郎]가 지은 휴양시설이다. 그의 별장은 시내에도 있었기 때문에 이곳을 동래별장으로 부른 듯 싶다. 그는 당시 부산 제일의 땅 부자로, 부산상공회의소 특별의원, 경상남도회부의장, 부산번영회장을 역임하고, 부산토지주식회사사장, 부산상업은행 조선저축은행 이사를 지내며 부산경제를 좌우한 인물이었다.

하자마가 점원에서 거대 자본가로 성장할 수 있었던 것은 우리 민족의 피와 눈물 덕분이었다. 1860년 일본 화가산(和歌山)현에서 태어난 그는 오오사까의 오백정(五百井)상점의 점원으로 일하다 1880년 부산에 지배인으로 건너와 1899년에 독립했으며, 1904년에는 부산에 본점을 두고 블라디보스톡, 마산, 청진, 성진에 지점을 설치하여 활동 범위를 넓혀갔다. 그는 특히 토지 가옥에 집중적인 투자활동을 했다. 외국인은 을사조약 이전에는 조계지(부산 초량 일대) 밖 십리이내 이외에는 부동산을 소유할 수 없었지만, 온갖 수단을 동원하여 부동산을 확대해 갔다. 전당을 미끼로 한 불법적인 사기적 방법이 당시 세인의 주목을 끈, 그의 토지 약탈방식이었다. 한국사람에게 돈을 빌려주고 정한 날에 돈을 갚지 못하면 아무런 절차없이 즉시 가옥이나 전답을 빼앗는 방법을 즐겨 썼

동래별장(금강공원 옆) 일제강점기 부산 제일의 부자 하자마 소유의 별장이다. 해방 이후 미군의 휴양소로 사용되다가 1950년대 말 농심호텔(구 동래관광호텔)을 불하받은 이장업의 맏아들 이진호(경찰병원 설립자)가 요식업소로 개업하여 오늘에 이르고 있다.

다. 담보물이 없어 받지 못하게 되면 창고에 가두기도 했다. 일본제국주의 국가권력의 비호도 축재에 한 몫을 했다. 하자마가 국가권력과 인연을 맺게 된 것은 마산포 사건 때문이었다. 1898년 마산포 개항이 결정되고 러시아가 이곳을 차지하려고 하자, 위협을 느낀 일제는 하자마에게 조선인 지주들을 꾀어 토지를 매수하도록 하여 러시아의 진출을 막았던 것이다. 이 공로로 하자마는 일본정부로부터 서훈을 받았다. 절영도의 국유림 135만평을 한국정부로부터 대부받을 수 있었던 것도 이 덕분이었다. 그는 이를 발판으로 이 일대를 손아귀에 넣었으며, 이 중 75만평을 일본육군성에 매각하였고 백만평을 부산부에 기증하기도 했다.

하자마의 토지는 대부분 우리 선조의 삶과 직결된 시가지와 농지였다. 부산의 경우 일본 전관 거류지를 주 근거지로 한 일본인 도시로 출발하였으며, 이러한 이유로 도시민의 삶과 관련된 시가지는 하자마와 같은 일인지주 8명이 다 차지하고 있었다. 따라서 부산에 거주하는 조선사람을 비롯하여 일본인 노동자들도 대부분 이들로부터 땅과 집을 빌려 세들어 살고 있었다. 이들은 돼지우리 같은 불량주택이었다. 고지대의 달동네도 이 무렵 형성되기 시작했다.

하자마는 1905년 이전에도 대지주였지만, 일제가 한국 농촌과 농민을 지배하기 위해 토지조사사업을 완료하고 산미증식 계획을 실시한 1920년대부터 농지에 집중 투자하기 시작했다. 경남의 동래, 김해, 밀양, 산청, 진주, 울산, 사천, 부산, 마산, 창원 등지를 비롯하여 전북 남원, 전남 해남에도 농경지를 확보했다. 1930년경의 소유규모는 경남에서만 780만여 평이고 도내 소작지의 3.5%를 차지할 정도였다. 그 핵심 농지는 김해군 진영면과 창원군 대산면 동면 등 3개 면에 걸친 진영농장이었다. 소작농이 2천여 호였으며, 일본인 소작농도 90호 가량 되었다.

진영농장은 무라이[村井吉兵衛]가 1905년 이후 제방축조와 수리조합 건설 등 개간사업으로 기틀을 잡은 대농장으로, 진영역이 접하고 있어

지주경영의 입지조건이 매우 좋은 곳이었다. 무라이는 교토[京都]출신으로 미국산 담배잎을 원료로 궐련을 제조·판매하여 담배왕이라 불리던 인물이었다. 1905년 연초사업이 관영화되자 은행을 설립하여 금융자본가로 자본 전환을 꾀했다. 그러나 1927년 금융공황으로 은행이 도산하게 되자 1928년 3월 농장을 하자마에게 매각한 것이다. 이로써 하자마는 경남에서 제일 가는 땅 부자가 되었지만, 당시 경제사정은 계속 악화되어 갔다. 미국의 월스트리트에서 시작된 대공황의 여파가 일본에 불어닥치고, 농업공황으로 이어지면서 농산물 가격이 폭락한 것이다. 지주들은 손실을 보전하고 위기를 탈출할 경영강화책을 강구하지 않으면 안 되었다.

일본시장에 값싼 쌀을 공급하는 책무를 맡은 하자마가 택할 수 있었던 방법은 농민수탈 강화책 밖에 없었다. 이것은 농민의 생존과 관련된 소작권 박탈을 무기로 소작료를 증징하는 일로 나타났다. 정액으로 받던 정조지나 그때그때 소작료를 조정하던 조정지 등 모든 농지의 소작료를 인상했으며, 소작료를 받지 않던 밭작물과 논의 이작(裏作)에도 소작료를 부과했다. 이는 한국인 지주는 물론 동양척식회사나 조선흥업회사, 식산은행 농장 어느 곳에서도 없던 일이었다. 그리고 금비 사용을 강제하면서도 1~2할의 보조금 밖에 지급하지 않아 농민부담을 가중시켰다.

농민들은 지주의 경영강화에 반대하여 1931년 10월부터 12월 초순과 12월 하순부터 다음해 2월까지 두 차례에 걸쳐 대 지주투쟁을 일으켰다. 농민들의 요구사항은 지대감하 소작권보호 비료대금의 감하 등이었다. 농민들은 지주에 탄원서를 제출하여 타협을 시도하는 한편, 경남도청(옛 부산 지방 검찰청), 김해군청과 경찰서, 창원군청과 경찰서 등 일제 당국에 진정하는 방식으로 해결을 모색했다. 여기에 수확거부투쟁, 침묵시위투쟁, 단식연좌농성 등의 실력행사도 강행했다. 일제와 지

昭和七年二月十一日 (木曜日)

迫間農場 三

小作權移動으로威脅

白紙上에小作契約

◇本報特派員 宋貫晋實地調査

前例업는金肥代配定

더퍼노코도장을

악할리가잇스랴

금년가을부터는

하자마 소유인 진영농장의 소작쟁의 (『동아일보』 1932년 2월 11일)

주는 농민운동이 지주의 부당 행위에서 기인한 만큼 농민의 요구를 수용하는 방향에서 수습방안을 마련했지만, 농민운동의 확대나 재발방지를 명분으로 시위대를 강제 해산시키고 김해농민조합간부, 청년동맹위원장 등 핵심 간부를 검거하는 강경책도 병행했다.

이러한 경험을 통해 일제 권력의 본질적 속성을 재인식한 농민들은 운동방식을 더욱 심화 · 발전시켜 갔다. 진정이나 시위 이외에 법정투쟁도 불사하는 등 '합법' 공간을 적극 활용했으며, 투쟁대상도 단순히 지주에만 한정한 것이 아니라 피검자 탈환투쟁 등 일제의 통치권력도 대상으로 삼아 정면 대결을 벌이는 등 항일민족투쟁으로 농민운동을 승화시켜 나갔다. 그러나 오늘날 농민들의 일제에 대한 빛나는 투쟁의 역사는 문헌 속에 화석화되어 버리고 현장에서는 어떠한 흔적도 찾아볼 수 없다. 이것이 오늘의 현실이며 우리의 역사인식 태도와 실천적 자세의 한계라 할 수 있을 것이다.

일제하 부산의 애국청년운동

● 김 승 (밀양대학교 강사)

1919년 3.1운동 이후 민족해방운동은 당시까지 서울 중심으로 전개되었던 운동의 한계성을 극복하고 지역문제에 기반한 민족운동을 전개했는데, 지역현안을 중심에 둔 대표적 민족운동이 청년회 활동이었다.

1920년대 민족운동의 중요한 축으로서 활동하였던 청년회는 3.1운동 이후 고조된 운동역량에 힘입어 전국 각지에 걸쳐 청년단 · 청년구락부 · 청년회라는 다양한 명칭을 사용하면서 우후죽순 식으로 생겨났다. 그리하여 1920년 12월 1일 전국 120여 개의 청년단체들이 참가한 가운데 청년단체의 총지도기관인 조선청년회연합회를 서울에서 결성하였다. 부산청년회도 이 대회에 참석하였는데 부산청년회는 3.1운동을 전후하여 부산진, 고관(古館), 초량, 영주동, 목도(牧島, 현 영도), 부민동, 곡정(谷町, 현 아미동) 등지에서 활동하던 7개 청년회 또는 구락부 형태의 청년단체들이 1920년 11월 말 결성한 조직이었다.

초기에 친목회 성격으로 출발하였던 7개 단체들은 부산청년회로 집결하면서 1920년대 전반기 부산지역 민족운동의 중심축으로 자리잡는다. 당시 청년단체들의 활동이 어떠했는가 하는 점은 "청년회가 존재하는 지방에 들어가면 일종의 생명력이 움직이는 것을 느낄 수 있으나 존립치 못하는 지방에서는 적막감을 느낀다"는 『동아일보』 기사에서 단적으로 알 수 있다.

부산청년회를 비롯한 각 지역의 청년단체들은 지방개조, 사회혁신, 지식광구, 건전한 사상으로 단결, 산업진흥, 세계개조 등과 같은 운동목표를 내세우고 있었다. 이러한 행동방침을 중심으로 한 청년단체들의 실력양성론을 흔히들 '문화운동'이라고 불렀다. 따라서 오늘날 우리들이 볼 수 있는 친선도모 목적의 청년회(JC) 또는 청소년 동아리와는 질적으로 그 성격을 달리하는 것이었다.

초기 청년회 운동의 주도세력은 대개가 지역유지로서 지주이거나 자본가계급에 해당하는 사람들이 주도하고 있었다. 특히 후자의 범주에 속하는 민족자본가계층은 3.1운동 이후 일제의 문화통치 실시와 회사령 철폐라는 변화된 정세 속에서 상당한 자신감을 갖고 급속히 성장하고 있었다. 이 과정에서 그들이 표방한 '세계개조',' 지방개조',' 신문화창조'와 같은 실력양성론이 곧 '문화운동'이었으며 그 대표적인 분출구가 바로 청년회였다.

한편 부산청년회와 궤를 같이 하여 부산지역 '문화운동'을 배태시킨 단체는 1919년 11월과 12월에 각각 결성된 기미육영회(己未育英會)와 부산예월회(釜山例月會)를 들 수 있다. 두 단체는 부산을 비롯한 인근 지역 양심적 지주·자본가 40여 명이 관여하여 결성한 조직으로 대표적 인물들로는 백산무역주식회사의 백산 안희제(安熙濟), 구포은행 지배인 윤상은(尹相殷), 동래고등학교 설립에 관여하고 동래은행 지배인

자성대 앞 매립지 1920년대 부산청년회가 일본인 전용의 송도해수욕장에 맞서 한국인 해수욕장을 개장했던 옛 부산진 앞바다. 현재의 동구 범일동 눌원빌딩 일대가 그곳이다.

을 지낸 김병규(金秉圭) 등을 꼽을 수 있다. 이들은 부산청년회와 동래청년회에 직·간접적으로 관여하면서 지역 청년들 중에서 장차 나라를 위해 일할 수 있는 인물들을 선발하여 해외유학을 보내기도 하였다. 일제 때 국문학자로 1942년 조선어학회 사건에 관련되었던 이극로(독일, 월북), 전 문교부장관 안호상(독일), 전 국방부장관 신성모(영국) 등이 기미육영회의 지원하에 유학을 갈 수 있었다.

그 후 부산청년회는 1921년 7월 청년회회관을 기공하면서 노동단체의 조직과 노동, 영어, 실업보습의 3개 야학을 열어 노동자들의 권익보호 및 일반인들의 학구욕을 채워 주기도 했다. 뿐만 아니라 일본인 전용의 송도해수욕장에 맞서 부산진 앞바다(현 눌원빌딩 일대)에 한국인 해수욕장을 개장하였으며, 가을에는 부산진 매축지(현 조방 앞 일대)에 추계시민대운동회를 개최하여 지역민의 연대를 통한 일반대중의 이익 증진에 노력하였다. 더구나 부산청년회는 1921년 9월 부산부두총파업이 발생하였을 때 부산청년회에 초기부터 관여하였던 김종범을 중심으로 파업투쟁선언서 3천 매를 인쇄 배포하는 등 파업 초기부터 적극 관여하였다. 이는 부산부두총파업의 성공에서 빼놓을 수 없는 일이었다.

이 밖에도 부산청년회는 일본으로 건너가려는 노동자들을 갈취하였던 박춘금의 친일단체 상애회에 맞서 도항(渡航) 노동자들의 편의를 제공하기도 하고, 1925년에는 친일 사이비 종교단체였던 보천교박멸운동에 앞장서기도 했다.

한편 동래에서도 1920년 1월을 전후해서 동래청년구락부가 결성되었다. 이후 동래청년구락부는 그 명칭을 1922년 2월 동래청년회로 변경했다. 여타의 청년단체들이 그랬듯이 동래청년구락부 역시 김해시민대회와 삭전(索戰, 동래줄다리기)놀이에 참가하여 지역 주민과 교류를 넓이는 한편, 일본인들의 출입이 잦은 데 따른 온천장 일대 동래권번(東

부산부두를 통해 일본으로 건너가려는 도항(渡航) 노동자들의 모습 친일단체 상애회가 도항증을 미끼로 조선인 도항자들을 갈취하자 부산청년회는 이에 맞서 도항자의 편의를 제공했다.

萊券番), 예기(藝妓)들의 문란을 단속하여 사회풍기 개량에 노력했다.

이 밖에 동래지역 주민들의 숙원사업인 대운동장 확보를 위해 온천장 일대에 상당한 땅을 소유했던 일본인 온천장번영회와 부산가스회사(釜山瓦斯會社)를 상대로 운동장부지 확보 교섭운동을 벌이기도 하였다. 한편 동래청년구락부는 주민들의 교육 · 산업 · 위생에 관한 문화보급을 목적으로 동래군 중에서 농촌지역에 해당하던 일광면, 기장면, 구포면, 서면 등 각 면에 순회강연단을 파견하여 농촌계몽운동을 전개하였다.

그 후 동래청년구락부와 부산청년회는 1923년을 기점으로 내부적인 성격변화 과정을 겪는다. 곧 초기 청년회운동을 주도하였던 지역명망가들이 일선에서 물러나고 소장그룹을 중심으로 신진청년들이 대거 청년단체의 실질적 담당세력으로 나서게 되었다. 이는 민족운동의 새로운 운동노선으로 사회주의 사상이 이 무렵 빠른 속도로 국내에 확산되고

1920년대 중반 동래시장에서 행해진 음력 정월 보름 동래줄다리기 광경 동래청년회는 지역민의 행사에 적극 관여하기도 했다. 일제는 동래줄다리기가 민족의식을 고취시킨다고 하여 1930년대부터 금지시켰다.

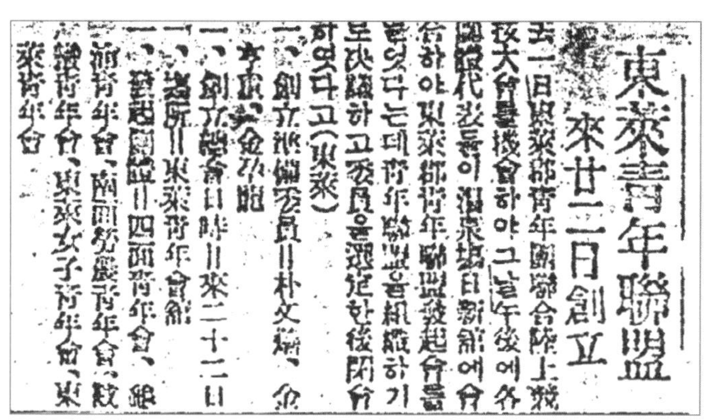
東萊青年聯盟
來廿二日創立
去一日東萊郡青年團聯合陸上競技大會를機會하야 그날午後에各團體代表들이 溫泉場日新館에 會合하야 東萊郡青年聯盟發起會를 열엇다는데 青年聯盟을 組織하기로 決議하고 委員을 選定한後閉會하엿다고(東萊)
一、創立準備委員＝朴文[illegible]、[illegible]
[illegible]
一、創立總會日時＝來二十二日
一、場所＝東萊青年會館
一、發起團體＝四面青年會、[illegible]
[illegible]青年會、西面[illegible]青年會、[illegible]
[illegible]青年會、東萊女子青年會、東
萊青年會

『동아일보』 1925년 11월 12일자 기사 동래청년회 주축의 동래청년연맹 결성을 알리고 있다.

있었던 상황과 관련이 있었다. 그 결과 1925년이 되면 사회주의 이념지향의 조직으로 노동자계급(=4계급)을 대변한다는 '제4동우회' 와 일제의 계급착취제도를 타파한다는 의미의 '혁파회' 가 부산과 동래에 각각 결성된다. 이런 조직의 출현은 지역명망가 중심의 기존 청년단체를 기층 근로대중을 중심으로 하는 청년회로 거듭날 수 있게 하는 지렛대 역할을 하였다. 이런 모습은 '제4동우회' 에서 활동하였던 김희봉, 차학순과 같은 인물이 1925년 11월 부산인쇄직공파업에 적극 참여한 데서도 엿볼 수 있다.

그리하여 부산청년회와 동래청년회는 1925년 '혁신총회' 를 통해 조직을 강화하는 한편 그 해 연말에 이르러 지역별 청년단체를 총지도할 수 있는 부산청년연맹과 동래청년연맹을 각각 결성하였다. 이후 1927년 비타협 민족주의자들과 사회주의자들이 연합하여 조직케 되는 신간회 결성과 맞물려 청년연맹은 부산청년동맹과 동래청년동맹으로 재차 자기변신을 거듭한다. 그 후 부산청년동맹과 동래청년동맹은 신간회 부산지회와 동래지회가 존속하는 기간 동안 신간회 지회와 협조 관계 속에서 반일운동의 견인차 역할을 하였다.

수치와 오점을 남긴 부산의 친일파

● 이 동 일 (동아대학교 강사)

우리가 흔히 이야기하는 친일파는 한마디로 일본 제국주의의 조선 지배를 위한 대리인, 안전판 역할을 한 식민지 지배정책의 산물이며, 민족분열정책의 하나로서 식민지 조선사회 내에서 양산되었다. 친일파는 대부분 일제의 침략으로 생긴 개항장을 중심으로 형성되기 시작하였는데, 부산은 대표적 개항장의 하나였기 때문에 그 뿌리가 깊을 것으로 생각된다.

친일파라 할 때 빼놓을 수 없는 부류는 민족해방운동을 탄압하는 데 적극적으로 나섰던 자들이다. 그들은 일제의 사법 경찰기관에서 책임적 지위에 복무하였으며, 형사 · 밀정 · 정찰 등 특무에 종사하며 민족해방운동 세력은 물론 각계 각층의 애국자를 박해하였다.

밀정의 대표적 인물로 경남 김해 출신이며 부산 영도에서 유배생활

반민특위에 의해 체포된 친일파들 이들 친일파 대부분은 이승만의 묵인하에 기소유예로 풀려났다.

을 하기도 한 배정자(裵貞子)를 들 수 있다. 일제시대 요화(妖花)로 불렸던 배정자는 뛰어난 미모와 함께 이토 히로부미[伊藤博文]의 양녀로 숱한 화제를 뿌렸으며, 또 일제를 위해서라면 목숨까지 무릅쓰고 정보를 얻어내었던, 누구보다도 탁월한 일제의 충견이었다.

배정자는 1870년 김해에서 밀양부의 아전 노릇을 하던 배지홍(裵祉洪)의 딸로 태어났으며, 어릴 때 이름은 분남(粉男)이었다. 배정자라는 이름은 나중에 이토가 직접 지어준 일본 이름 다야마 데이코[田山貞子]에서 비롯된 것이다. 러일전쟁 중 배정자는 이토가 고종에게 보내는 밀서를 전달한 일이 있다. 고종과 일본이 가까워지는 것을 염려한 친러파 내각은 일제의 밀정 배정자의 밀서 전달을 문제삼기에 이르렀다. 이 밀서사건으로 배정자는 1905년 2월에 부산 영도로 3년 유배형을 받았다. 그러나 러일전쟁이 일본의 승리로 끝나자 같은 해 11월에 배정자는 석방되었다. 배정자는 1922년 총독부 경무국 촉탁으로 있으면서 밀정노

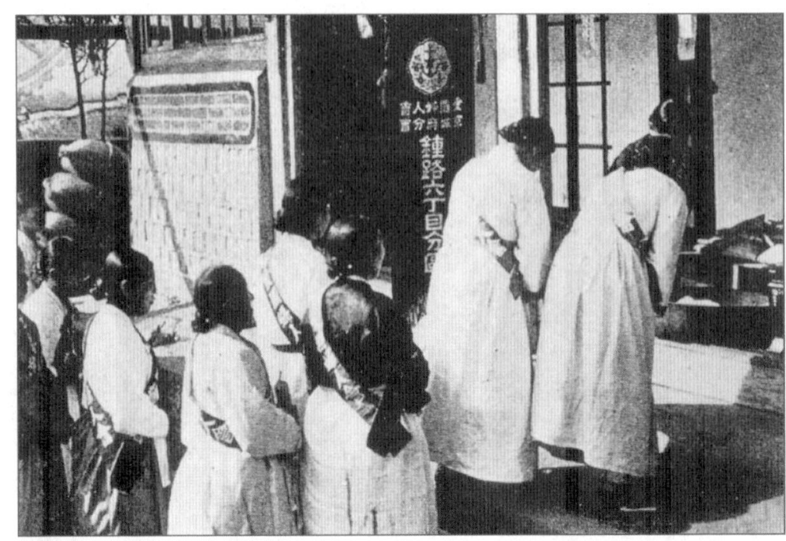

애국부인회의 친일활동 애국부인회는 1905년 공식적으로 설립된 일본인의 애국단체로, 조선 각 지역에 지부를 두었다. 군인원호사업을 시행하여 일제의 전쟁수행에 적극적인 역할을 담당하였다.

릇을 계속하며, 항일독립투사를 잡아들이는 데 누구보다 앞장섰다. 민족해방을 위해 일제에 맞서 목숨도 초개와 같이 버리고 견결히 싸웠던 동포의 피의 대가로 배정자는 총독부로부터 600여 평의 토지를 '하사' 받기도 하였다.

거기서 끝나지 않고 2차 세계대전 중에 배정자는, '자신의 조국 일본 장병들이 고생하는 것이 가슴 아프다' 하여 동포 여성 100여명을 군인 위문대라는 이름으로 남양군도로 끌고 갔다. 배정자는 동포 여성들을 성욕에 굶주린 일본군의 노리개감으로 바치면서까지 일제에 충성을 다했던 것이다.

한편 자신의 출세와 영화를 위해 물불을 가리지 않고 민족반역 행위를 한 경우도 있으니, 대표적 사례가 박춘금(朴春琴)이다. 박춘금은 밀양 출생으로 그의 이름은 폭력계에서 절대적이었다고 한다. 그는 3.1운동 당시만 해도 대구의 도리웃지패, 김천의 백골패 등과 함께 세간에 그 위세를 떨치던 부산 상애회(相愛會)패의 두령이었다. 박춘금은 일본 동경으로 건너가 폭력배들을 모아서 상애회 본부라는 간판을 걸어놓고 개인의 출세를 위한 기회를 엿보던 중 관동대지진 학살사건에서 동포를 처참히 학살한 '공로'로 일본 '대의사'로 입신양명하였으며, 각지로 돌아다니면서 협잡하였다.

1923년 관동대지진 학살사건 당시 그는 상애회 회원을 총동원시켜 동포에 대해 갖은 모략 선전을 하였다. 총살 · 척살 · 생매장은 기본이고 여성을 발가벗겨 능욕하고 임산부의 배를 갈라 태아를 끄집어내는가 하면, 그것도 모자라 다수의 동포를 피복창고에 몰아넣고 태워 죽이기까지 하였다. 이렇게 학살당한 귀중한 동포의 생명이 6천을 헤아렸다.

그뿐 아니라, 동포를 강제 동원시켜 학병, 징병, 징용, 보국대 등으로 몰아넣었으며, 자식, 남편, 오빠의 운명에 눈물의 세월을 보내고 있는

위안소와 강제위안부 여자정신대라는 미명 아래 속아서 전선에 끌려간 조선 여인들.

반민특위를 기습한 경찰간부진 반민특위는 이승만과 친일파의 집요한 방해로 결국 친일 세력을 처벌하는 데 실패할 수밖에 없었다.

가련한 여성의 정조를 징용, 징병 등으로 위협하며 강간하고, 혹은 강연 등을 통해 일본을 위하여 피를 흘리라고 절규하며, 조선 민중을 죽음터로 몰아넣기에 눈코 뜰 사이가 없었으니, 실로 박춘금에 의해 희생된 동포는 부지기수였다. 해방이 되자 박춘금은 일본으로 도피하고 말았다.

이외에도 우리 민족을 말살하기 위한 황민화 정책에 적극적으로 협력한 친일 부류를 언급하지 않을 수 없다. 1937년 중일전쟁 발발 이후 일제는 조선민족을 말살하기 위하여 황국신민화 정책을 추진하였다. 이 황국신민화 정책은 황민화 운동이라는 이름으로 수행되었다.

부산에서 황민화 운동, 민족정신말살 운동에 적극 협력했던 대표적 인물로 교육 · 종교계에서 지도적 위치에 있었던 김길창을 들 수 있다. 그는 종교계의 황민화 운동 추진단체의 수뇌간부로 활약하고, 적극적으로 신사참배를 주창하였으며 이에 반대하는 신앙인을 밀고하거나 일본

경찰과 결탁하여 탄압하였다. 뿐만 아니라 3.1운동에 대해 '쓸데없는 딴 장난하다가 실패한 것'으로, 민족대표 33인 중의 기독교 대표자에 대하여 교회를 사욕에 이용하려다가 실패했다고 모욕하였다.

해방 후 반민특위 조사 과정에서 한 증인은 그에 대해 '반민법이 없어도 하나님께서 천벌을 내리실 것'이라고 진술하였으며, 반민특위 조사위원들은 의견서에서 "조국광복에 종교계의 공헌이 크다고 하면 할수록 그에 따라 본 피의자의 죄적은 현저할 것이다"라고 잘 대비시켜 놓아 그의 죄상을 가늠할 수 있게 해준다. 그런 그가 반민특위 조사 과정에서 전혀 반성하는 빛도 없이, 본의가 아니었고 어쩔 수 없었던 것이라고 변명만 둘러대며 자신의 안위만을 염려하였다. 대체로 친일파들은 이런 식이었다.

이외에도 부산지역의 친일파로는 동래경찰서 고등계 형사였던 노덕술, 고문 잘하기로 유명하였던 하판락, 경찰관 교습소 교관이었던 노기주, 일어 상용과 신사참배를 강요한 부산부 사회계장 김상홍, 사이비 언론인으로 경찰정보원 노릇을 한 곽경종, 또 종교인으로 황군위문을 주도했던 범어사 주지 차상명과 통도사 주지 김정석 등 그 수는 부지기수이다. 그들 대다수는 끝끝내 자신의 과오를 인정하지 않고 수치스런 일생을 마쳤으며, 이것은 곧 우리 자신의 수치가 되었다.

친일파는 민족자주의 의지를 상실하고 외세에 기생하여 자신의 안위를 이루려는 민족반역자들이었다. 반민특위가 초창기에 활발한 활동을 벌였으나, 이승만과 친일파의 방해 및 자체의 한계로 말미암아 결국 친일세력을 처벌하는 데는 실패했다. 그러나 역사의 심판과 교훈은 남았다. 우리 민족의 문제는 외세의 '간섭' 없이 우리 스스로가 책임진다는 민족의 자주권, 이것을 지키고 발전시키는 것이 곧 수치스런 역사를 청산하고 민족의 존재와 위엄을 지키는 길이며, 나아가 그것은 곧 우리 개개인의 사람다운 인생을 보장하는 기초가 될 것이다.

근대여성과 조선방직의 여공들

● 김 경 남 (정부기록보존소 학예연구사)

오늘날 세계의 차별구조는 20세기 초반기에 제국주의국이 되느냐 식민지국이 되느냐에 따라 일차적으로 규정되었다. 우리 나라는 미처 자본주의의 싹을 틔워보지도 못한 채 일본의 군홧발에 밟혀 버리고 말았다. 그래서 우리는 우리 체질에 맞는 나라를 만들어낼 수 없었다. 더욱이 돈 없는 사람들은 훨씬 무시당하고 폭행당하는 것이 다반사였으며, 노동자들의 생산활동은 천시되었다.

여기에 더하여 여성은 남성과 더불어 역사의 커다란 구성원이면서도 정당하게 대접받지 못하였다. 남성 위주의 사회구조는 가부장제를 만들어 여성을 억압하였다. 그것은 오늘날에도 이어지고 있는 것 같다. 가사일에 무보수로 일하고 있는 우리들의 어머니나 회사에서 남성과 똑같은 일을 해도 승진에서 제외되는 것 등을 생각해 보면 쉽게 알 수 있을 것

현재의 '조방앞' 지금은 평화시장, 중앙시장이 자리하고 있다.

이다. 일제 강점기에 이러한 차별은 조선인 · 일본인이라는 민족적인 차별로 인해 지금보다 훨씬 심하였다는 것은 말할 필요도 없다.

일제강점기 농촌의 여성들은 집안 가계를 돕기 위하여 공장으로 내몰렸다. '밥도 주고 월급도 많이 주며 기숙사에서 재미있게 생활할 수 있다'는 근사한 말에 배고픈 고향을 떠나 도시로 향했다. 이 당시의 도시는 조선총독부가 대륙을 침략하기 위한 거점으로 건설된 것이며, 부산 · 인천 · 목포 등이 대표적이다. 이 도시화는 식민지 공업화와 맞물려 진행되었으며, 신작로에 설치된 네온싸인과 함께 많은 사람들이 도시로 몰려들었다. 부산은 특히 일본인들의 세력이 일찍부터 강하게 형성되어 있던 곳이었다. 1919년에는 우리 나라 최초의 근대적 면방직공장 '조선방직주식회사'가 부산에 세워졌다. 이 회사는 '조방'이라고 줄여서 불렸고, 오늘날 범일동의 '조방앞'이라는 지명은 바로 여기서 유래한 것이다. 그런데 조방은 1968년에 문을 닫았으며 지금은 그 자리에 평화시장과 중앙시장이 들어서 있다. 종업원이 2,300여 명이나 되는 대규모 공장이었기 때문에 당시 조선에서는 보기 드물게 큰 공장이었다.

조방은 1917년에 독점재벌 미쯔이[三井] 계통에서 물러난 일본인 우마꼬시[馬越恭平], 야마모토[山本條太郎], 나이가이산교[中外産業(株)] 등이 설립하였다. 1919년에 공장을 완성하였으나 불이 나는 바람에 1921년에 가서야 정상적으로 가동하게 되었다. 조방은 방적기(紡績機) 32,000추(錘), 직기(織機) 1,500대로 면사와 면포를 생산하여 조선과 중국에 판매하였다. 1930년대에는 대구 · 김천 · 대전 · 사리원 등과 중국의 영구(營口)에도 방직공장을 세울 정도였다.

자본금도 처음에 5백만 원으로 시작하였지만 15년이 지나지 않아 1천만 원으로 늘어났다. 이렇게 조방이 빠르게 성장할 수 있었던 것은 총독부의 정책적인 배려와 함께 여성노동자들의 값싼 노동력을 사용했기 때문이었다.

조선방직공장 직포부의 여성노동자 일제는 값싼 임금으로 조선인 여성노동자들의 노동력을 착취하여 그들의 자본을 축적하였다.

이 시기 부산의 중심 공업이었던 섬유공업과 신발공업은 노동력을 최대한 싸게 이용하고, 월급이라고 주었던 돈도 공구비나 벌금제도를 통해 다시 빼앗는 놀부방식으로 자본을 축적하였던 것이다. 또 죽지 않을 정도의 열악한 노동조건도 그들의 자본금을 키우는 데 한몫을 하였다. 일본에서는 1929년에 야간작업이 폐지되었지만 식민지 조선에는 여전히 야간작업이 존재했다. 거의 40도를 오르내리는 뜨거운 실내온도와 시끄러운 기계소리, 풀풀 날리는 먼지 속에서 주야 교대제로 기계를 계속 돌려댔다. 피곤에 지친 [여공](여성노동자의 차별용어이기 때문에 [ ]표시)들이 기숙사로 돌아왔을 때는 한 방에 13명이 같이 사는 좁은 공간에 자유로이 문 밖을 출입할 수도 없는 생활조건이 기다리고 있었다.

부산진 공장지대 1930년대 부산진 공장지대는 조방뿐 아니라 대선양조, 삼화고무 등 당시로서는 조선 굴지의 대기업이 중심이 되어 형성되었다.

일본의 어느 책에는 당시 [여공]기숙사를 '마굿간'이라고 표현하였다. 그 까닭은 외관상으로는 중산층의 주택을 능가할 정도였지만 사랑도 자유도 없었기 때문이었다. 어느 시대를 막론하고 사람에게 가장 필요한 것은 사랑과 자유이다. 조방의 기숙사 [여공]들에게는 인간에게 가장 필요한 자유가 없었다. 기숙사는 그들의 탈출을 방지하기 위해 출입문을 한쪽으로 만들었으며 감사가 늘 감시하여 마치 '감옥'과 같았다. 그래서 그들은 문밖 출입권을 없애라고 요구하였다. 이러한 열악한 노동조건이 조방에서 계속 파업이 일어날 수밖에 없는 배경이 되었다.

要求貫徹과 犧牲者釋放으로

一千職工斷食同盟

◇회사부근은여전히엄중경계

釜山朝紡盟罷後報

근래에 없는 대파업을 단행한 부산진 조선방직회사(朝鮮紡織會社)의 이천여 명 직공 중 [illegible] 남공과 가는데 여전히 파업을 계속하고 잇는터이대 회사 기숙사(寄宿舍)에 들고 잇는 녀직공 수백 십여명는 지난 십일에 파업이 단행된 이래로 일체히 단식을 결행하고
一、요구조건 [illegible]
一、파업으로 인하야 [illegible] 희생자를 전부 석방할 [illegible]
의 두 가지를 [illegible] 해주지 아니하면 [illegible] 대로 밥을 먹지 안켓다고 단식동맹(斷食同盟)으로 강경한 시위 [illegible] 으로 회외에 [illegible] 회사 당국과 경찰에서는 여러 가지로 밥 먹기를 권유하는 일방 기숙사의 [illegible] 단단히 잠그고 녀직공의 [illegible] 하고 잇는바 회사 부근 일대는 여전히 다수한 정사복 경관이 [illegible] 하고 잇서 부산진 일대는 금번 파업사건으로 말미암아 비상히 긴장되어 잇다더라(부산지국)

『조선일보』(1930년 1월 13일) 당시 조방 파업은 지역운동가와 현장노동자가 연계한 가운데 전개되었다.

한편 1930년대가 되면 일본은 조선을 본격적으로 대륙침략을 위한 물자조달기지로 활용하고자 하였다. 면방직공장도 군용면포를 생산하기 위한 공장으로 전락하였다. 이러한 때 조방 공장에서 파업이 일어난 것은 현상적으로는 8시간 노동

시간 확보 등 노동조건을 개선시키는 것이었다고 하더라도 근본적으로는 일본 제국주의에 대한 반대의 의미가 숨어 있다고 볼 수 있다.

조방의 노동자들은 일제 자본가와 대결하기 위하여 중락회(衆樂會)를 만들었으며 1930년 1월에는 총파업을 시작하였다. 예나 지금이나 노동자의 무기는 파업이다. 노동자들이 일하지 않으면 공장문을 닫아야 한다. 그러나 돈과 무력, 권력이 있는 자본가들은 갖은 방법으로 파업노동자들을 회유 · 해고 · 체포하여 그들의 힘을 약화시켰다.

1930년 1월의 파업은 지역운동가와 현장노동자들이 연계하여 파업을 전개시켰다는 데 큰 의미가 있다. 부산지역은 물론 전국의 노동단체 · 청년단체에서 열렬하게 성원하였다. 파업이 발생하자 회사 측에서는 통근 직공들을 출근하지 못하게 하였다. 이에 따라 중락회는 자성대에 파업본부를 설치하였으며, 기숙사 [여공]들은 공장 안에서 추운 겨울 소방호수로 물세례를 받으면서도 죽기를 각오하고 아사동맹(餓死同盟)을 벌였다. 그러나 그 파업도 일제 자본가의 갖은 술수와 경찰의 탄압으로 무참하게 무너져 버렸다.

파업이 실패한 뒤 오는 것은 바로 주모자 체포와 대량 해고였다. 많은 조방파업 관련 지역운동가들이 체포되었고, 남녀 노동자들이 해고되었다. 해고도 모자라 주동자와 파업에 참가한 수많은 여공들을 부산에서 추방하였다. 그때 부산에는 전국에서 몰려온 실업자와 일본 도항 실패자 등 예비 노동자들이 있었기 때문에 대량 해고를 하더라도 회사측으로서는 하등 두려울 것이 없었다. 그러나 파업에 참가한 조방의 [여공]들 역시 두려울 것이 없었다. 그들에게는 더는 잃을 것이 없었기 때문이다. 파업 이후에도 그들은 묵묵히 공장에서 일하면서 그들의 문화를 만들어 나갔고, 그들이 원하는 사회를 만들어 나가기 위하여 지역운동가로 변신하는 등 근대여성으로서의 역할을 다하였다.

흔히 근대여성이라면 많이 배우고 말끔하게 개량한복을 차려 입은 신여성을 떠올릴 것이다. 그렇지만 많이 배우지도 못하고 당시 유행하던 '라디오머리' 와 '박가분' (오늘날의 화운데이션)도 못 바른 조방의 [여공]들이었지만, 근대여성으로서 공장의 불빛을 밝히며 인류 문명 발전을 위해 책임을 다하고 있었던 것이다. 이들 [여공]들은 사회주의의 포섭 대상이나 자본가의 착취 대상만이 아니라 자본가의 착취에 반대하고 스스로의 판단으로 사회주의를 선택하기도 한 근대여성이었다.

식민지의 여성이면서 노동자로 살아야 했던 바로 그 [여공]들의 모습은 곧 우리 어머니들의 모습이었다. 사랑과 자유를 위해 고생만 죽도록 하고 남은 것은 온통 아픈 몸뚱이 뿐이었다. '조방앞' 을 지나면서 조선의 여공들, 우리의 어머니들에게 삼가 애도하는 마음을 보낸다.

6월항쟁, 그 뜨거웠던 애국시민의 열정

● 이 홍 만 (동명정보고등학교 교사)

전두환 독재정권으로부터 '6 · 29' 항복선언을 받아낸 '6월항쟁'은 1987년 1월 14일 부산 출신 서울대생 박종철군의 의문의 죽음으로부터 시작되었다. 치안본부 대공분실에서 조사 받던 과정에서 발생한 박군의 죽음이 15일 보도되면서 정국은 '개헌정국'에서 '고문치사정국'으로 급변했다.

박군의 죽음을 독재정권이 자행한 민주화세력에 대한 살인행위로 규정한 부산시민과 '부산민주시민협의회'를 중심으로 한 부산 재야인사들은 박종철군 추도집회를 준비하며 독재정권에 대한 전면적 항쟁의 신호탄을 올렸다. 2월 7일 전국 각지에서 동시에 개최된 추도회(부산에서는 광복동 대각사 입구)를 계기로 전국민적 저항에 직면한 전두환 정권은 경찰력을 동원해 집회를 무산시키는 한편 재야인사에 대한 사전 가

택연금, 연행, 구속 등의 불법적인 방법을 동원해 민주화운동을 탄압하기 시작했다.

그러나 이같은 경색정국에도 불구하고 3월 3일에는 대각사에서 '박종철군 추모 3·3 부산대행진'이 열렸고, 사하구에 있는 사리암에서는 경찰의 삼엄한 경비 속에 박종철군 49재가 열렸다. 이 자리에서 민족문학의 거두요 부산의 어른이신 故 요산 김정한 선생은 "박군의 죽음은 4천만 민중 속에 깊이 살아 있으며 우리는 박군의 죽음을 헛되게 하지 말아야 한다"는 요지의 애도사를 통해 항쟁의 나아갈 바를 제시했다.

'2·7', '3·3' 집회를 거치면서 백골단을 앞세운 경찰의 폭압적인 시위대 진압을 목격한 시민들은 전두환정권의 폭력성과 무자비함을 새롭게 인식하면서 민주세력의 강력한 후원자로 민주화운동의 전면에 나서는 전기를 마련했다. 이때 남포동, 광복동 일대 상인들은 영업에 막대한 지장이 있음에도 시위대를 숨겨주고 전두환을 쫓아내라고 격려했다. 거듭되는 민주화 요구에 위기의식을 느낀 전두환 정권은 4·13 호헌조치를 발표, 국면전환을 시도했으나, 이것은 항쟁의 용광로에 기름을 붓는 악수(惡手)가 되고 말았다.

4·13 호헌조치를 계기로 지식인들이 민주화 투쟁에 새롭게 참여, 강력한 저항으로 독재정권에 타격을 가하기 시작했다. 호헌의 부당함과 시국수습을 촉구하는 지식인의 시국선언이 순식간에 전국을 휩쓸었다. 부산에서도 교수, 목사, 신부, 의사, 한의사, 약사, 변호사 등에서부터 호헌철폐 시국선언이 연이어 터져 나오기 시작했다. 산발적인 시위가 연일 계속되는 가운데 5월 17일 노동자 황보영국씨가 옛 부산상고 앞 복개도로에서 '독재타도, 호헌철폐, 광주학살규명'을 요구하며 분신 자살한 사건은 부산시민의 반독재 투쟁결의를 더욱 굳게 만든 또 하나의 계기가 되었다.

이제 재야인사, 학생, 야당인사, 지식인, 노동자, 시민대중이 반독재

민주화운동에 하나의 통일전선을 형성하기 시작했다. 이런 분위기 속에 5월 20일 전국에서 가장 먼저 '민주헌법쟁취 국민운동 부산본부' 가 결성되어 부산지역 6월항쟁을 이끌 통일전선지도부가 꾸려지게 된 것이다.

민주헌법쟁취 국민운동본부 주최로 6월 10일 대각사에서 치러질 예정이었던 '故 박종철군 고문살인 은폐규탄 및 호헌철폐 국민대회' 가 경찰에 의해 원천 봉쇄되자 대학생과 재야인사들이 시내 곳곳에서 산발적인 시위를 벌이게 됐고 여기에 시민들이 시위대에 가세하면서 6월항쟁은 본격화되기 시작했다. 서울에서는 시위대가 명동성당으로 옮겨 농성으로 항쟁의 열기를 이어 나갔으나, 16일 '명동성당 농성' 이 정부와의

1987~1987년 6월항쟁 당시의 '카톨릭센타 농성' 의 현장

타협으로 해산되자 전국적 시위 열기도 식어 가는 분위기였다.

그러나 부산지역의 항쟁은 16일을 전기로 새로운 양상으로 급변했다. 부산에서는 6월 16일 심야시위 도중 경찰에 밀린 시위대가 대청동 가톨릭센터로 피신하면서 '가톨릭센터 농성'을 전개하게 되었다. 6일간 계속된 이 농성은 부산 6월항쟁의 새로운 구심점으로 자리를 잡게 되었고, 지금까지 학생이 시위를 이끄는 형태에서 16일 이후에는 시민이 시위를 주도하는 양상으로 양적 · 질적 전환을 하게 됐다. 이러한 부산의 드높은 항쟁 열기는 식어가던 서울 등 다른 지역의 분위기를 다시 고조시키는 계기가 되었다.

가톨릭센터 농성자에 대한 시민들의 지지와 성원은 절대적이었다. 여고생은 음식과 격려편지를, 시민들은 성금과 속옷 등 생활품을 보내왔고 심지어 시위를 진압하는 전경까지 성금이 든 편지를 보내기까지 했다. 가톨릭센터 농성이 계속되는 가운데 시내에서는 17일부터 20일까지 하루도 쉬지 않고 수십만의 인파가 한밤중까지, 특히 19일과 20일에는 장대같이 쏟아지는 빗 속에서도 지치지 않고 항쟁을 계속해 나갔다. 시위로 인해 교통이 마비돼도 지나는 곳마다 버스에서, 그리고 길가에서 시민들은 박수로 환영하며, 음료수 담배, 빵, 랩(최류탄 가스로부터 눈을 보호하기 위해 사용) 심지어는 성금까지 아낌없이 지원하여 격려했으며, 시위대의 사기를 높여 주었다. 중 · 고생들도 시위대에 가세, '우리의 소원은 통일', '아침이슬', '애국가' 등을 부르며 '독재타도'에 힘을 모았다.

KBS방송국, 파출소, 민정당사 등이 시위대의 표적이 됐으나 지도부의 만류와 참가자의 자제로 큰 피해는 없었다. 수십만 인파의 시위대였지만 질서는 유지되고 있었던 것이다. 하지만 정부도 계엄령을 검토하고 있었다. 그러던 중 투쟁의 열기가 더욱 높아지고 있던 6월 18일, 좌천동 입체교차로에서 시위하던 이태춘씨가 사망하는 사건이 발생했다. 이처럼 고귀한 생명까지 바치며 민주화를 외쳤던 부산지역의 6월항쟁은 진정한 '민주사회'의 도래라는 새 희망에 눈뜨게 하는 계기가 되었다.

도대체 이런 시민항쟁정신이 어디서 나왔을까? 4·19혁명, 부마항쟁으로 독재정권을 물러나게 했던 민주성지로서의 자부심, 시작했다 하면 끝을 보는 불굴의 부산사람의 기질, 박종철·이한열·황보영국·이태춘 열사의 의로운 죽음에 대한 산자로서의 최소한의 보답, 그리고 애국의 열정이 아니었을까.

'6·29 대국민 항복선언'이 '속이구'로 변절되어 노태우 정권으로 군사 독재정권이 연장되었으나, 김영삼 대통령의 '문민정부', 김대중 대통령의 '국민의 정부', 지금의 노무현 대통령의 '참여정부'로 이어지는 변화와 개혁의 출발은 6월항쟁에서 시작됐다는 점에서 한국현대정치사에서 가장 큰 전환점이라 할 것이다.

6월항쟁의 중심지 서면, 남포동, 부산역, 범일동, 연산동, 가톨릭센

부산진시장 앞 '독재타도'를 외치는 애국시민 대열(1987년 6월 19일)

터는 16년 전 역사의 현장을 품에 안은 채 일상의 모습으로 우리 곁에 있다. 항쟁의 주역 부산시민들은 항쟁의 정신을 가슴에 품고 힘들게 IMF시대를 거쳐 작년에는 2002년 월드컵의 뜨거운 열기를 맛보고 6월 항쟁에 뿌리를 둔 부산 출신의 노무현 대통령 당선을 지켜보며, 2003년 '참여정부' 시대를 묵묵히 살아가고 있다. 불의한 정권, 독재정권을 더 이상 용납하지 않겠다는 6월정신, 사람이 사람답게 사는 세상을 이루려는 6월정신이 살아 있는 한 민중이 움직이는 우리 역사는 결코 후퇴하지 않고 진전하리라 확신한다.

제3부

유적을 따라 삶의 흔적을 찾아

유적을 따라, 삶의 흔적을 찾아 3부

유적에 새겨진 부산의 의미

동래에는 가야왕들이 묻혀 있다

● 백 승 충 (부산대학교 교수)

가야의 역사를 이야기할 때 흔히 떠올리는 곳은 김해와 고령이다. 화려한 유물과 거대한 무덤을 남기고 있기 때문에 당연한 것처럼 여기는 것이다. 그러나 가야는 멸망할 때까지 하나의 왕국으로 통일되지 못할 만큼 정치권력은 지역별로 분산되어 있었다. 즉 군사상 · 교통상 중요지역으로 여겨지고 있는 함안 · 창녕 · 합천 · 성주 등은 신라와도 교류하면서 5~6세기까지 크고 작은 별도의 무덤을 남기고 있다. 부산의 '동래' 도 예외는 아니다. 역시 인근의 김해 못지 않은 지리적 환경과 철 자원을 바탕으로 독자적인 정치체가 형성되어 있던 곳이었다.

동래는 이른 시기부터 부산의 중심지로 역할을 해온 곳이다. 넓은 분지가 있는 것은 아니지만, 황령산과 장산을 좌우로 하면서 온천천에서 수영만으로 이어지는 하천을 끼고 있다. 또한 금정산이 병풍처럼 둘러쳐 있는 등 안정감 있는 지세를 자랑하고 있다. '부산(釜山)'이라는 지명은 현재의 좌천동에 있는 '증산(甑山)'이라는 산이름에서 유래한 것인데, 신라 경덕왕대 이후 고려 때까지는 동래로 불리어졌다. 중국풍의 미칭(美稱)인 동쪽의 봉래산이라는 뜻을 가진 '동래(東萊)'의 지명 유래는 잘 알 수 없다. 다만 고대 이 지역 정치체인 거칠산국(居柒山國)·장산국(萇山國)·내산국(萊山國)·독로국(瀆盧國) 등의 나라 이름에서 그 음과 뜻을 살린 것이 아닌가 한다.

동래에는 철기문화가 수용되는 기원전 1세기부터 정치집단이 출현하였다. 삼한시대의 무덤 유적으로는 내성유적·구서동유적·노포동유적 등이 있고, 생활 유적으로는 지금의 동래역 바로 앞에 있는 동래조개무지가 있다. 이들 유적지에서는 철제무기와 야철지 등이 확인되었는데, 이를 바탕으로 성장한 정치집단이 4~5세기의 가야 왕들이 묻혀 있는

복천동 고분 전경

동래 복천동고분군의 주인공들이다.

복천동고분군은 동래 중심가 북쪽의 마안산(속칭 대포산) 중앙에서 서남쪽으로 뻗은 구릉에 위치하고 있다. 원래는 동래시장까지 이어진 꽤 긴 구릉이었다고 한다. 현재는 구릉의 끝이 학소대와 연결되어 있다. 무덤은 아래에서 위쪽으로 만들어지면서 구릉 정상부와 경사면에 골고루 분포되어 있고, 총 113기의 무덤이 발굴 조사되어 9천 200백 여 점의 유물이 나왔다. 무덤은 덧널무덤, 구덩식돌덧널무덤, 앞트기식돌방무덤, 독무덤 등 그 모양이 다양하다. 특히 딸린덧널과 덧널무덤의 경우 부산에서는 유일한 5미터 이상의 큰 무덤으로서 구릉의 정상에 위치하고 있다. 토기류, 철기류, 의기류, 장신구류 등의 다양한 종류의 유물이 출토되었는데, 철제품이 많은 것이 특징이다. 그 밖에도 인골 및 순장이 확인되었다.

토기는 종류가 많은데, 아가리가 밖으로 꺾이고 다리가 짧은 굽다리접시 및 동물모양과 물결무늬가 있는 항아리받침대가 나왔다. 다른 지역 토기도 많다. 처음에는 불꽃모양의 구멍을 가진 함안토기와 일본 하지기계[土師器系] 토기가 보이다가 나중에는 신라토기로 통일되고 창녕토기도 나온다. 또한 장송의례나 신앙행위와 관련된 짚신 · 동물 · 수레 · 배 · 등잔 등의 모양을 한 토기도 출토되었다.

항아리와 항아리 받침대(32호분 출토)

철기 출토품에는 무구류가 많은데, 갑옷 · 투구 · 말갖춤새 등은 실

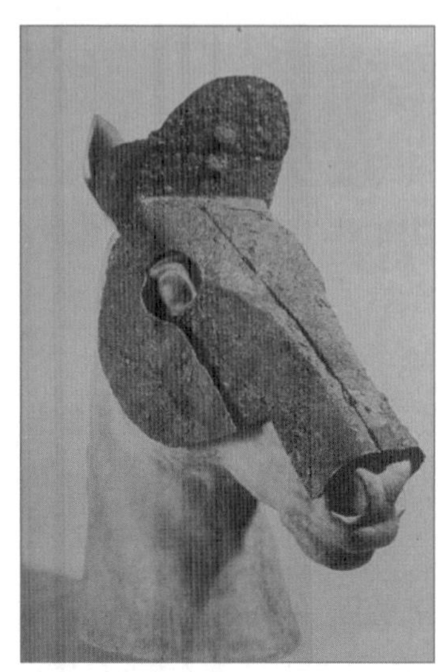
말머리 가리개(10호분 출토)

용성이 강하며 주로 지배자 무덤에서만 출토되고 있다. '고리자루 큰칼'의 경우, 큰 무덤에서는 문양이 있는 것이 출토되고 작은 무덤에서는 문양이 없는 것이 출토되고 있어 신분에 따라 차이가 있음을 엿볼 수 있다. 쇠를 소재로 하여 만든 덩이쇠[鐵鋌]는 바닥에 깔려 많이 나오고 있는데, 때로는 화폐로서의 기능도 한 것으로 보인다.

의기류에는 미늘쇠, 가지방울, 굽은 쇠손칼, 창, 통형동기(筒形銅器) 등이 있는데, 특히 7개의 방울이 달린 가지방울은 이형(異形)으로서 주목된다. 장신구류는 수정과 유리 등으로 만든 주옥(珠玉)과 금속공예품이 나왔다. 유리는 3~4세기까지 이 지역에서는 가장 귀한 장신구로서 주로 파란색의 목걸이가 많다. 그리고 5세기 이후의 금속공예품으로서는 금동관(2개)과 금(동)귀걸이가 보인다. 나뭇가지 모양의 금동관은 가야 고유의 것이고 출자(出字) 모양은 신라의 영향을 받은 것이다.

칠두령(22호분 출토)

문헌자료가 부족한 가야사의 경우 당시 무덤의 발굴을 통해 출토되는 자료보다 많은 역사적 사실을 보여주는 것도 드물다. 복천동고분군은 경주의 큰 봉분을 가진 것을 제외하고는 남부지방 최대의 고분군이고, 유물도 화려하다. 따라서 5세기 전후의 동래에는 독자적인 정치세력을 기반으로 가야의 한 지역을 영도할 만한 왕자(王者)가 출현했음은 분명하다고 하겠다.

가야는 흔히 '철의 왕국' 이라고 불린다. 그러나 복천동고분군을 통해 볼 때 가야는 단순히 철을 수출만 한 것이 아니라 다양하고 기술수준이 높은 무구류를 만들고 있음을 확인할 수 있다. 이를 바탕으로 '동래왕국' 은 서기 400년 저 유명한 광개토대왕의 명령을 받은 5만의 고구려 남정군과 일대 결전을 치른 것이다. 가야의 기마인물토기를 통해 상상할 수 있는 바와 같이, 이 때의 동래의 왕자들은 철로 만든 갑옷과 투구와 말갖춤새로 무장하고 있었다. 그리고 봉황 문양이 새겨진 금빛 나는 '고리자루 큰칼' 을 지휘봉 삼아 각종 철제 무기로 무장한 동래전사들의 선봉에 서서 고구려 기마병들과 다툰 것이다. 오늘날 비록 살아 있는 왕자의 위엄은 찾아볼 수 없지만, 가장 양지 바르고 높은 곳에 묻히면서 갖가지 껴묻거리를 가진 무덤의 피장자를 통해서 그 모습은 충분히 상상할 수 있다. 이같은 왕자의 모습은 화려한 금동관과 금(동)제 귀걸이의 출토라든지 순장의 흔적을 통해 뒷받침되고 있다.

부산광역시에서는 1992년부터 정화사업을 통해 이 고분군을 사적공원으로 조성하고(사적 제273호), 1996년에는 부산시립박물관 복천분관을 개관하였다. 복천분관에는 이 지역 출토품을 중심으로 가야 및 일본 유물도 함께 전시하고 있는데, 특히 야외전시관은 고분군 내부구조의 생생함과 아울러 당시의 느낌 그대로 다가오고 있다. 휴일날 가족과 함께 내고장 찾기와 나들이를 겸하여 전시관을 찾는다면, 고대 동래지역의 왕들이 되살아나 기꺼이 여러분을 맞이할 것이다. 교통도 편리하여 지하철 동래역에서 내려서 역 바로 뒤쪽에서 출발하는 명륜동행 마을버스를 이용하면 10분내에 도착할 수 있는 곳이다.

신라 호국불교의 전진기지, 범어사

● 조 원 영 (합천군청 학예연구사)

범어사 숲 속에는 싱그런 솔향기가 배어 있다. 주말이면 우리들은 도시 생활의 찌든 때를 씻으러 이곳을 즐겨 찾는다. 그러나 쉽게 찾는 만큼 범어사에 대하여 많은 지식을 갖고 있는 것은 아니다. 따라서 절 집을 산책하면서 이 절의 이모저모를 살펴보는 것도 즐거운 시간이 될 것이다. 자, 그럼 지금부터 세간과 출세간의 경계

범어사 일주문

지점인 범어사 입구에 서 있다고 상상하고 한 발 한 발 범어사로의 여행을 시작해 보자.

울창한 송림 사이로 보이는 당간지주를 지나면 중앙에 조계문(曹溪門)이라는 편액이 걸린 일주문을 만난다.

이 문은 돌기둥으로 지붕을 받치는 독특한 구조로 구성되었는데, 3칸 건물의 오른쪽에는 '선찰대본산(禪刹大本山),' 왼쪽에는 '금정산 범어사(金井山 梵魚寺)' 라는 현판이 걸려 있다. 신라시대에는 화엄종 사찰로서 융성하였지만, 근대에 와서 선풍(禪風)을 일으켜 선종사찰의 대표가 되었다는 의미일 것이다. 일주문을 지나면 천왕문(天王門)과 불이문(不二門)을 연이어 만난다.

이상의 삼문(三門)을 지나면 높은 돌계단 위에 세워진 보제루(普濟樓)가 있고, 보제루 북쪽에는 사방 3칸의 2층누각 건물인 종루(鍾樓)가

범어사 전경 선찰대본산 범어사의 사찰 규모를 짐작해 볼 수 있다.

범어사 삼층석탑 신라 하대 석탑으로 이중기단 위에 삼층의 탑신을 올렸다. 기단의 면석에 탱주를 생략하고 안상(眼像)을 조각한 것이 특이하다.

있으며, 인접한 곳에 미륵전(彌勒殿)과 비로전(毘盧殿)이 있다. 두 전각의 앞쪽에는 넓은 중앙뜰[中庭]이 있다. 원래 화엄종 사찰이었던 범어사에서 비로자나불을 봉안하는 비로전이 한쪽 귀퉁이에 소규모로 세워진 이유는 아마도 임진왜란 이후 재건과정에서 사찰의 중심건물이 대웅전으로 바뀌었기 때문일 것이다.

중앙뜰에는 9세기 무렵에 세워진 삼층석탑이 있고 그와 마주 보고

석등이 서 있다. 석등은 전체적으로 균형이 잘 맞지 않는데, 이것은 후대에 복원된 간주석(竿柱石)이 지나치게 짧아 다른 부재(部材)와 서로 조화를 이루지 못한 까닭이다. 대웅전은 전면 3칸, 측면 3칸의 다포식 건물로 조선 중기 이래의 다포식 가구의 양식적 특성과 뛰어난 건축기술을 보여주고 있다. 다포식 건물이면서 맞배지붕을 위에 올린 큰 규모의 불전건물 가운데 영남지역에서 경주 기림사 대적광전, 칠곡 송림사 대웅전, 대구 파계사 원통전, 청도 대비사 대웅전, 대적사 극락전, 달성 용연사 극락전 등 몇몇 사례가 보인다. 건물 안에는 조선 후기 양식의 목조석가모니삼존불좌상을 모셨다.

대웅전의 주변에는 지장전, 관음전을 세우고, 지장전 뒷편 한 채의 건물 안에 팔상전(捌相殿), 독성전(獨聖殿), 나한전(羅漢殿)을 배치하였다. 이 건물은 전면 7칸, 측면 3칸의 기다란 건물인데, 팔상전은 좌측 3칸, 독성전은 중앙 네 번째 칸, 나한전은 우측 3칸을 차지하는 독특한 구조로 이루어져 있다. 이들 세 전각 옆

범어사 대웅전 전면 3칸, 측면 3칸의 다포식 건물이다. 조선 중기 이래의 다포식 가구의 양식적 특징을 잘 보여준다.

범어사 당간지주 당간(幢竿)을 지탱하기 위해 세운 기둥으로 기단부와 간대(竿臺)는 없고 별다른 장식없이 소박하게 처리하였다.

에는 작은 산령각(山靈閣)이 세워져 있다.

이러한 가람 배치는 처음 세워졌을 때 그 모습 그대로일까? 조선 1746년(영조 22) 승려 동계(東溪)가 간행한 「범어사 창건사적(梵魚寺創建事蹟)」에 의하면 이 절은 신라 흥덕왕 때에 의상 대사에 의해 창건된 것이라고 한다. 의상 대사는 흥덕왕 이전에 활약한 사람이며, 지금의 범어사에는 의상 대사가 활동하던 시기의 유물이나 자료가 전혀 없으므로 이 기록을 그대로 믿을 수는 없다. 아마도 범어사는 흥덕왕대에 창건되면서 해동 화엄종의 초조(初祖)인 의상대사의 창건으로 가탁하였던 것이 아닌가 한다.

9세기에 범어사가 대사찰로 건립되었다는 사실은 바로 이 무렵 불교의 중심교단이었던 화엄종이 지방 사회로까지 확산되었음을 알려주는 것이다. 신라의 삼국통일을 전후하여 교학이 발전하고 의식 체계가 확립되는 기반 위에 불교 대중화가 더욱 확산되는 종파불교 성립기를 맞이하면서 화엄종, 신인종, 법상종 등이 성립되었다. 이러한 종파의 발전은 지방사회에까지 확산되어 화엄십찰(華嚴十刹)과 같이 지방에 사원이 건립되는 중요한 배경이 되었다. 범어사도 바로 그러한 과정에서 세워진 사찰이라 할 수 있다.

한편 창건 설화에는 왜적을 물리치기 위한 영험담이 보이는데, 이것은 임진왜란을 겪은 후 설화의 내용이 윤색되었음을 잘 보여주고 있다. 즉 이 내용은 임진왜란 때 일본군에 의해 사찰이 크게 불탄 후 창건설화에서나마 왜적을 물리치기 위해 창건하였음을 천명하고자 했던 것이다.

임진왜란 당시 범어사가 위치한 동래는 우리의 최전선기지 사수와 왜군의 교두보 확보라는 이해 관계에 얽혀 치열한 전투가 벌어졌으며, 동래성이 함락되면서 범어사도 파괴 · 약탈되었을 것이다. 이후 1602년(선조 35)에 관선사(觀禪師)가 중건하였지만 곧 화재로 불탔고, 다시 1613년(광해군 5)에 현감당 묘전(妙全)을 비롯한 여러 승려들이 중창하였다.

한말 일제시대의 범어사는 선찰대본산으로서 명망이 높았다. 무애행(無碍行)으로 유명한 경허 선사가 만년에 범어사에 선원을 짓고 후학을 지도하였으며, 그의 영향을 받은 성월 선사가 범어사의 경제적 기반을 확충하고 여러 암자에 선원 선회를 창설하여 선풍을 크게 일으켰다. 이에 따라 범어사는 1910년에 한국 불교의 선종 수사찰(首寺刹)로 인정을 받게 되었으며, 1913년에는 다시 선찰대본산으로 확정되어 선종의 본산으로 자리잡고 아울러 많은 참선 학인을 배출하였다.

선원과 선회의 창설을 통해 선사상을 강조하는 범어사의 사상적 경향은 경허 선사에게서 크게 영향을 받은 것이며, 1910년대에 조선총독부가 발포한 사찰령에 반대하는 임제종 운동과 이후 항일 민족 불교의 정신적 기반으로 계승되었다. 또한 선종 부흥을 꾀하면서 선학원(禪學院)을 1921년 설립할 때도 서울의 범어사 포교당을 이용하였고, 1922년 선학원 활성화를 위해 선우공제회(禪友共濟會)를 창립할 때 범어사 승려들이 중심이 되어 활동하였다는 사실은 범어사의 선풍 진작 운동이 근대 불교사에서 얼마나 큰 비중을 차지했는가를 말해 주는 것이다.

범어사는 교육 부문에도 많은 관심을 가졌다. 명정학교(明正學敎)를 설립하였고 1917년에는 지방 학림을 설립하기에 이르렀다. 한편 많은 포교소(당)도 설치하였는데 이러한 포교소는 종교적인 기능뿐만 아니라 교육 · 계몽적인 기능까지 수반하고 있었다. 대표적인 예로 동래에 설치한 포교당이 1921년부터 경영한 '싯달 야학교'를 들 수 있다. 이러한 교육을 통해 배출된 청년 승려들과 빈한한 농민의 자제들이 당시 민족운동의 일원으로 활약하였다. 이는 범어사가 동래 지역의 3.1운동과 그 이후 전개된 여러 사회 운동에 깊이 관여하여 지도적인 위치에 있었다는 사실에서도 알 수 있다. 범어사는 민족사찰로서 불교 수호뿐만 아니라 민족해방운동에도 적극적으로 나섰던 것이다.

해방된 뒤에는 탁월한 지도력과 당대의 선지식으로 이름 높았던 승려 동산(東山)이 범어사를 이끌어갔다. 동산 선사는 특히 1950년대의 소위 정화운동을 주도하였는데, 이는 근대 불교를 지향하는 과정에서 구축한 범어사의 사상적인 맥락을 계승한 것이라 할 수 있다. 근대 불교에서 범어사가 차지하는 몫은 이처럼 컸으며, 고승들의 선풍은 지금까지 면면히 이어져 오고 있다. 범어사 숲 속의 맑은 솔향기는 바로 이 절이 지켜온 살아 숨쉬는 역사의 향기가 아닐까?

부산에 남겨진 고려시대의 유산

● 조 명 제 (일본 고마자와대학 객원연구원)

요즘 우리 사회에서 문화유산에 대한 관심이 높아지면서 전문적인 연구자가 아닌 일반 시민들이 직접 그 현장을 답사하고 있으며, 그와 관련된 다양한 분야에 관심이 보다 확대되고 있다. 그런데 이제는 단순히 관심만을 가질 것이 아니라 문화유산에 대해서 좀더 깊이 있게 이해하고, 제대로 볼 수 있는 안목을 높일 필요가 있지 않을까? 그런 면에서 필자는 우리 역사나 문화에 관심을 갖고 있는 사람들이 대개 갖고 있는 선입견을 몇 가지 지적하고 싶다.

먼저 일반적으로 고대사나 조선시대사에 비해 상대적으로 고려시대에 대한 관심이나 이해가 떨어진다는 사실이다. '대륙' 이라는 환상과 함께 다양한 흥미를 불러일으키는 고대사의 경우라든가, 현재와 바로 연결되면서 지금의 삶과도 무관하지 않는 조선시대사에 비해 고려시대

고려 5층 석탑(지방유형문화재 13호)

의 역사는 그 가운데에 놓여 있어, 마치 맏이와 막내 사이에서 홀대받는 둘째와도 같은 처지라고 할 수 있다. 그러나 전체적인 역사의 흐름을 바로 이해하기 위해서는 한국사에서 전형적인 중세의 역사상을 보여주는 고려시대에 대한 이해가 요구된다는 사실을 염두에 둘 필요가 있을 것이다.

다음으로 문화유산을 바라보는 태도나 자세에서 무조건 오래된 것일수록 그 가치가 높다는 식의 일면적 평가나 시각을 지적할 수 있다. 이러한 시각은 일반인뿐만 아니라 전문가의 경우도 마찬가지가 아닐까? 이러한 경향은 국보나 보물급 문화재를 선정하거나 지정할 때 은연중에 드러나기도 한다. 예를 들어 우리 문화재 가운데 가장 뛰어난 것을 고르게 하면, 보통 사람들은 석굴암의 본존불이나 불국사의 다보탑을 연상하거나 지적할 때가 많을 것이다. 또한 문화유산 가운데, 특히 그것이 불교미술이라면, 그 건립 시기가 언제인가를 유심히 보면 통일신라시대가 상대적으로 많음을 쉽게 볼 수 있다. 그런데 한국사에서 불교가 가장 성행하고 발달하였던 때는 고려시대였다. 그럼에도 불구하고, 고려시대를 대표하는 문화재를 연상하면 흔히 청자를 연상하게 되지, 불상이나 석탑 등 불교미술을 그렇게 높이 평가하지는 않고 있다. 그러면 고려의 불교미술이 그렇게 미적 수준이나 가치가 낮았던 것일까?

이에 대해 한정된 지면에서 자세히 설명할 수 없지만, 문화유산에 대한 가치나 평가는 무엇보다도 그 시대를 대표할 수 있는 것인가에 초

만덕사지에서 출토된 암수막새

점이 맞추어져야 할 것이다. 아울러 통일신라의 불교미술이 한국미술사의 고전이나 모범인 것은 사실이겠지만, 각 시대마다 문화유산은 그 시기의 시대성과 미적 가치를 지니고 있다고 하겠다.

또한 문화유산에 대한 이러한 시각과 함께 또 하나 염두에 두어야 할 것은 그것을 만든 주체가 누구인가에 대한 문제이다. 그리고 그것은 계층의 문제만이 아니라 중앙과 지방의 차이와도 관련된다. 쉽게 말해서 통일신라의 경우, 석굴암의 불상이나 불국사의 석탑은 왕실에 의해 국가적인 차원에서 조성되었기 때문에 누가 보더라도 세련되고 뛰어난 작품임을 알 수 있을 만큼 조형적 완성도가 높다.

이에 비해 고려시대의 불상이나 불탑은 먼저 미적인 측면에서 이전 시기와 달리 그렇게 세련되지도 않으며, 자칫 조형적 완성도만으로 따지게 되면 오히려 퇴보한 것이 아닌가 하는 생각을 갖게 한다. 그러나 고려시대의 문화유산은 그 나름의 시대성을 드러내고 있다. 가령 국사 교과서에서 친근하게 보았던 은진미륵과 같이 거대한 불상이 각지에서 조성되거나, 신라 말 이후 유행하였던 철불 등은 각 지역의 토착세력의 힘을 상징하는 것이며, 보다 폭넓게 해석한다면 각 지역 기층민이 그들의 종교적 열정이나 염원을 담아 내었던 것이라 하겠다. 또한 통일신라시대 불교미술의 조성자가 왕실, 귀족 등 상층부에 치중하였던 것에 비해 고려시대의 경우 여전히 화려한 귀족문화가 중심이었지만, 상대적으로 각 지역에서 다양한 계층에 의해 조성되었던 지방문화의 다양성이 뚜렷하게 드러난다.

따라서 세계문화와 민족문화와의 관계 설정에 대한 시각과 마찬가지로 중앙과 지방문화의 차이 및 다양성을 고려하여 이해해야 할 필요가 있는 것이다. 특히 고려시대의 경우 이러한 다양성과 특성이 잘 드러난다고 하겠다.

한편 필자가 이렇게 장광설을 늘어놓는 또 다른 이유는 부산의 역사에서 가야나 조선시대에 비해 고려시대의 문화유산은 뚜렷하게 언급할 만한 특별한 문화재나 구체적인 자료가 거의 없기 때문이다. 따라서 부

만덕사지 발굴현장

산의 역사를 이야기할 때 고려시대의 전체상을 그리기에는 그 내용이 너무나 빈곤함을 느끼게 된다. 현재 부산에 남아 있는 고려시대의 유물은 대략 몇 기의 석탑과 당간지주 정도일 뿐이다. 그러나 양적 · 질적인 빈곤이라는 이유만으로 고려시대의 부산이 어떠했는가에 대한 의미가 무시되거나 축소되어서는 안될 것이다. 오히려 고려시대의 전체적인 역사상 속에서 보다 적극적으로 해석되어야 할 것이다.

고려시대의 유적 가운데 대표적인 것으로 만덕사 절터가 있다. 만덕사가 언제 창건되었으며, 어떻게 퇴락하였는지에 대해서 우리가 알 수 있는 기록은 남아 있지 않다. 다만『고려사』에 충혜왕의 서자 석기(釋器)를 만덕사에 유폐시켰다는 기록과 현 만덕동에 절터가 있으며, 또한 석기와 관련된 자들을 동래현령으로 좌천시킨 사실로 보아 만덕동의 절터가 바로 만덕사지가 아닌가 추측해 볼 수 있다. 만덕사는 그 후『동국여지승람』이나 각종 지지에 더 이상 기록이 보이지 않는 것으로 보아 조선조까지 존속하지 못하였던 것 같다. 이는 아마도 고려 말의 극심한 왜구의 침략에 따른 병화로 소실된 것이 아닌가 추측된다.

1979년에 절터에 남아 있던 석재를 부산시립박물관에서 수습하였고, 그 중에서 3층 석탑 1기를 복원하였다. 또한 절터를 동서로 관통하는 만덕로의 길 아래 덕천천 냇가에 당간지주가 한쪽 기둥만인 채 남아 있다. 근래에 부산시립박물관에서 금당지로 추정되는 곳의 일부를 발굴한 결과, 다양한 고려시대의 유물이 출토되었는데 그 가운데 기비사(祇毗寺)라 적힌 명문 기와가 들어 있었다. 이를 토대로 만덕동의 절터는 석기와 관련된 만덕사가 아니라 기비사라는 주장도 있으나, 처음 창건될 때부터 사라질 때까지 여러 차례 증축되고, 개축되었던 사실로 보아 좀더 깊은 조사와 검토가 요구된다고 하겠다.

고려시대의 5층 석탑으로서 현재 온천동의 망미루에서 조금 떨어진 곳에 지방유형문화재 13호로 지정된 것이 있다. 이 석탑은 2중 기단 위에 5층 탑신을 올려놓은 전형적인 고려 석탑인데, 현재 하층기단과 제5층 옥개석이 없어지고, 기형의 상륜부를 근년에 보충하였기 때문에 탑의 모양이 이상하게 되어 있다. 탑의 높이는 4.2m로서 약간 고준한 감이 있으나 안정감은 충분한 편이다. 하층기단이 없어져서 기단부의 원형을 알 수 없으나, 상층기단의 갑석이 넓고 상면은 상당한 구배가 있으며 그 위에 3단의 모를 죽인 괴임이 있어 얼핏 옥개석같이 보이기도 한다. 이 탑은 본래 대청동의 옛 후꾸다 별장에 있던 것을 1957년경 최 아무개에 의해 현 위치로 불법 반출된 것이라 한다. 그 자세한 경위야 알 수 없고, 이 석탑은 현재 개인 소장으로 되어 있기에 필자가 이를 직접 볼 수 없었다. 우리 나라 다도계의 원로이신 금당 최규용 선생이 1978년에 펴낸 『금당다화』에 의하면, 이 석탑의 소장자는 광산업을 경영하였던 이운송 옹이며, 그는 다도가이자 골동 취미가 있었던 분이라 한다. 그래서 이 석탑이 소재한 곳은 100평이나 되는 넓은 정원에 갖가지 값진 정원수와 함께 잘 보존되어 있다고 한다. 개인 소장품으로 잘 보관되어 있는 게 다행이지만 일반인들이 접근하기 어려운 것이 못내 아쉽다.

강서구 범방동의 3층 석탑은 지방유형문화재 23호로 지정되어 있으며, 2중 기단의 3층 석탑이다. 상층 기단의 면석 한 장과 3층 옥신석이 없어지고 탑 머리는 노반이 남아 있어 현재 높이 2.7m의 작은 탑이다. 옥신석의 높이가 2층에서 크게 줄어들었으며, 일부 결실된 부분이 있으나, 신라 석탑양식으로 조성된 아담한 탑으로 고려 초기에 건립된 것으로 추정된다. 1940년경 이 탑의 1층 탑신에서 사리장치와 기단 안에서 불상 1구가 도굴되면서 탑도 무너졌으나 동민들이 이를 재건하였다고 한다.

고려시대의 석탑은 이 밖에도 원래 울산광역시 청량면 삼정리 탑골 대곡사지에 무너져 있던 것을 수습하여, 현재 부산대 박물관 수장고 옆에 놓여진 5층 석탑과 원래 경남 합천군 대병면 상천리의 폐사지에 무너져 있던 것을 1960년 동아대 박물관으로 이전 · 복원한 3층 석탑이 있다.

이러한 폐사지나 석탑 이외에도 고려시대의 유적으로 각종 분묘를 들 수 있다. 대표적인 것으로 사직동 석곽묘 유적, 만덕동 망미동, 연산동, 구포동, 거제리, 명장동 등의 분묘이다. 그러나 청동제 생활 유물과 각종 도자기 등이 조금 출토되었고, 대부분 도굴되어 파손이 심한 상태이다. 이러한 결과는 문화유산에 대한 전반적인 무관심과 귀중한 문화유산을 오로지 돈벌이로만 전락시킨 현실에 기인하는 바가 크다고 하겠다. 다만 앞에서 지적한 것처럼 고대의 문화유산에 비해 상대적으로 고려시대의 유물이나 유적에 대해 그다지 중요하게 생각하지 않았던 경향이나 지방에 있었기 때문에 무관심하게 처리되지는 않았는지 한 번쯤 되새겨보아야 하지 않을까?

그러므로 근래 문화유산에 대한 관심이 점차 확산되는 것이 서구문화 일변도의 현실에 대한 반성과 반작용이듯이, 자기의 삶과 문화가 담긴 지역의 문화와 역사에 대한 관심과 애정은 지역의 사람들에게 현실적으로 요구되는 것이라 하겠다.

조선 속의 유일한 일본인 마을, 왜관

● 양 홍 숙 (부산대학교 강사)

임진왜란이 일어나기 전까지 조선에는 3곳에 왜관이 있었다. 관(館)은 머무르다, 숙박하다라는 뜻으로 일본인들이 외교와 무역을 위해 한시적으로 거주할 수 있는 마을을 왜관(倭館)이라고 불렀다. 아시아 여러 나라에도 일본인 마을이 있는데, 규모면에서나 역사적 영향으로 보나 부산왜관의 중요성은 주목된다.

임진왜란이 끝난 후 일본은 이웃나라이자 문화선진국이었던 조선과 국교 회복을 희망하였다. 일본을 불구대천의 원수로 여기고 있던 조선은 수교할 수 없었으나 전쟁 재발을 우려하여 일본의 요구에 응하게 되었다. 국교 회복 과정에서 양국 사절이 오고가자 다시 사신이 머물 수 있는 왜관이 필요하였다. 우선 1601년 육지와 떨어져 있던 섬 부산 절영도(현 영도)에 임시 왜관을 지어 일본 사신이 묵도록 하였다. 그러나 국교가 회복되자 긴 시간 안정된 교류를 할 수 있는 왜관이 필요하였다.

1607년 논의된 끝에 결정된 것이 두모포왜관이었다. 왜관에서 외교·무역 등 전반적인 대일관계 업무가 이루어지게 되자 왜관에는 여러 건물이 들어서게 되고, 규모도 점차 커졌다. 두모포왜관은 약 1만평에 이르고 왜관 동문 밖에는 좌천(佐川)이 흐르고 있었다. 그런데 두모포왜관은 선창의 수심이 얕고, 남풍을 정면으로 받아서 배가 정박하기에는 부적당하였다. 특히 부지가 너무 좁았다. 무역량이 점점 증가하였지만 장소가 좁아 변변한 창고 하나 지을 땅이 부족하였고 무역선을 정박시키기가 여의치 않았다. 일본측은 30여 년 간 왜관을 옮겨줄 것을 요구하였고, 결국 조선 측은 1673년 9월 이관을 허락하였다.

두모포왜관은 70여 년 존속하다가 1678년 현 용두산공원 주변으로 이전되었다. 새로 옮긴 왜관은 신왜관(新倭館), 신관으로 불린 초량왜관이었다. 초량왜관은 두모포왜관보다 10배 정도 넓을 뿐 아니라 1876년

고관입구 1607년 설치된 두모포왜관이 있던 곳으로 1678년 초량왜관 설치로 폐쇄되고 고관 또는 구관이라 불렀다.

초량왜관도 1783년 변박 그림. 초량왜관은 1678년 고관에서 이전한 신왜관으로 오늘날의 동광동, 창선동, 신창동 일대이다. 사진의 가운데 숲이 지금의 용두산이다.

개항까지 200년이나 존속되었다. 신관인 초량왜관에 대해 두모포왜관을 고왜관, 즉 고관이라고 불렀다. 두모포왜관은 오늘날 부산 동구청 일대로 지금도 고관입구, 고관치과, 고관약국, 고관맨숀 등의 간판이 많이 눈에 띄는데 이곳이 왜관이 있었던 곳임을 알려준다. 고왜관이든, 신왜관이든 부산 한 곳에만 왜관이 설치되어 부산은 전국 유일의 국제항구가 되었다. 초량왜관은 1876년 개항 이후 일본인의 거류지로 바뀌었는데 이곳을 중심으로 정치, 경제, 교통, 문화가 발달하게 되었다. 모든 신문물이 이곳으로 유입되었고 근대화가 이곳에서 비롯되었다. 오늘날의 부산은 전통적인 중심지 동래를 기반으로 발달하지 않고 동래의 변방, 일개 포구에 지나지 않던 부산포를 중심으로 발달하게 되었다. 오늘날 부산을 형성하게 된 기반은 바로 왜관의 설치에 있었다.

그럼 왜관에는 어떤 건물이 있었을까? 초량왜관은 용두산을 중심으로 바다쪽은 동관, 용두산 너머 서관으로 구분되었다. 동관에는 왜관에 거주하는 일본인의 생활공간과 업무공간, 무역선이 닿는 항구가 있었는데 건물이 꽤 밀집해 있었다. 항구 아래쪽에는 용미산(구 부산시청 자리)이 있었는데 직접 불어오는 남풍을 막아주어 항구가 들어서기에는 좋은 조건이었다. 서관은 일본에서 온 사신이 머무르는 곳이었다. 그 외 왜관에는 신사(神社)와 사찰이 있어 일본인들의 종교생활을 도왔다. 왜관의 건물 중 대일관계를 위해 필요한 건물은 대부분 조선측이 지어 주었고, 생활공간이나 편의시설 등은 일본인 스스로 자재를 일본에서 조달하고 일본인 목수를 데려와 공사를 하였다. 그래서 이들 건물 내부에는 온돌이 아닌 다다미가 깔려 있었고 실내구조나 장식도 일본풍이었다.

왜관에는 수문(守門) · 연향문(宴享門) · 부정문(不淨門)이 있었다. 수문은 왜관의 정문으로 동래부의 허가를 받은 조선인만이 출입할 수 있었다. 연향문은 왜관 북쪽에 있었는데 평상시에는 잠겨 있다가 연향대청에서 연향이 베풀어질 때 사용하던 문이었다. 연향대청이 있었던 곳이라 해서 이 주변을 현재 대청동이라고 부른다. 부정문은 수문(水門) 혹은 무상문(無常門)이라고도 한다. 부정문은 서관 남쪽 담에 있었는데, 왜관에 거주하던 일본인이 죽었을 때 시신을 운반하는 문이기 때문에 무상문이라고 하였다.

왜관 문을 나서면 왜관 주위로 6개의 복병소(伏兵所)가 있어 일본인과 조선인이 불법으로 왜관을 출입하는 것을 막았다. 왜관은 2m높이의 돌담으로 둘러쳐져 있었고, 몇 개의 문을 만들어 마음대로 출입할 수 없게 했다. 게다가 감시 초소를 왜관 주변에 6개씩이나 만들어 두었으니, 일본인들은 얼마나 갑갑했을까?

일본인들은 허락 없이 왜관을 벗어나면 큰 처벌을 받는 것을 잘 알고 있었지만, 감시가 소홀한 틈을 타서 초량지역의 조선인 민간에 놀러 가기도 했다. 멀리 온천장에 가서 온천을 즐기기도 했다. 왜관을 이토록 통제한 것은 풍기문란 뿐만 아니라 국가기밀 누설, 밀무역등의 문제가 종종 일어났기 때문이었다. 각종 폐단을 해결하기 위해 금지조항을 적은 약조제찰비(約條制札碑)를 1683년 왜관 문 앞에 세워 조선인과 일본인이 경계하도록 하였다. 이 비석은 원래 용두산 공원 안에 있었는데 현재는 부산박물관에 옮겨져 있다.

약조 제찰비

일본인들은 낯선 조선땅에서 어떻게 생활했을까? 식생활은 조선과 비슷한 것이 많아서 쌀, 채소, 생선 등은 왜관 정문 밖에서

18세기 초(숙종대)에 편찬된 『통문관지(通文館志)』에 실린 초량 왜관 관련 기사 왜관의 위치, 규모, 기능 등에 관한 내용이 수록되어 있다.

매일 열리는 아침시장에서 구입하였다. 물건을 파는 조선인과 사는 일본인 사이에는 단골관계가 형성기도 하였다. 술, 두부, 곤약과 같이 조선인과 기호가 달랐거나 제조법이 달랐던 것은 직접 대마도에서 조달하였다. 그 외 왜관 안에는 떡집과 그릇을 만드는 요(窯)가 있어 일본인의 식생활을 도왔다.

의생활은 그들 전통 의복을 착용하고 있었는데 조선인의 눈을 의식하여 가급적 화려한 의복을 착용하도록 하였다. 조선인과 음식을 먹을 때에는 반찬가지수를 늘여 성대하게 보이도록 하였다. 또한 '훈도시(일본남자의 속옷)만 입고 밖으로 나가지 말 것', '큰 소리를 내지 말 것', '싸우지 말 것' 등의 상세한 생활규칙도 있었다.

왜관에 온 일본인은 모두 성인 남자로, 여성은 물론, 가족도 동반할 수 없었다. 그래서 조선 여인과의 매매춘 사건이 종종 일어났는데 발각되면 모두 사형에 처해졌다. 조선 여인은 여염집의 노비, 퇴기, 창녀 등 신분이 다양했다.

왜관은 부산 안의 일본인 마을이었다. 왜관 무역을 통해 부산 주변에는 일본 물건이 유통되었고 일본 음식, 일본 놀이도 유행하였다. 또 조선의 문화가 왜관을 통해 일본으로 전파되기도 하였다. 왜관에는 조선의 역사 · 지리 · 법률 · 의학 · 풍속 등을 연구하러 온 일본인들도 머물렀다. 양국관계가 긴밀해지면서 이러한 문화교류는 더욱 빈번하게 이루어졌다.

현재 부산 금강공원에는 동래독진대아문이라고 쓰여진 건축물이 남아 있다. 양 기둥에는 부산 지역이 대일관계의 중심지이고, 군사적 요충지였음을 알려주는 현판이 걸려 있다.

왜관을 단순히 일본인 마을 정도로 취급하여 소홀히 할 것이 아니라 조선시대 대일관계가 바로 부산 왜관을 경유했다는 점을 보다 적극적으로 알아야 할 필요가 있다. 부산은 전근대 대일 외교 · 무역의 중심지였다. 과거에도 일본상인이 직접 찾아와 무역을 했듯이 오늘날도 많은 외국상인이 찾아오고 있다. 과거 무역 특구(特區)였던 부산, 여전히 국제항의 위용을 갖춘 부산이지만 어려운 요즘 그 역할을 더욱 증대시키기를 기대해 본다.

조선의 요새, 금정산성과 동래읍성

● 윤 용 출 (부산대학교 교수)

동래구 온천동 금강공원의 송림 안에 들어서면 동래독진대아문(東萊獨鎭大衙門)이라 쓰인 대문과 마주치게 된다(부산광역시 지정문화재 유형문화재 제5호). 본디 동래부 관아 앞에 세워져 있었던 이 대문의 양쪽 기둥에 내걸린 진변병마절제영(鎭邊兵馬節制營), 교린연향선위사(交隣宴餉宣慰司)라 쓰인 현판이 사람들의 눈길을 끈다. 일본에 대한 군사 방어의 요지이며, 아울러 외교와 무역의 창구라고 하는 두 가지 엇갈린 기능을 맡았던 동래부의 역사적 성격을 상징적으로 잘 표현해 주고 있다.

동래 금정산성을 고쳐 쌓은 것은 1702년(숙종 28)의 일이었다. 경상도 관찰사 조태동(趙泰東)의 건의에 따른 것이다. 임진왜란을 겪은 뒤 백여 년이 지난 당시 동래 지역의 군사적 방비 태세는 매우 허술한 편이었다. 동래부사를 지냈던 어느 관리가 지적한 바에 따르면, 동래의 왜관

동래부 관아의 대문(금강공원 안) 1655년(효종 6) 동래부가 독진(獨鎭)이 되었으며, 영조대 이후 동래부사가 동래독진의 수성장(守城將)을 겸하게 됨으로써, 독자적인 군진의 지휘관이 되었다.

에 머무는 왜인이 많을 때는 1,000여 명에 달하였다고 한다. 그에 비해서 동래의 군사력은 거의 내버려둔 상태라서 유사시에 군사적 열세가 예견된다는 것이다. 두 차례의 호란을 거치고 북벌의 논의도 좌절된 숙종대 이후, 대청관계는 점차 안정기에 접어들게 되었으므로, 남쪽 변경의 방비에도 관심을 더 가질 수 있게 되었다. 17세기 말엽부터 조정 일각에서 금정산성 축성의 논의가 꾸준히 제기된 까닭은 왜인들의 새로운 동향과도 깊은 관련이 있었다.

1678년(숙종 24) 두모포 왜관으로부터 초량 왜관으로 이주한 뒤에 왜인들의 출입이 더욱 활발해지는 것을 우려하였던 지배층 관료들은 동래의 군사 방어시설에 관해서 새삼 주의를 기울이게 된 것이다.

금정산성은 금정산의 능선을 따라 축조되었다(국가 지정문화재 사적 제215호). 그러나 너무 넓어서 수비하는 데 용이하지 않다는 것이 일찍부터 약점으로 간주되었다. 성을 쌓은 지 5년 만에 중성(中城)을 새로

쌓아서 두 겹의 방어선을 설정하는 방식으로 문제점을 보완하게 되었다. 그러나 그 7년 뒤에는 성곽 자체를 포기하는 사태에 이르렀다. 산성을 복구하자는 논의는 18세기 말엽부터 조정에서 자주 되풀이되었다. 가파르고 높은 산 위에 위치한 철옹성으로서 천연적 요새지라는 점, 왜관에 가까이 있어서 신속하게 대응할 수 있는 점 등이 거론되었다.

적군이 동래부를 점령하더라도 금정산성을 지나칠 수 없기 때문에 진퇴양난에 빠뜨릴 수 있다고 보았다. 급할 때에 믿을 만한 곳이라고 여겼다. 영남을 지키는 보루였던 셈이다. 결국 순조대 동래부사 오한원(吳翰源)의 요청을 받아들여 다시 쌓게 되었다. 오늘날 금정구 장전동에 남아 있는 금정산성부설비(金井山城復設碑)는 이때 만들어진 것이다(부산광역시 지정문화재 기념물 제15호). 비문에는 '영남 바닷가의 방패'를 다시 쌓은 사정을 새겨 놓았다.

숙종대에 고쳐 쌓은 금정산성의 상비군으로는 승려로 구성된 승군이

금정산성의 서문 성문 옆에 수구(水口)가 설치되어 있다.

동래읍성의 북문에서 바라본 성곽의 모습 오늘날 동래읍성의 성문 가운데 북문만이 남아 있다. 북문 주변의 성곽을 따라서 마안산 체육공원으로 오르는 오솔길이 나 있다.

배치되었다. 산성 동문 안에 국청사(國淸寺)를, 남문 안에는 해월사(海月寺)를 지어서 승영(僧營)을 이루게 한 것이다. 임진왜란 이후 산성의 군사적 효용성이 새롭게 인식되면서 전국 각지에서 많은 산성이 정비되기 시작하였다. 산성을 쌓는 토목공사에는 많은 승려들이 징발되었다. 성을 쌓고 난 뒤에는 사찰도 함께 지어 승군이 머물 수 있게 하였다. 그러나 승군에게 부과되는 부역노동은 감당하기 어려울 만치 가혹한 것이었다. 사찰은 점차 피폐해졌다. 금정산성의 두 사찰 가운데 해월사는 19세기의 어느 때인가 벌써 폐사 지경에 이르렀다. 오늘날까지 명맥을 잇는 국청사는 한때 100칸에 이르는 규모를 갖고 있었으나, 19세기 초엽 한 차례의 화재를 겪고 난 뒤에 겨우 10여 칸의 규모로 재건될 수 있었다.

금정산성과 더불어 동래부를 방어하는 대표적 군사 시설이었던 읍성은 1731년(영조 7) 동래부에 의해 고쳐 쌓아졌다(부산광역시 지정문화재 기념물 제5호). 임진왜란 직전에 한차례 수선한 일이 있었던 동래읍성은 전쟁을 거치면서 많이 허물어진 상태에 있었다. 다시 있을지도 모를 왜군의 침입을 막아내는 데 산성과 읍성의 어느 편이 더 효율적인가의 문제를 두고 지배층 관료들은 논란을 벌였다. 이 즈음 산성보다 읍성을 중시하게 된 데에는 1728년(영조 4)의 무신란(戊申亂)을 겪은 뒤에 평지 읍성의 전략적 중요성이 제기되었던 국내 정치적 사정과 깊은 관련이 있다.

내주축성비(금강공원 안) 동래부사 정언섭은 부임하자마자 은밀히 동래성을 돌아보고 성 쌓는 계획을 세워 조정에 보고하였다. 비석의 전면에서 경상도 관찰사 조현명의 도움을 받았던 사정 등이, 뒷면에는 토목공사에 관여한 실무자의 명단 등이 새겨져 있다.

금강공원 안에 보존된 내주축성비(萊州築城碑)에 따르면, 동래부사 정언섭(鄭彦燮)이 부임하면서 변경의 방어 태세가 허술한 것을 우려하여 축성 계획을 세웠다고 한다(부산광역시 지정문화재 기념물 제16호). 국왕인 영조에게 아뢰고, 관찰사 조현명(趙顯命)의 지원을 받아 공사를 수행할 수 있었다. 약 5만 명의 일꾼이 동원되었으며, 쌀로 환산해서 약 1만석의 경비가 들었다고 한다. 동래부를 비롯하여 양산, 기장, 김해, 울산, 언양, 밀양 등 7개 군현의 농민이 요역노동에 징발되었다. 많은 승군들도 함께 징발되었는데, 경상도 65개 군현에서 차출된 승려들로 구성되어 있었다.

정언섭은 왕권 강화책을 지지하는 영조의 측근세력인 탕평파(蕩平派)에 속해 있었다. 조정에서는 무신난을 진압하는 과정에서 영남의 남인세력을 제압하는 한 방편으로 동래부사의 지위를 강화하여 직속의 군사력을 보강하는가 하면, 동래읍성을 개축하여 군사적 거점을 확보하려 했다. 집권적 통치질서를 강화하려 했던 영조의 구상이 동래읍성을 고쳐 쌓게 된 일의 정치적 배경을 이루었다. 성 쌓는 일을 적극적으로 후원하였던 관찰사 조현명은 동래성이 완공된 2년 뒤에는 전라도 관찰사로 자리를 옮기게 되었고, 이번에는 전주읍성을 쌓는 일에 힘을 기울였다. 오늘날까지 남아 있는 풍남문을 비롯한 성곽이 이때에 완공되었다.

금정산성과 동래읍성은 일본의 침략을 대비하는 방어 시설이었다. 이 가운데 금정산성은 국내에 남아 있는 가장 규모가 큰 산성으로 널리 알려져 있다. 성 안이 매우 넓어서 동래부 한 고을의 백성을 모두 보전할 수 있다는 점이 특징으로 꼽힐 만하다. 유사시에 주민들의 힘을 모아 적침을 격퇴하겠다는 의지의 표현이었다. 동래읍성은 임진왜란의 치열한 전투를 겪은 역사적 현장으로서 이름난 곳이다. 금강공원 안에 보존되어 있는 임진동래의총(壬辰東萊義塚)의 비문에는 동래읍성을 지키다 쓰러진 무명용사들의 출토된 유해에서 적병의 포탄과 탄환이 섞여 있었던 모습을 비감하게 표현하고 있다(부산광역시 지정문화재 기념물 제13호). 동래의 산성과 읍성에서 민족사의 한 구비를 느낄 수 있다.

부산의 정보 통신, 봉수대

● 이 정 수 (동서대학교 교수)

오늘날 우리는 컴퓨터 통신을 이용하여 전자우편을 주고받으며, 위성 통신을 통해서는 적의 침략과 같은 국가의 위기는 물론 지구상의 미세한 움직임조차도 마음만 먹으면 쉽게 알아낼 수 있다. 다시 말해, 우리는 정보화시대, 정보전쟁의 시대에 살고 있는 것이다.

그러면 이러한 정보 통신의 원형이 우리 역사에서는 어떤 모습으로 어떻게 발전되어 왔을까. 전화와 전기가 발명되기 이전 시대에 적이 침입하거나 천재지변(天災地變)이 일어나면 어떻게 중앙 정부에 알렸을까? 며칠을 말을 바꾸어 타고 달려서 알리는 일보다 빠른 방법은 없었을까.

1885년 서울-인천간의 전신 개통을 시작으로 우리나라의 근대 통신이 발전하였지만, 그 이전의 고대 통신으로는 봉수(烽燧), 우역(郵驛)

및 파발(擺撥) 등이 있었다. 특히 봉수는 높은 산에 올라가서 불을 피워 밤에는 봉(烽 : 횃불)으로 낮에는 수(燧 : 연기)로 급한 소식을 전하던 전통시대의 통신제도로써, 정보의 원형을 서로 인식할 수 있는 특정한 방법으로 변형시켜 전송한다는 점에서 오늘날의 통신 원리와 유사하다. 그러나 봉수제는 일반 국민들의 개인적인 의사표시나 서신을 전달하기 위한 것이 아니고, 국가의 정치 · 군사적인 전보기능(傳報機能)을 목적으로 설치되었다.

봉수는 전달수단에 의한 구분과 연대(烟臺)의 설치지역에 의하여 나눌 수 있다. 전달수단에 의한 구분은 봉(烽)과 수(燧)로서 봉은 밤에 불로써, 수는 낮에 연기로써 알리는 방법이다. 봉수는 봉과 수의 합친 말이다. 그러므로 봉화는 원래 야봉(夜烽)만을 가리키는 말이었으나 널리 주수(晝燧)까지 포함한 뜻으로 쓰여졌다. 연대의 설치지역에 따라 전국

조선 후기 봉수대의 일례 『화성성역의궤(華城城役儀軌)』에 실린 수원 화성의 봉돈(烽墩) 설계도

의 모든 봉수가 집결하는 중앙 봉수로써 서울 목멱산(木覓山 : 南山)에 위치한 경봉수(京烽燧), 국경선이나 해륙 변경의 제일선에 설치된 연변봉수(沿邊烽燧), 경봉수와 연변봉수를 연결하는 내지봉수(內地烽燧) 등 세 종류가 있었다. 또한 이것은 초기 거화 지점에서 서울까지의 가장 단거리를 잇는 직선 봉수인 직봉(直烽)과 직봉 중간 중간의 거점을 이은 간봉(間烽)으로 구별하기도 한다.

우리나라 봉화는 일찍부터 존재했을 것으로 보이나 문헌에 나타난 기록은 가락국(駕洛國)의 시조 수로왕의 치세 중에 이미 봉화를 사용하였다고 『삼국유사(三國遺事)』에 전하고 있으며, 이후에도 『삼국사기(三國史記)』에 백제 온조왕 10년조(條)의 '봉현(烽峴)'을 비롯하여 '봉산(烽山) · 봉산성(烽山城)' 등의 기록이 나타난다. 『삼국유사』의 내용으로, 수로왕이 유천간(留天干)을 시켜서 망산도(望山島) 앞바다에 나가 붉은 돛에 붉은 기를 단 배가 나타나면 봉화로써 통지하게 하라고 한 기록은 일반적 의미의 봉화임에 틀림이 없겠고, 『삼국사기』에 보이는 봉산성 등의 기록도 이미 봉수제가 실시되고 있었던 것으로 추정할 수 있다.

하지만 우리나라 봉수제의 체계적인 정비가 기록상에 나타난 시기는 고려시대이다. 1123년(인종 1)에 송나라 사신 노윤적(路允迪)과 함께 고려에 왔던 서긍(徐兢)은 그의 견문록 『고려도경(高麗圖經)』에서 봉수에 대한 기록을 남기고 있다. 송나라 사신들이 배를 타고 흑산도(黑山島)에 도착하면 언제나 야간에는 항로의 주변에서 산정(山頂)에 있는 봉수소(烽燧所)의 불을 발견할 수 있었고, 봉화는 순차적으로 밝혀서 임금이 있는 왕성에까지 도착하였다고 한다. 이는 단순한 맞불 호응이 아니라 연계적으로 이어져 왕성까지 전달된다는 점에서 체계적인 봉화 체계가 있었음을 의미한다.

그러나 보다 확실한 기록상의 봉수제의 출발은 고려 의종 3년(1149)

이후로 볼 수 있다. 『고려사(高麗史)』 권81 병지(兵志) 의종 3년 3월조에 서북면 병마사 조진약(曹晉若)이 임금에게 올린 "평시의 경우 야간에는 횃불로 낮에는 연기로 각각 1거(炬)를 올리고, 보통 위급시에는 각 2번을, 3급(정세 긴급)에는 각 3번을, 4급(정세 초긴급)에는 각 4번씩을 올리도록 규정하고, 각 봉수대에는 방정(防丁) 2인과 백정(白丁) 20인을 배치하되 그들에게 평전(平田) 1결(結)씩을 지급하기로 하였다"라는 글에서, 당시 봉수의 거화수(炬火數) 규정과 봉수군(烽燧軍)의 생활대책 그리고 감독책임자의 배치 등과 같은 사실을 볼 수 있다.

한편, 역제(驛制)가 고려 성종(成宗)과 현종(顯宗)대에 중앙집권 과정에서 확립된 사실에 비추어, 봉수제도 역제와 함께 성종~현종연간에 편성되었을 것으로 짐작된다. 이렇게 정비된 고려의 봉수제는 원(元) 간섭기에 들어가면서 점차 무너지고 원나라 식으로 변질된 듯하다. 그 후 고려의 봉수제는 원의 간섭이 점차 후퇴할 무렵 왜구의 침입이 빈번해지면서 다시 편성, 강화되어 갔다. 1351년(충정왕 3) 8월에 송악산(松嶽山)에 봉수소를 두었고 송악봉수에는 장교(將校) 2인, 부봉수(部烽燧)에는 장교 2인, 군인(軍人) 33인의 간수군(看守軍)이 배정되기도 하였다.

조선 개국 후 세종 때에 이르러 종래의 봉수제가 면모를 일신하였다. 고려의 봉수제를 바탕으로 당나라의 제도를 참고하여 거화거수(擧火炬數) 등 규정을 새로 정하였고, 제도연변(諸道沿邊)의 각 연대(烟臺)를 새로이 축조하였으며, 또한 봉수선로(烽燧線路)를 일제히 확정하는 등 그 면모를 새롭게 하였던 것이다. 『세종실록』에 따르면 1419년(세종 1) 5월에 무사(無事) 때 1거(擧)로부터 적과 접전 때 5거에 이르는 거화법(擧火法)과 관계요원의 근무 태만에 관한 과죄규정(科罪規定) 등을 정하였다. 이때에 이루어진 봉수제의 구체적인 모습은 이후 모든 봉수제도의 근간이 되었으며 우리나라 봉수의 특징으로 자리 잡았다. 특히 고려 때의 4번씩 올리는 거화 방식이 이때 5단위 부호 체계로 바뀐 점은 주

황령산 봉수대(황령산 정상에 위치) 1979년 복원되었으며, 조선시대 통신시설의 하나로 군사적 전보 기능을 담당하였다.

목된다.

한편 1444년(세종 26) 10월에서 1445년 3월에 걸쳐 활발하게 논의된 봉수 구폐책(烽燧救弊策)은 세종 초기에 일단 그 면모를 새롭게 한 고려 이래의 전통적 봉수제를 바탕으로 하고, 세종 중기 이후 약 20년간 계속된 야인(野人)과의 실전에서 얻은 경험을 바탕으로 봉수의 시설, 관장, 요원 및 그들에 대한 상벌 등 전반적으로 봉수제를 정비한 일대개혁이었다. 이로써 조선왕조의 봉수제는 그 확립을 보았고, 나아가서 『경국대전(經國大典)』의 봉수조에 실린 규정의 원형을 이루었으며 그 전후에 획정된 봉수선로는 오늘날 『세종실록지리지』 등에 수록된 내용으로 그 면모를 대강 짐작할 수 있다.

그러면 부산의 봉수대는 언제 어느 곳에 설치되었을까?

부산의 주요 봉수대는 해안에 설치된 전형적인 연변봉수들로서 직봉의 5로(路)가운데 제2로 동래-한성간 봉수망의 직봉 및 간봉에 해당

간비오 봉수대(해운대 장산 남쪽 봉우리에 위치) 해운대 지역에 침입하던 왜적을 감시하고, 경보를 전달하는 기능을 담당하였다.

한다.

『경상도지리지』와 『세종실록지리지』에 의하면 세종 7년(1461)에 이미 부산지방에 동평현의 석성(石城) 봉수대, 동래현의 황령산(黃嶺山) 봉수대, 동래현의 간비오(干非烏:佑洞) 봉수대가 있었음을 말하고 있다. 이 세 봉수대는 세종·단종대에 진관(鎭管)의 방비에 비상통신의 역할을 하고 있었는데, 황령산 봉수대는 부산포를 방수(防戍)하는 해안초소로서, 그리고 간비오(干非烏) 봉수대는 해운대 만호진을, 석성(천마산정) 봉수대는 다대포 만호진을 방수하는 후망소로서 임무를 다했다고 생각한다.

조선시대에 들어와 한성 남산 봉수 5소가 설치되고 제5거준(炬準)까지의 전국 봉수 노선과 그 상준처(相準處)가 정해진 것은 세조 5년(1459) 3월이었다. 이때 제2봉화노선의 초기 봉처인 부산지방의 봉수상준(烽燧相准) 순서의 경로는, 석성(石城) 봉수→황령산(黃嶺山) 봉수→간비오(干非烏) 봉수→기장 남산(南山) 봉수→울산 임을랑포(林乙郎浦) 봉수로 연결되는 해안선을 따라 북상하여 영해에서 안동으로 이어져서 남산까지 19개를 거쳐 이르렀다.

그러나 『경상도속찬지리지』의 봉화상준처(烽火相准處)를 보면 『경상도지리지』와 『세종실록지리지』의 봉수 소재지와 다른 것을 볼 수 있다. 그것은 앞의 3개소의 봉수대에 첨가하여 동래현에 계명산(鷄鳴山) 봉수, 양산의 위천(謂川) 봉수, 언양의 부로이산(夫老伊山) 봉수가 새로이 나타나고 있다. 따라서 후기의 직봉은 동래 계명산 봉수→양산 위천(謂川) 봉수→언양 부로이(夫老伊) 봉수→경주 소산(所山) 봉수로 이어지는 내륙으로 연결되는 10개소를 거치도록 하여 서울까지의 연락기간을 단축시켰다. 그리고 『동국여지승람』에는 4개의 봉수대가 있고, 1530년(중종 25) 신증(新增)된 곳에는 응봉(鷹烽)이 첨가되고 있다. 즉 중종대에는 동래현 관하에 5개처 봉수대가 있었음을 보여주고 있다. 그간의 변천을 살펴보면 예종 원년(『경상도속찬지리지』 편찬)에서 성종 12년(『동국여지승람』 편찬) 사이에 석성 봉수대가 폐지되고 새로이 오해야항(吾海也項) 봉수대가 신설되고 있으며, 성종 12년 이후 중종 25년(『신증동국여지승람』 편찬) 사이에 다대포 두송산정(頭松山頂)에 응봉수가 신설된 것 같다.

이러한 개혁이 있게 된 동기는 확실히 알 수 없지만, 1490년(성종 21)에 부산포 · 다대포에 축성한 일이 있고, 또 1510년(중종 5)에 삼포왜란(三浦倭亂)이 있었으며, 그 후 1514년(중종 9)에는 해운포를 축성하고 동왕 17년에는 미조항(彌助項)과 동왕 39년 가덕도에 진관을 신설하는 한편 부산포 진관에 서평포(西平浦)를 역시 신설하고 있는 사실이 있음을 보아, 이때 이러한 일련의 시책과 함께 봉수제의 개혁이 수반되었다고 보아진다.

그러면 중종대까지 있었던 부산의 봉수대는 어디에 위치하였을까?

계명산(鷄鳴山) 봉수는 지금의 범어사 동북에 있었고, 황령산(黃嶺山) 봉수는 지금도 전포동의 황령산에 유적이 남아 있으며, 간비오(干非烏) 봉수는 장산 줄기의 남쪽 봉우리로서 해운대쪽이다. 지금도 산정에 유적이라고 추측되는 것이 발견된다. 구봉(龜峰) 봉수는 지금의 초량 뒷산으로 유적도 일부 남아있다. 오해야항(吾海也項) 봉수는 향토사가들 간에 이견(異見)이 있는데 아마도 지금의 적기 · 용당동 일대가 오해야항으로 추측되며, 후면의 산정에 봉수대가 있었던 것으로 생각된다. 그러나 범일동 앞에 있었던 섬으로 매축 공사 때 없어진 것이라는 설과 신선대 동방 산상에 봉수대가 있었다는 설 등이 있다. 응봉(鷹烽) 봉수는 두송산(頭松山)에 있었는데, 지금의 다대포 마을 북쪽에 있는 연봉이 두송산이다. 석성(石城) 봉수는 지금의 천마산(天馬山)이 석성산으로서, 여기에 봉수대가 있었던 것 같다.

이처럼 조선 초기부터 전국적인 봉수조직이 편성되었음에도 불구하고 실제의 봉수 기능을 충분히 발휘하는 데는 문제점도 많았다. 그것은 봉화군(烽火軍)의 고역(苦役)으로 인한 도산(逃散)과 근무태만, 시설과 장비 · 보급품의 부족, 요원배치의 불충분, 그리고 자연조건, 즉 나무가 가리고 구름과 바람 등의 장애로 후망(堠望)이 불가능하거나 중도에 봉화가 끊어진 데 있었다. 실제, 1510년(중종 5)에 삼포왜란이 일어나 웅천(熊天)이 함락되어서도 봉군은 거화하지 못하였고, 1544년(중종 39)에 사량진왜변이 일어났을 때도 허위로 봉화가 올려지기도 했다. 후

이러한 기존의 봉수제도가 갖는 문제점을 개선하기 위해 숙종대 이후부터는 무너진 봉수대의 수축이나 봉수대의 추가 설치, 그리고 봉수군의 근무 조건 개선이나 봉수군의 경제적 처지를 향상시키는 등의 제반 정책을 펴기도 하였다.

이처럼 봉수제는 교통 통신이 발달하지 못했던 전근대에 유효한 정

보통신 전달의 기능을 담당하였으나, 1894년(고종 31)에 현대적인 전화 통신 체제가 도입되면서부터 그 기능과 역할을 전화, 컴퓨터, 위성 등에게 물려주었던 것이다. 우리의 봉수제도는 유래가 없는 독특한 것이며 봉화의 부호체계는 디지털 통신과 컴퓨터 체계의 원천이라는 점에서 중요한 가치를 가진다. 이러한 우리 선조들의 위대한 전통이 오늘날 세계에서 유래 없이 짧은 시간에 우리가 정보화 사회로의 전환과 이동통신 방면의 최강국이 될 수 있었던 바탕이 되었을 것이다.

봉수의 신호 구분

시대	고려	조선		
구분		내지	해안	제주
一炬	평상시	평상시	평상시	평상시
二炬	보통위급(적이 출현)	적이 출현	적선이 출현	적선이 출현
三炬	정세가 긴급 (적이 국경에 접근)	정세가 긴급 (적이 국경에 접근)	적선이 해안에 접근	적선이 지역에 접근
四炬	정세가 초긴급	적이 국경에 침입	적선과 우리 함대가 교전	적선이 우리 지역에 침입
五炬		적군과 교전	적군이 상륙	적군과 교전

부산지역 봉수대의 현황

번호	봉수명	소재지	시기
1	응봉수	사하구 다대동 두송산 정상	조선 성종 12년- 중종 25년
2	구봉봉수	동구 초량4동 산29번지	조선(1725년)
3	황령산봉수	진구 전포동 황령산 산정	조선(1461년 이전)
4	계명산봉수	금정구 노포동 계명봉	조선(1455년)
5	간비오산봉수	해운대구 우1동	조선(1461년 이전)
6	남산봉수	기장군 기장읍 죽성리 산52	조선(1461년 이전)
7	임랑포봉수	기장군 장안면 문동리	조선(1461년 이전)
8	아이포봉수	기장군 장안면 효암리, 길천리	조선(1461년 이전)
9	연대산봉수	강서구 천성동 산6-1 연대봉	조선(1461년 이전)
10	성화례산봉수	강서구 생곡동 산61	조선(1461년 이전)
11	석성봉수	서구 안남동 천마산 정상	조선(1461년 이전)
12	오해야항봉수	구덕산 추정	조선 성종 12년(1481년 이전)

부산의 옛 학교, 향교와 서원

● 장 동 표 (밀양대학교 교수)

지금 부산의 여러 지명 가운데 역사적 유래를 짐작하게 하는 지명이 많다. 예를 들어 명륜동, 안락동, 사직동 등이 그것이다. 명륜동에는 동래향교, 안락동에는 안락서원, 사직동에는 사직단이 있었다. 향교와 서원 및 사직단은 국가 통치 이념을 전파하는 핵심 기구였다. 그래서 부산의 역사를 말하자면 이들 기구가 있던 동래부가 중심이 된다. 옛날의 부산은 동래부에 소속된 작은 고을일 뿐이어서 향교와 서원이 없었다. 그만큼 과거의 부산은 지금의 동래가 중심이었다는 의미이다.

동래향교(東萊鄕校)는 동래 명륜초등학교 정문 옆 도로변에 위치하고 있다. 임진왜란 때 소실되었으나 1605년 동래부사 홍준(洪遵)이 중건하였다. 원래 읍성 동문 밖 2리 가량 떨어진 곳에 있었으나 1704년 유생들의 소청에 의하여 동래부의 동쪽 관노산(현재의 동래고 부근) 밑으로 이전하였다. 그 후 여러 차례 이전과 중건을 거듭하다가 1813년 현 위치로 이건하였다.

향교는 오늘의 공립 중등교육 기관에 해당한다. 정부는 유교 이념을 전국에 보급하기 위하여 일읍일교(一邑一校)의 원칙을 세우고 이에 따라 군현마다 향교를 설립하였으며 문과에 급제한 교관을 파견하여 운영하였다. 조선시대 교육체제는 성리학의 정착과 함께 관학(官學)과 사학(私學)의 양대 체제로 확립되었다. 관학은 정부 주도하에 설립된 중앙의 성균관과 사학(四學) 및 각 지방의 향교를 지칭하였다. 향교보다 다소 늦게 향촌의 재지사족 세력에 의해 설립·운영된 서원·서당·서재 등은 사학에 해당하였다.

향교의 정문인 반화루(攀化樓) 밑을 지나면 먼저 강학 공간인 명륜당(明倫堂)과 학생들의 기숙사인 동재(東齋)와 서재(西齋)를 만나게 된다. 명륜당의 뒤편에는 제향공간으로 공자 이하 중국과 우리 나라 역대의

향교 정문 반화루(명륜초등학교 옆) 이 문을 지나 들어서면 바로 강학(講學)공간인 명륜당을 마주보게 되고 좌우에는 학생들의 기숙사인 동재와 서재가 있다.

동래향교 대성전 명륜당의 뒤편에 위치한 제향(祭享)공간으로 공자 이하 중국과 우리 나라 역대의 성현의 위패가 모셔져 있다.

성현이 모셔져 있는 대성전(大成殿)과 동무(東廡) · 서무(西廡)가 있다. 동래향교는 성균관의 축소 형태이며 우리 나라 향교의 일반적 모습과 별다른 차이가 없다. 명륜당은 향교에 부설되어 있는 학습 장소이다. '명륜'이란 인간사회의 윤리를 밝힌다는 뜻이다. 건물 배치상의 특성은 전학후묘(前學後廟)의 형식으로 뒤편에는 대성전, 앞편에는 명륜당이 위치하고 있다.

향교에 입학한 16세 이상의 학생을 교생(校生)이라 하였다. 교생의 정원은 향교가 소재한 고을의 크기에 따라 차등을 두어 책정하였는데 동래 향교의 정원은 70명이었다. 대체로 18세기 무렵부터 양반은 물론 평민까지 들어감으로써 정원 외의 액수로 증가하였다. 이 때문에 양반은 액내(額內), 평민은 액외(額外) 교생으로 나누고 양반은 동재에, 평민은 서재에서 거주하게 함으로써 구별지었다.

동래향교는 『경국대전』 규정에 의하여 종6품의 교수 1명을 두고 운영되었으나 조선 중기 이후 교육기능의 쇠락과 함께 교수 파견이 폐지되었다. 그 대신 점차 군현 내의 유력한 양반 가문이 향교를 운영하였다. 동래부사는 매 월말 교생의 독서일과를 감사에게 보고하였고, 춘추로 대성전에 향사하는 제사를 주관하였다. 향사는 지금도 음력 2월과 8월의 첫 정일(丁日)에 유림에 의하여 행하여지고 있다. 향교의 문을 나서기에 앞서 향교의 기능에 대한 설명을 조금 더 들어보자.

향교는 순수한 유교 교육기관이자 공교육 기관으로 교육과 교화의 양면 기능을 가지고 있었다. 조선중기 이후에는 각지에 서원이 설립되어감에 따라 유교 이념을 전파하는 교화의 기능이 상대적으로 강화되었다. 공자와 그 제자 및 송나라의 6현, 설총과 최치원 이하 동방 18현의 위패가 모셔져 있는 대성전에서의 정기적인 석전제(釋奠祭) 행사는 기존 사회체제의 유지와 유교 이념의 보급에 중요한 역할을 하였다. 이와 함께 향교는 지방 양반사족의 이해를 대변하는 향촌지배기구의 하나로 변질되어 갔다. 다시 말해 조선 후기의 향교는 본래의 설립 목적이 변질되어 나라에서는 통치의 한 수단으로, 수령은 군현 통치를 위한 수단으로, 양반들은 자신들의 신분적 이해를

동래향교 경내 은행나무 향교의 은행나무는 공자가 은행나무 아래의 단(행단 : 杏壇)에서 제자를 교육하였다는 고사를 기리기 위해 심어 놓았다.

대변하는 수단으로 되는 등 그 성격이 변화되어 간 것이다.

옛날 동래부의 양대 교육기관의 하나였던 안락서원(安樂書院)으로 가는 길에는 많은 문화재가 곳곳에 위치하고 있다. 이를 한눈에 보려면 향교 뒤에 위치한 동래읍성으로 오르면 된다. 향교 담장을 끼고 뒤편 산 기슭을 따라 오르면 동래읍성 서장대를 만나게 되는데, 이곳에서는 북쪽으로 금정산을 뒤로 한 넓은 시가지가 보이고 동쪽으로는 동장대와 해운대는 물론 서북쪽의 시가지도 한 눈에 들어온다. 그리고 무엇보다 조선시대 동래부 동헌을 비롯한 옛 관청들의 위치를 한 눈으로 파악할 수 있다. 한 고을의 행정구역이 어떻게 이루어졌는지를 볼 수 있는 곳이다. 동쪽으로 계속 가면서 성지를 둘러보고 안락로타리 방향으로 내려오면 지금의 충렬사를 만나게 된다. 안락서원은 바로 이 곳에 위치하고 있었다.

안락서원은 향교와 더불어 양대 교육기관의 하나로 기능하였다. 서원이 독자성을 갖고 정착된 주요한 계기는 사림세력이 본격적으로 등장하기 시작하던 16세기 퇴계 이황(李愰)에 의한 서원설립 운동이었다. 관학으로서 향교가 가진 교육적 기능의 한계를 극복하고자 한 것이었다. 그런데 동래에 안락서원이 등장한 것은 다른 지역보다 비교적 늦은 17세기 중엽이었다. 안락서원의 기원과 역사는 충렬사의 역사와 함께 하였다.

충렬사(忠烈祠)는 1605년(선조 38) 동래부사 윤훤(尹暄)이 임진왜란 때 순절한 동래부사 송상현(宋象賢) 등을 비롯한 이 지역의 선열을 봉사하기 위하여 동래 읍성의 남문 안에 송공사(宋公祠)를 세워 위패를 모시고 매년 제사를 지내게 한 것이 그 시초였다. 1624년에는 선위사 이민영(李敏永)의 청에 의하여 '충렬사'라는 사액이 있게 됨과 동시에 부산첨사 정발(鄭撥) 장군이 배향되었다. 그러다가 1652년(효종 3)에 동래부사 윤문거(尹文擧)가 읍내의 선비들과 논의하여 충렬사를 안락동의

안락서원 전경 1977년까지 지금의 충렬사에 위치하고 있었던 안락서원은 향교와 더불어 부산의 양대 교육기관이었다.

현재 위치로 이전하면서 사당, 강당, 동 · 서재 등을 지어 교육기관으로 삼게 한 것이 안락서원의 기원이다.

1735년(영조 11)부터는 동래부사 최명상(崔命相)이 안락서원의 충렬사에 임란 당시 활약한 여러 사람의 위패를 함께 모셔 제사를 지냈다. 이후에 안락서원은 보수를 거듭하였지만 대원군의 서원철폐 때에도 임란의 충신열사들을 봉사한 곳이라는 이유로 철폐를 면하였다. 그러나 아쉽게도 1977년 박정희 군사정권이 '호국의 요람지'로 확장 · 정화하면서 수 백년 이어온 안락서원의 본래 모습은 흔적도 없어지게 되었다. 사실상 부산 유일의 서원 문화재가 군사 정권에 의해 파괴된 셈이다.

서원의 주요 역할은 역시 교육과 제향 기능이었고, 양반들이 모여 고을의 여러 문제를 의논하고 여론을 형성하는 공공 장소였다. 교육 내용은 성리학적이고 도학적인 것이 중심을 이루었다. 관학의 향교와 달리

서원 교육은 사학 특유의 자율성과 특수성이 존중되었다. 춘추로 엄격한 향사를 하여 바람직한 인간상의 선현을 본받으려 하였다. 안락서원에서는 동래부사 송상현과 부산첨사 정발 장군을 배향하면서 이들의 충절과 의리 정신을 가르치고 있었다. 유교 성리학의 전통 확립과 관련한 순수 교육적 기능보다 충신열사를 배향하는 공간으로서의 의미가 더 큰 것을 볼 수 있다.

유교 이념에 입각한 왕도정치를 실현하는 기구는 명륜동의 동래향교와 안락동의 안락서원에만 있었던 것은 아니다. 사직야구장이 위치한 사직동의 사직단(社稷壇)도 그 하나였다. 사직단은 동래부사가 토지신과 곡물신에게 제사를 드려 나라와 지방의 풍요와 안녕을 비는 곳이었다. 사직단이 있었다는 것은 향교와 서원 중심의 성리학 중심의 향촌 교화 질서가 자리잡고 있었음을 뜻하였다.

동시에 음사(淫祠)로 취급받았던 성황당(城隍堂)은 점차 밀려나고 있었다. 동래의 사직단은 1640년 동래부사 정호서(丁好恕)가 처음 쌓았으며 이후 중창을 거듭하면서 존속되었다. 일제하에서는 사직단이 민족혼을 일깨우는 제례 장소라 하여 사직단 자체가 허물어지게 되는 수난을 당하기도 하였다.

결국 여기서 우리는 부산의 전통문화와 애국충절의 혼이 스며 있는 향교와 서원의 역사와 함께 사직단의 역사에서도 부산의 정신이 사실상 계승되고 있음을 확인하게 된다. 동시에 이들 기구들은 상호 긴밀한 관련 속에서 지금까지 존속하였음을 인식할 수 있게 한다.

2장

생활과 문화에서 찾는 부산의 역사

해운대 8경

● 정 길 자 (부산경상대학 교수)

해운대는 해안관광지의 이상향이다. 이 곳은 휴양지로서의 조건과 역사적 자취를 두루 간직한 곳이기에 부산 시민들의 쉼터이며 과거를 돌아보는 역사의 현장이기도 하다. 해운대는 한반도의 남동쪽에 위치한 따뜻한 해안 경승지(景勝地)로서 이 곳에 오면 시야가 탁 트이고 망망대해를 조망할 수 있어 답답했던 가슴이 후련해진다.

무엇보다 해운대의 명성을 높인 것은 온천과 최치원(崔致遠)이 아닌가 한다. 사람들은 불로장생을 꿈꾸며 온천에 모여 들었고 일본인들은 상업적 이득을 쫓아 이 곳에 온천욕탕과 숙식건물을 세웠다. 해운대에 온천수가 없었다면 여늬 해변과 다를 바 없었을 것이고, 신라말 대문장가 최치원과의 인연이 아니었더라면 역사적 향취를 찾을 길 없었을 것이다.

해운대는 634미터의 장산을 정점으로 높고 낮은 산등성이가 해안으로 뻗어내린 곳에 위치한 해변마을로서 수영강 동쪽에서 해안지대를 따라 송정 진입 전까지의 우동, 좌동 일대를 가리키는 지역이다. 이곳은 수영강변의 비옥한 농경지와 앞바다의 풍부한 어로자원을 경제기반으로 일찍이 '장산국(萇山國)'이라는 부족국가가 성장한 풍요로운 땅이었다. A.D. 5~6세기경에 신라세력이 이곳에 진출하면서 장산국은 거칠산국에 포함되었던 것 같고, 통일신라 757년(경덕왕 16)에는 동래군에 소속되었다. 고려시대 1018년(현종 9)에는 동래군이 동래현으로 격하되면서 울주군의 속현이 되기도 하였다. 무엇보다 이 해운대지역이 역사상에 부각된 것은 조선시대에 왜구방어를 위한 좌수영 설치였다. 규장각소장 지도를 보면 수영강 하구를 중심으로 경상좌수영 성곽, 수군전함이 정박하는 선창, 대백산(大白山)과 소백산(小白山), 해운대, 장산,

동백섬에서 바라 본 해운대 백사장

최치원 동상(동백섬 정상) 주위의 석벽에는 최치원 약력 및 시문(詩文)이 새겨져 있다.

해운대 해안 동백섬을 왜구방어 영역에 포함시키고 있다. 지금은 수영강을 경계로 수영구와 해운대구란 행정구분으로 갈라 놓았지만 해운대는 경상 좌수영권에서 중요한 군사요지였다. 장산 산봉 중 하나인 간비오산의 봉수대는 황령산 봉수대와 함께 임진왜란을 계기로 그 역할이 더욱 강화되다가 1895년 경상좌수영이 폐지되면서 운명을 같이 하게 되었다. 해방 후 우리 나라 경제여건이 향상되면서 해운대의 자연경관도 개발에 밀려 많이 훼손되었으나 관광특구로서의 매력을 발굴하려고 관민이 노력하고 있다.

옛사람들이 해운대 비경 여덟 곳을 지목하여 8경이라 하였는데 오랜 세월이 흐른 지금은 도시확장과 풍속변화로 8경을 다 볼 수는 없다. 그러한 해운대의 옛팔경은 ① 해운대상(海雲臺上 : 동백섬 바위 '海雲臺'란 각석이 있는 곳에서 보는 아름다운 경치) ② 오륙귀범(五六歸帆 : 오륙도 쪽에서 범선이 귀향하는 풍경) ③ 장산폭포(萇山瀑布 : 좌동 장산에 있는 폭포, 폭포가 떨어지면서 내는 소리와 풍경의 아름다움) ④ 구

해운대 각석(동백섬 일주도로 내) 고운 최치원의 친필이라고 전해진다.

남온천(龜南溫泉 : 해운대 온천) ⑤ 봉대점화(烽臺點火 : 간비오산의 봉화가 치솟는 풍경) ⑥ 牛山落照(우산낙조 : 달맞이길에서 보는 해지는 광경) ⑦ 장지유천(萇池流川 : 해운대 못골에서 흐르는 물과 물가의 버드나무 늘어진 광경) ⑧ 춘천약어(春川躍魚 : 해운대 춘천천 물에 물고기가 뛰노는 풍경)이다. 해운대 8경 중에서 지금까지 많은 사랑을 받고 있는 대표적인 비경을 살펴보면 다음과 같다.

첫째, 최치원의 채취가 물씬 나는 동백섬 바위대좌 '해운대' 이다. 해운대란 지명은 신라 말 대문장가 최치원(857~?)의 자(字) 또는 호(號) '海雲' 과 최치원이 앉았던 동백섬 끝 바위대좌의 '대(臺)' 를 딴 것이다. 신라시대 말기에 경주에서 태어난 최치원은 12세 어린 나이로 당나라에 유학하여 18세에 관리시험에 합격하였고 그 곳에서 관직을 수행하면서 '토황소격문' 등을 써서 문명을 날리다가 17년 만에 귀국하였다. 신라 조정에서는 그에게 문필직을 주어 한동안 관리로서 활동하면서 사산비문(四山碑文) 등 주옥같은 문장을 남겼으나, 42세 무렵 관직에서 물러날 수밖에 없었다. 당시 신라는 골품이라는 신분제를 운용하면서 인재등용의 기준을 능력보다 혈통을 앞세우매 6두품이었던 최치원은 신분에 한계를 느끼고 진성여왕에게 시무 10여조를 올려 개혁을 시도했으나 진골귀족의 저항으로 뜻을 이루지 못했던 것 같다.

최치원이 관직에서 물러나 산사와 경승지를 방랑할 때 이 곳 해운대 동백섬 끝 넓적한 바위 하나를 골라 앉아 망망대해와 뜬구름을 벗삼아 마음의 상처를 달랬던 그 곳에 누가 썼는지 '해운대'란 글귀가 풍우에 마멸된 채 그의 채취를 남기고 있다.

고려말 정포(1309-1345)란 관리가 울주 수령으로 부임한 시기에 이 곳을 유상하여 '해운대'란 한시를 남겼는데 "…황량한 대는 흩어져 자취 없건만 그래도 해운이라고 부르고 있다네…"라고 읊은 것이 해운대 지명의 가장 오래된 기록이다. 그 후 조선시대 '해운대'란 제명의 시문이 40편 가깝게 남아 있는 것을 보면 해운대는 최치원의 행적으로 시인 묵객의 발길이 끊이지 않았음을 알 수 있다.

『신증동국여지승람』에 해운대를 "현의 동쪽 18리에 있다. 산의 절벽이 바다 속에 빠져 있어 그 형상이 누에의 머리와 같으며, 그 위에는 온통 동백나무, 두충나무, 소나무, 전나무 등으로 덮혀 있으며 싱싱하고 푸르러 사철 한결같다. 이른 봄철이면 동백 화판(花瓣)이 땅에 쌓여 노는 사람들의 발굽에 채이고 밟히는 것이 3~4치나 되며 남쪽으로는 대마도가 아주 가깝게 바라보인다. 신라시대 최치원이 일찍이 대를 쌓고 놀았다 하는데 유적이 아직도 남아 있다. 어떤 말에는 최치원이 자를 해운(海雲)이라 하였다" 한다.

위의 기록은 조선전기의 동백섬의 형상과 수목, 최치원이 유상한 해운대를 생생히 밝히고 있는 자료이다. 지금 달맞이 고개에서 해운대 해안을 보면 고래등과 같은 동백섬의 아름다운 스카이라인을 제대로 볼 수가 없어 못내 아쉽다. 동백섬 낮은 산정에 오르면 1971년 세운 최치원 동상과 병풍석이 둘러 있고 그 곳에 최치원의 약력과 시 9수를 해기고 있다. 최치원이 신라말 관직을 버리고 이곳 저곳으로 방랑하다가 친형이 스님으로 있는 해인사에 은거하던 중 어느 숲 속에 갓과 신발을 남겨둔 채 홀연히 신선처럼 종적을 감췄다고 한다. 시 9수 중에서 사찰에 은거한 결의가 잘 나타나 있는 '저 중에게'를 소개한다.

저 중아 산이 좋다 말하지 말게
좋다면서 왜 다시 산을 나오나
먼 훗날 내 자취 돌아보게나
한번 들면 다시는 안 돌아오리

동백섬 산정을 내려와 동백섬 동남쪽 끝 "해운대"라는 각석 한 곳에 서서 옛날 최치원의 심정으로 돌아가 본다. 망망한 대해의 파도는 순간도 쉬지 않고 움직여 고정된 형상을 볼 수 없으며 떠도는 구름은 모였다 흩어져 간 곳을 모르니 제행무상(諸行無常)의 진리를 해운대에서 터득하게 된다.

둘째, 간비오산(干飛烏山)의 봉수대이다. 간비오산은 해운대 주산인 장산의 여러 산봉 중 하나로 롯데 아파트 뒷산에 자리잡고 있다. 봉수란 병란을 알리는 횃불이란 뜻이며 횃불을 지피던 봉수대가 간비오산에 남아 있다. 간비오산의 한자 뜻은 '까마귀가 날아 앉는 간짓대가 있는 산'이란 뜻 같다. 근간 간비오산에 올라보니 봉수대 앞에 나무 한 그루가 우뚝 솟아있는데 그 형상이 간짓대를 연상케 하였다. 조선시대는 북방 국경지대와 서남해안 군사요지에서 중앙으로 통하는 비상 봉수망이 산정에 설치되었는데 낮에는 연기로 밤에는 횃불로 신호하는 통신망이었다. 특히 부산은 왜구침입의 첫 관문에 해당하는 수군요지로서 수영강 하구에 경상좌수영을 두어 동남해안의 수군기지를 총괄하였고 아울러 황령산-간비오산-기장남산의 비상 봉수망이 설치되었던 것을 보면 경상좌수영에 인접한 해운대 역시 중요 국방요지였음을 알 수 있다. 하늘을 치솟던 간비오산의 횃불은 1894년 군제개편 후 꺼지고 전국의봉수망은 봉수대만 썰렁하게 남게 되었으나 지금 해운대는 400여 년 전 임진왜란의 상흔을 잊고 평화롭고 아름다운 모습을 되찾게 되었다.

셋째, 장산폭포 아래 구남온천이다. 장산의 지표수가 7~8미터 아래로 낙수할 때 물보라 구름을 형성하는 것 같다고 하여 장산폭포를 일명 양운(養雲)폭포라 하였다. 장산폭포 아래쪽 구남들에는 53도 알칼리성 식염온천이 솟는데 피부병과 신경통 치료에 효험이 좋다고 한다. 구남이란 지명은 온천이 솟는 갈대밭에 거북이가 많이 서식했다고 해서 붙였다고 하고, 또한 동래온천을 구야(龜也)온천이라고 했는데 해운대 온천은 구야온천의 남쪽에 있다 하여 구남 온천이라 불렀다 한다. 이 구남온천은 1887년 이후 일본이 우리 나라를 강점한 시기에 일본인들이 상업적 목적으로 개발한 것이다.

천연두를 앓던 신라 진성여왕이 경주에서 이곳 구남온천에 와서 온천욕을 한 후 천연두를 고쳤다는 전설이 있고, 동래 온천에도 신라시대의 왕이 여러 차례 왕래한 기록이 있어 최치원의 행적과 더불어 동래와 이곳 해운대가 이미 신라인들의 휴양지로 이용되었던 곳이 아니었던가 싶다.

동래 온천을 다녀간 고려 사람들

● 김 기 섭 (부산대학교 교수)

부산에 살고 있는 사람이라면 동래 온천장을 모르는 사람은 없을 것이다. 예전에 부산에 전차가 다니던 시절, 동대신동에 살았던 나는 부모님과 함께 전차를 타고 온천장에 온 일이 있었다. 지금 기억으로 그 당시 온천장은 주변에 논밭이 널려 있었고, 시골과 별로 다를 게 없는 모습이었다. 지금의 동래 온천장을 생각하면 격세지감이 일지 않을 수 없다.

수려한 금정산을 뒤로 하고 온천물이 샘솟던 동래는 예로부터 유명한 온천지의 하나로 손꼽혔다. 신라 신문왕 때 재상 충원공(忠元公)이 장산국(동래현을 이른다) 온천에서 목욕을 하고 돌아갔다는 기록(『삼국유사』 권3, 탑상4 영취사)에서 보듯이 동래온천은 일찍부터 온천으로서의 명성을 가지고 있었다. 『동국여지승람』 권 23 동래현조에 의하면 동래의 온정(溫井)은 그 온도가 달걀도 익힐 만하며, 병을 가진 사람이 여기서 목욕을 하면 이내 병이 낳는다고 하면서 신라의 왕들도 누차 이곳을 다녀갔다고 전한다. 이처럼 동래온천은 온천물의 온도와 약효가 있다는 사실이 일찍부터 세상사람들에게 알려져 있었다.

고려의 유명한 문인이었던 이규보(李奎報)는 다음과 같은 시를 남겼다.

> 유황이 수원(水源)에 녹아 있다고 믿지 않았고,
> 도리어 양곡에서 아침 해를 목욕시키는 것인가 하였네
> 땅이 외져서 양귀비가 더럽히는 것을 면하였으니
> 길손으로서 잠시 멱 감아보면 어떠하리

이규보의 시에서 미루어 보아 아마도 동래온천은 유황이 녹아 있는 온천이었고, 그로 인한 약효는 고려사람들에게도 잘 알려져 있었던 것 같다. 조선초의 학자 김종직(金宗直)도 "우뚝 솟은 금정산 그 아래 유황물이 있네, 천년 동안 삶는 듯 끓어 계란을 삶을 정도라네"라고 읊어 동래온천이 유황온천이었음을 암시하였다. 그러나 오늘날 온천의 종류를 나

온정개건비(溫井改建碑) 동래부사 강필리(姜必履)가 온천을 수축한 공적을 기념하기 위해 1766년(영조 42)에 건립하였다. 현재 온천장의 용각(龍閣) 내에 위치해 있다.

일제시기 온천장 목욕탕 거리

누는 기준으로, 동래온천은 온도 섭씨 62도로 염소이온이 가장 많은 약식염천이라고 분류한다. 이러한 과학적 분류와는 달리 당시의 동래온천에서는 유황냄새가 많이 났던 모양이다. 아마 이규보도 이러한 동래온천에서 온천욕을 하였으리라. 그가 동래온천에 다녀간 시점이 정확하게 언제쯤인지는 알 수 없다. 추측컨대 경주 · 운문산 등지에서 농민들이 항쟁을 일으켰을 때 이를 진압하기 위해 자원종군한 적이 있었는데, 이 즈음에 다녀가지 않았을까 생각된다.

고려 충숙왕 · 충혜왕 때 벼슬을 한 정포(鄭誧)는 『고려사』 권 106, 정해(鄭瑎)전에 들어 있는데, 정해는 정포의 시사(詩詞)가 옛 시문처럼 간명하고, 글씨 또한 잘 썼다고 기록하였다. 아마도 정포는 시문에 능한 인물이었던 것 같다. 이러한 정포의 동래에 관한 오언율시가 『동문선』에 [동래잡시(東萊雜詩)]라는 제목으로 전한다. 정포는 "온천이 옛부터 전해 내려와 욕실이 지금껏 남아 있네. 물줄기는 그리 멀지 않은 듯 목욕통의 가장자리가 아직 따스하구나. 이년이나 장려(瘴癘 ; 축축하고 더운 땅에서 일어나는 독기)에 고생하다가 반나절에 시끄럽고 번거로운 것을 말끔히 씻었도다. 이 즐거움을 증점(曾點 ; 공자의 제자)을 빼고는 누구와 더불어 의논하리"라고 하여 동래온천을 돌아보고 목욕을 한 감회를 회고하였다.

정포는 충혜왕 때 울산으로 귀양온 적이 있는데, 그가 이곳에 온 것은 아마도 이때쯤으로 여겨진다. 정포는 충혜왕 때 좌사의대부(左司議大夫)라는 관직에 올라 정치에 대해 비판 · 충고하는 글을 많이 지어 올렸는데, 이런 연유로 당시의 권력을 가진 자들이 그를 참소하여 울산으로 귀양을 보냈던 것이다. 정포가 귀양을 와서도 시를 읊고 태연자약하게 지냈다는 것으로 보아, 이즈음에 그는 동래에 와서 동래의 소하정, 적취헌, 온정 및 해운대를 돌아보고 느꼈던 감회를 「동래잡시」로 남긴 것 같다.

동래에 관련된 시를 남긴 이로는 공민왕 때 문신으로서 좌사의대부에 올라 중앙의 요직을 맡았던 정포의 아들, 정추(鄭樞)를 들 수 있다. 그는 공민왕 15년 무렵 신흥사대부 이존오(李存吾)와 함께 신돈(辛旽)을 탄핵하다가 동래현령으로 좌천되었다. 그는 동래에 관한 「동래회고시」라는 연작시를 남겼는데, 여기서 해운대, 겸효대, 소하정, 정과정 등을 소재로 여러 가지 풍물과 전설을 읊었다. 정확하게는 모르겠지만 그 역시 동래온천을 돌아보았을 것이다.

충선왕 때 벼슬을 한 박효수(朴孝修)도 『동국여지승람』 동래현조에 동래 온정에 관한 시문을 남겼다. 박효수는 당시에 지조 있는 인물로서 유명하였는데, 그의 시문을 통해 보면 동래 온정의 모습이 어렴풋하게 느껴진다. 시의 첫머리에 "골짜기 깊숙한 곳, 돌못(石塘)이 펼쳐 있어, 맑게 흔들리는 물 가득히 괴어 있네…"라고 하여 골짜기 깊숙한 곳의 노천에 온천이 있었던 것 같다. 말 그대로 노천탕이 아니었을까라고 여겨지는데, 박효수는 여기서 목욕하면서 자신이 마치 신선이 된 것 같은

오늘날 허심청이 위치한 자리에 일제시대에는 인공호수가 있었다.

기분에 젖어서 "황홀하게 꿈 속에서 무하유향(無何有鄕)을 노는 듯 하구나"라고 읊조렸다.

당시 동래 온정의 모습을 우리가 재현하기는 곤란할 지 몰라도, 시문을 통해서 어렴풋하게나마 당시의 모습이 눈에 아른거린다. 오늘날의 온천장은 향락가로 변해 있지만 당시의 동래 온정은 고려인들에게 하나의 안식처로서, 몸과 마음의 병을 고치는 역할을 하였다. 부산사람으로서 금정산과 그 산자락에 포근하게 감싸져 있는 동래 온정을 가지고 있다는 것은 얼마나 위안인지 모르겠다. 우리는 이러한 역사를 간직하고 있는 우리의 문화유산을 얼마나 잘 간직하고 있는지 자못 부끄러울 뿐이다.

관부연락선에 실린 사연

● 이 귀 원 (창원대학교 강사)

19세기 말에서 20세기 초에 이르는 제국주의 세계체제의 형성은 일본이 러시아와 싸워 이김으로써 동아시아에서 마지막 단추를 잠그게 된다. 포츠머드강화조약이 맺어진 지 스무 날 뒤인 1905년 9월 25일 첫 관부연락선 일기환(壹岐丸)이 출항했다. 그 출항의 뱃고동 소리는 일본 제국주의의 본격적 출항을 알리는 것이었다.

관부연락선은 제국주의 일본과 식민지 조선의 근대사이다. 이 배는 현해탄이라는 천험의 방벽을 헐어버림으로써 며칠이나 걸리던 바닷길을 고작 11시간으로, 나아가 7시간 반으로 좁힘으로써 일본의 철도 운송 체계와 조선, 만주의 철도 운송 체계를 이어주는 일본 제국주의의 대동맥이 되었다. 그에 따라 부산은 일제의 조선 지배 · 수탈의 관문이자 중국 대륙 침략의 교두보로서 확고히 자리잡게 되었다.

염상섭 『만세전』의 주인공 이인화는 일본 유학 중 아내가 위독하다는 전보를 받고 시모노세키로 향한다. 대합실에서 사복형사와 승강이를 벌이고 겨우 배에 올라 3등칸에 든다. 그러나 이내 다시 끌려나와 검시를 당하듯 혹독한 짐 뒤짐을 당한 뒤 서류뭉치를 빼앗기고서야 다시 갑판에 오른다. 민족적 모욕감과 울분은 뜨끈뜨끈한 눈물로 빚어나온다.

선실은 세 등급으로 나뉜다. 1등칸은 고관이나 귀족만이 탈 수 있다. 2등칸은 누구나 탈 수 있지만 배삯이 비싸다. 3등칸은 창고 같은 배 밑바닥에 짐짝처럼 포개지고 구겨져야 할 만큼 혼잡한데다 선창에 나갈 수 없다. 게다가 경찰의 감시가 훨씬 엄혹하다. 탈 때도 내릴 때도 형사들 앞을 조심스럽게 지나야 하고 배 안에서도 대수롭지 않은 얘기조차 주위를 살펴가며 해야 한다. 그것은 영락없는 수인선이었다. 연락선에 탄 조선인을 죄수 취급한다는 것은 일제가 조선인을 죄수로 지배하고 있다는 사실을 극명히 드러내는 것이다.

부산항에 닻을 내린 관부연락선 관부연락선은 일본의 철도 운송 체계와 조선, 만주의 철도 운송체계를 이어주는 일본제국주의의 대동맥이었다.

현해탄을 가로지르는 관부연락선 맨 아래 삼등칸을 이용할 수밖에 없었던 조선인들은 죄수마냥 감시와 차별을 감수해야 했다.

그러한 느낌을 더욱 절감하게 되는 것은 부산항에 도착했을 때이다. 그들을 맨 먼저 마중하는 것은 육혈포 줄을 어깨에 늘인 일본 순사와 헌병들이다. 그들의 검열을 거치고 나서야 승객들은 배에서 내릴 수 있다. 그나마 삼등 승객들은 일등·이등 승객이 다 내릴 때까지 그들을 부러운 눈으로 바라보아야 한다.

이인화는 가도가도 조선 사람의 집은 하나도 눈에 띄지 않는 부산 거리를 헤매면서 관부연락선이 실어 나른 식민지 근대화에 대해 생각하게 된다. 일제는 자국민들에게 "신천지 조선으로 가라!"고 선동했고, 일확천금을 노린 일본인들은 맨몸과 빈손으로 밀려들어왔다. 이들은 일제 권력을 등에 업고 승냥이와 같은 협박과 강탈, 사기로 거부의 신화를 일구어냈다. 이토 히로부미[伊藤博文]의 배려로 거제도에 어장을 얻은 뒤 조선 제일의 수산왕으로 군림했던 가시이[香椎源太郎]나 한 사람의 재력으로 부산 조선인 전체의 재력을 당하고도 남았다는 토지투기꾼 하자마[迫間房太郎]는 그 신화의 주인공들이었다.

일본제국주의자들에게 관부연락선은 "조선의 부를 빨아먹는 거머리의 빨판"이었음과 아울러 식민지 노예 수송선이었다. 일제의 수탈이 늘어감에 따라 조선인의 경제력은 쪼그라들어 갔고, 토지에서 밀려난 농민들은 주린 배를 안고 연락선에 올랐다. 일자리를 찾아 일본으로 건너가려는 조선인의 숫자는 해를 거듭할수록 기하급수적으로 늘어만 갔다.

이인화는 연락선 3등칸에서 대구 헌병대에 있는 형을 찾아가는 일본 농민과 부랑배 출신의 노무자 모집원의 대화를 엿듣고 경악한다. 모집원은 순사와 헌병의 힘을 등에 업고 시골로 들어가 사기와 협잡으로 농민들을 빼내어 일본의 공장과 광산에 팔아 넘긴다. 그렇게 일본으로 건너간 조선인 가운데는 남부, 특히 경상남도 출신이 가장 많았다. 그것은 일제의 경제 침탈과 그에 따른 조선 농민의 몰락이 남부 지방에서 먼저 시작된 탓이었다. 궁핍한 농민들은 모집원에게 이주 비용을 빌릴 수밖에 없어 결국 독 안에 든 쥐마냥 채무 노예 생활을 감내해야 했다. 태평양전쟁 이후에는 줄잡아 2백만을 헤아리는 조선인들이 징용, 징병, 종군위안부로 끌려갔다.

관부연락선이 현해탄을 건널 때 왕왕 투신 자살 사건이 빚어지곤 했다. 그 가운데 1909년 원주신(元周臣)의 투신 사건은 『대한매일신보』에 보도되어 이병주의 소설 『관부연락선』의 소재로 다루어졌다. 시모노세키에서 일기환에 몸을 실은 스무 살의 청년이 대마도 옆 바닷물로 몸을 던졌다. 그는 매국노 송병준을 주살하고자 일본으로 건너갔으나 뜻을 이루지 못하자 울분과 수치를 이기지 못하여 자살하였다. 원주신은 '원래 주나라 신하'라는 뜻의 가명이다. 그의 본명이 무엇인지는 알 수 없으나 망해 가는 왕조에 대한 절의와 매국노에 대한 강의한 적개심을 간직한 유학자였을 것이다.

1926년에는 김우진과 윤심덕이 원주신이 투신한 그 자리에 몸을 던진다. 이 사건은 민족의 통한이 어린 관부연락선을 엉뚱하게도 낭만적인 색깔로 칠해 버렸다. 전남 장성 만석꾼 집안의 장남으로 태어난 귀공

玄海灘激浪中에 青年男女의情死

극작가와음악가가한떨기꽃이되야 세상시비저두고끗업는물나라로

男子는金祐鎭女子는尹心悳

尹孃은音樂家 金氏는劇作家

單身으로涉世한尹孃來歷과 百萬長者金氏의最近

尹心悳의來歷

金祐鎭의來歷

김우진 · 윤심덕의 투신자살 사건을 다룬 1926년 8월 5일자 『동아일보』 기사 그들의 자살은 유교적 가부장질서에 가위 눌림당한 식민지 근대지식인의 좌절이었다.

자 김우진은 가업을 잇기를 바라는 아버지의 반대를 무릅쓰고 와세다대 영문과에서 희곡을 공부한다. 1920년 봄 극예술협의회를 결성하고 이듬해 국내 순회공연 중 총독부 관비 유학생으로 동경에서 음악을 공부하고 있던 윤심덕과 운명적 조우를 한다. 그러나 김우진에게는 이미 아버지의 강권으로 결혼한 아내가 있었다. 1924년 목포로 돌아가 가업을 잇게 되지만, 연극에 대한 정열로 아버지와 잦은 마찰을 빚다가 결국 집을 뛰쳐나온 그는 일본에서 윤심덕과 만나 돌발적 충동에 이끌려 극적인 삶을 마감했던 것이다.

당시 『동아일보』에서는 " '극예술운동이니 무엇이니 하는 모든 것을 다 집어치우고 가정에 들어앉아 고래의 가헌을 준수하여 재산이나 관리하여 줄 것을 희망하였던' 아버지에 대해 '전 인간을 위하여 살고 사회를 위해 살아보겠다' 는 김우진은 차라리 이 세상에 살아 있지 않을지언정 그것은 자기로서는 차마 못할 생활이라는 생각이 깊이 뿌리박고 있었던 것이다" 라고 보도하였다.

두 사건은 근대 한일 관계의 비극을 상징한다. 원주신의 경우가 망

雙方形勢去益强硬

釜山勞働者의大罷業續報

한달에십원내지십오원의품삭으로는 가족은고사하고한사람도살수업다는

勞働者側의沈痛한主張

부산부두노동자 총파업을 다룬 1921년 9월 29일자 『동아일보』 기사 관부연락선 화물을 다루는 연락선 노동자들은 이 파업을 승리로 이끄는데 결정적인 역할을 하였다.

국을 눈앞에 둔 유교 지식인으로서 대의명분을 고수하고자 했던 '중세 지성'의 좌절이었다면, 김우진의 경우는 유교적 가부장 질서에 가위눌림 당한 '근대 지성'의 좌절이라 할까.

관부연락선이 비극만을 실은 것은 아니었다. 해방의 불씨들도 분분히 실려왔다. 예컨대 동경에서 2·8독립선언을 감행했던 김마리아는 며칠 뒤 기모노로 변복하고 관부연락선을 내린다. 기모노 허리띠 속에는 수십 매의 독립선언문이 들어 있었다. 몸수색을 모면한 마리아는 쫓기듯 백산상회로 들어갔다. 그것은 부산지역 3·1운동의 첫 불씨였다.

1921년에는 부산 운수노동자 총파업이 벌어졌다. 참가자가 5천명을 넘는 전례 없는 대규모였고, 최초의 지역 내 한 산업부문 노동자 총파업으로서 우리 나라 노동운동의 본격적 서막을 열어 젖힌 이 파업에서 결정적 역할을 한 것은 관부연락선 화물을 다루는 연락선 인부들이었다. 이들은 일본과 조선, 만주를 잇는 철도 화물 수송을 마비시킴으로써 일제의 숨통을 죄었고, 마침내 총파업을 승리로 이끌 수 있었다. 이렇듯 관부연락선은 침략과 수탈의 빨판이었던 만큼이나 일본 제국주의의 가장 취약한 고리였다.

1943년에는 곤륜환(崑崙丸)이 침몰했다. 시모노세키 앞바다에서 미군 잠수함의 기뢰를 맞고 때마침 풍랑이 거세게 인 바다 속으로 빨려 들어갔다. 관부연락선의 침몰은 그것에 의해 실어나가고 실어 들어오던 일본제국주의 자체의 침몰을 예시한 것이었다. 마침내 관부연락선은 일제 패망 후 일본인들을 이 땅에서 싣고 나감으로써 종항했다. 일본제국주의와 함께 태어나 함께 숨을 거둔 것이다.

부산항에서 철수한 일본인과 돌아온 귀환동포

● 김 선 미 (부산대학교 강사)

1945년 8월 15일 정오. 일본 천황이 떨리는 목소리로 토해낸 항복선언은 조선과 해외에 거주하는 조선인을 일거에 흥분과 감격의 도가니로 몰아 넣었다. 곧 이어 수백만 해외 동포의 귀환 행렬이 시작되었다. 반대로 일본인에게 그 소리는 그야말로 청천 벽력이었다. 충격을 이기지 못해 공장의 기물을 파손하는가 하면 울분을 참지 못해 자살하는 일본인도 있었다. 조선인의 피를 빨아 축재한 일본인 거부들이 그동안 모은 재산을 일본으로 빼돌리느라 허둥대는 꼴도 이 시기의 한 단면이었다. 일본인의 철수와 동포의 귀환에서 부산은 관문의 역할을 하였다. 특히 귀환 동포 가운데 상당수가 부산에 잔류하였기 때문에 해방 후 부산 지역 사회에서 귀환 동포 문제는 중요한 몫을 차지하였다.

일본 군인과 민간인의 철수는 미군정의 지원 아래 일본인 민간 기구인 세화회(世話會)가 담당하였는데, 원칙적으로 부관연락선(釜關蓮絡船)에 한정하고 밀항선의 이용은 일절 금지하였다. 그러나 이것은 원칙일 뿐 실제로 많은 일본인들이 밀항선으로 철수하였다. 왜냐하면 미군정은 일본인이 철수하면서 가져갈 수 있는 물품으로 개인 소지품과 약간의 식량 및 의료품만 허락하였고 일반 물자의 반출을 금지하였기 때문이다. 더욱이 부관연락선에는 조선인 치안대가 일일이 검문하고 있었다. 이 때문에 치부한 재물을 싣고 가기 위해서는 밀항선을 이용해야 했던 것이다.

일제의 패망이 전해지자 일본인들은 닥치는 대로 물건을 내다 팔아 현금을 만들기에 동분 서주하였다. 특히 조선 사람의 피와 땀을 쥐어짜 엄청난 재부를 축적한 거부들의 경우 그동안 모았던 주택, 토지, 어장과 같은 부동산을 처분하느라 더욱 혈안이 되었다. 팔 수 있는 것은 팔고, 그러지 못한 것은 연고자에게 관리권을 넘겼는데 기가 막힌 것은 이들

부산항에서 철수하는 일본군인 패망한 일본군은 민간인을 약탈하거나 군수물자를 방매하기도 하였다. 이를 방지하기 위해 치안대가 조직되었고, 미군정은 일본군의 밀항을 방지하고 관부연락선만으로 귀환하도록 했다.

에게 "다시 돌아오겠다. 그때까지 잘 지켜 달라"고 하거나, 심지어는 각서까지 받았다는 것이다. 그것도 안될 때는 집 아래에 돈 항아리를 파묻어둔 경우도 있었다.

러일전쟁의 포화 속에서 일개 상점의 점원으로 한국에 와서 김해 등지에 광대한 토지를 소유하여 부산 최대의 갑부가 된 하자마 후사타로[迫間房太郎]는 일본으로 돌아갈 때 10여 척의 배에 귀중품과 곡물을 가득 실어 날랐다고 한다. 거제도를 거점으로 전국의 선박과 어장을 손에 거머쥐고 있던 카시이 겐타로[香椎源太郎]가 야음을 틈타 밀선을 동원하여 일본으로 실어 나르던 상자에는 엄청난 양의 골동품과 문화재가 수두룩하였다. 고리대금업자 오이케 다다스케[大池忠助], 삼화고무 사장 요네쿠라 쇼타로[糖淸太郎]처럼 현금을 가마니떼기로 싣고간 일본인들도 있었다. 이도 저도 할 수 없게 된 때에는 식량과 중요 물자를 바다에 내던지는 만행을 저질렀고 마산에서는 역전에서 일본군이 시민이 보는 앞에서 보란 듯이 조선은행권 지폐를 불사르기도 하였다.

일본인들이 싣고 간 재물과 곡물은 모두 조선인의 피와 땀으로 이루어진 것으로 고스란히 해방 조국의 건설에 바쳐져야 할 것이었다. 이들 일본인들은 마지막 순간까지 한국인과 한국 역사에 용서받지 못할 범죄를 또 다시 더하였던 것이다.

2차 대전이 끝날 무렵 해외에 거주하던 한국인은 수백 만에 이르렀는데 이들 가운데 일본에서 돌아온 150만 명을 포함하여 200만 명이 넘는 동포가 귀환하였다. 당시에는 이들을 일러 귀환 동포, 귀국 동포, 전재 동포라고 하였다. 이들 가운데 절반 이상이 부산을 통해 입국하였다.

귀환의 행렬은 일본에 거주하던 동포들로부터 시작되었다. 시모노세키[下關], 오사카[大阪], 사카이[堺]등지에는 해방 직후부터 수십만의 한국인이 몰려들어 귀환의 날을 기다렸다. 하지만 한꺼번에 많은 귀환 동포들이 몰렸으므로 수송선은 턱없이 부족하였고 동포들은 하염없이 기다려야만 했다. 수송선을 기다리며 현지에서 생활하다 해방된 지 1, 2년이 넘어서야 돌아온 사람도 많았고 목선, 조각배, 밀항선에 몸을 싣고 온 사람도 있었다.

귀환의 날을 손꼽아 기다리는 동안 일본 정부의 철저한 무관심과 일본인의 냉대 속에서 배고픔이라는 이중, 삼중의 고통을 겪어야만 했다. 식량은 징용자와 병역 관계자에게만 지급되었는데 그나마 하루에 건빵 세 개에 불과하였으니 있으나 마나한 것이었고 모든 것을 조선인 스스로 해결해야만 했다. 폭격을 당하여 지붕도 없는 집에서 거적을 깔고 앉아 양식을 구하려고 입고 있던 옷가지와 가재 도구를 내다 팔며 수송선을 기다리는 것이 재일 동포가 처한 현실이었다. 이러니 환자가 생겨도 바라만 보는 실정이었다.

해외 동포의 참담한 실상이 전해지면서 한국에서 구호단이 조직되었고 건국준비위원회 경남 본부도 귀환동포경남구호회를 조직하였다. 구호회에는 각지로부터 동포들이 보내온 곡물과 기부금이 답지하였다. 구호회는 선단을 조직하여 동포들을 실어 오고 식량을 배급하는 등 활발하게 활동하였다. 경남적십자는 재일 동포를 대상으로 의료 활동을 벌였다.

그러나 구호의 손길을 기다리는 귀환 동포가 절대 다수였음을 생각하면 실제 구호의 손길이 미치지 못하는 곳이 많았고 경우에 따라서는 일본 경찰의 방해까지 받아야 했다. 일본 경찰은 여러 가지 이유를 들어 귀환선의 출항을 지연시키거나 심지어 구호회에서 마련한 수송선을 약탈하는 만행을 저지르기도 했다. 12월에 들어서야 미군이 군함을 수송선으로 배정함으로써 귀환 동포가 급증하였고 이듬해 상반기에 귀환 동포 대부분이 입국하였다.

하지만 끝내 조국 땅을 밟지 못하고 현해탄에서 불귀의 객이 된 경우도 있었으니 동포 귀환사 최대의 비극이라 할 우키시마호[浮島號] 사건이 발생하였던 것이다. 1945년 8월 21일 일본 동북 시모키타[下北] 반도의 한국인 징용자를 싣고 부산으로 가던 우키시마호[浮島丸]는 돌연 항로를 이탈하여 일본 연안을 항해하다가 24일 마이즈루[舞鶴] 만에서 폭발하여 수천 명의 한국인이 사망하였다. 사건 발생 당시부터 우키시마호는 내부에 설치된 폭발물로 침몰되었을 가능성이 높게 제기되었지만, 이상하게도 일본 정부는 서둘러 이 사건을 종결하였고 이 때문에 반세기가 지난 지금까지 사건의 진상조차 제대로 밝혀지지 않았다.

귀환 동포의 2/3 이상이 도시에 정착하면서 여러 사회 문제가 발생하였다. 특히 부산에는 20만이 넘는 귀환 동포가 체류하였는데, 이는 당시 부산 인구의 1/4을 넘는 것이었다. 가장 심각한 것은 실업·주택·식량 문제였다. 각지에서 답지하는 구호 물자는 턱없이 부족하였고 이를 틈탄 모리 행위까지 생기는 실정이니 귀환 동포는 오로지 자력에 의지할 수밖에 없었다.

구 부산세관 앞에 운집한 귀환동포 해방 이후 일본 등 외국에서 귀환한 동포는 200만 명에 이른다.

그런데 귀환 동포 대부분이 가난한 데다가 일본에서 귀환한 동포들은 가재 도구조차 가져오지 못하였고 현금 휴대도 1인당 1천원으로 제한되었으므로 대단히 궁핍하였다. 그나마 일본은행권을 조선은행권으로 교환하는 것은 1인당 500원으로 한정되었다. 이 때문에 일본은행권 교환을 위한 암거래가 성행하였고 전국의 암거래상이 부산에 몰려와 북적대었다. 암거래로 한 몫 잡은 사람 가운데 대표적인 사람이 국제그룹 총수였던 양정모였다. 암거래 도중에 사기를 당해 돈을 몽땅 잃는 피해도 속출하였다. 무일푼으로 걸식하는 일명 '일본걸뱅이'가 전국적인 현상이었다. 이 때문에 오갈 데 없는 귀환 동포나 귀향행 열차를 기다리는 귀환 동포들이 부두에서 부산역에 이르는 길에 널려 있었고, 이러한 귀환 동포가 온갖 범죄의 온상이 되기까지 하였다. 결국 상당수의 귀환 동포들이 조국에서 정착하지 못한 채 밀항선을 타고 다시 일본으로 돌아가는 가슴 아픈 일까지 일어났다. 일제 36년 간 이 땅의 민중을 수탈한 일본인들이 재물을 가득 안고 금의환향한 것과 비교할 때 귀환 동포가 맞닥뜨린 현실은 너무나 냉혹하였다.

귀속재산이 새 조국 건설의 물적 기반이 되지 못한 것과 함께 귀환 동포가 해방 조국 건설의 인적 기반으로 쓰이지 못하고 부랑화된 현실은 우리 현대사가 놓여 있었던 고난의 현주소를 극명하게 보여주는 단면이었던 셈이다.

동래부사의 하루 일과

● 박 원 출 (동의공업대학 강사)

신새벽. 동래부 동헌의 안채. 문풍지 사이로 부스럭거리는 소리가 난다. 사또가 기침을 하였던 것이다.

어젯밤 마신 술기운이 아직 남아 있지만 멀리서 들리는 홰치는 소리에 다시 잠자리에 들기는 무망하였다. 엊저녁 고을 안의 유지들과 민의 고충을 듣고자 모처럼 연회를 마련하였다. 연전에 종모법(從母法)을 시행한다는 감영의 관문(關文)이 내려와 동래부의 사민(士民)들은 솥에 죽 끓듯이 떠들썩했다.

자신은 비록 노비로 메인 몸이지만 자식에게만은 이 천형같은 신분의 사슬을 대물림하기 싫어 악착같이 돈을 모아 양인집 처자를 논밭떼기로 입가름하고 자식을 낳았건만 이놈의 법이 선불맞은 돼지마냥 종내 오락가락하여 양인이 되었다가 노비가 되었다가 하는 판이라 영 미덥지가 않았다.

원래 조선의 노비제는 두 사람 중에 한 사람만 노비이면 그에 따라 그의 아들딸은 모두 노비가 되어 한번 노비의 신분으로 떨어지면 대대로 노비로 살수밖에 없었다. 노비가 많아지면 양인이 줄어들어 군역과 세를 담당할 사람들이 줄어드니 자연히 심각한 사회문제로 비화되었다. 그래서 조금 견문이 있거나 사리를 아는 선비들은 항상 이를 문제삼아 개혁하고자 하였고, 그것이 조선후기에도 이어져 중앙에서는 노비를 양인화 하려는 종모법(從母法)을 두고 각 붕당별로 논쟁이 있었다.

그래서 부사가 고을의 유지들을 모아 협조하기 위한 자리를 마련하였다. 사림(士林)들은 종모법을 두고 강상(綱常)을 문란하게 한다거나 명분에 어긋난다고 하여 내심 격론을 벌여 부사로서는 이러한 반발을 잘 무마하여 이 법이 잘 시행되도록 사림들의 협조를 얻기 위함이었다.

덜 깬 잠을 쫓기라도 하듯 소리를 내어 동노에게 세숫물을 가져오게

동래부사의 집무처였던 동래부 동헌내대문

한다. 그리곤 의관을 정제하고 서안을 가져와 정좌를 하고 『심경(心經)』을 외우기 시작한다. 거의 다 외울 쯤에 아침 햇살이 옅은 구름 사이로 시원스레 쏟아진다. 아침 식사를 마치고 오늘의 업무를 어떻게 처리할까 하고 잠시 일과를 떠올렸다가 이내 동헌으로 출근하였다.

이곳 동헌(東軒)은 일명 아헌(衙軒)이라고 하여 수령이 직접 공무를 처리하던 곳이다. 따라서 동헌은 이청, 무청, 향청들의 중심이 되는 중요한 건물이다. 동래부의 동헌은 1636년(인조 14)에 동래부사 정양필(鄭良弼)에 의해 창건되었고, 1711년(숙종 37) 당시 부사였던 이정신(李正臣)에 의하여 충신당(忠信堂)으로 이름지어져 지금도 이 편액이 걸려 있다. 충신당에는 좌우의 동익랑, 서익랑과 더불어 대문, 외대문이었던 동래도호아문(東萊都護衙門; 望美樓), 동래부 관아대문(일명 독진대아문(獨鎭大衙門))이 부속되어 있었다.

그러나 유감스럽게도 서익랑은 훼손되어 철거되었고 동래부 관아 대문은 지금의 금강공원 안으로 옮겨졌다. 동헌인 충신당 만은 본래의 위치에 외롭게 보존되어 있으나 부지는 축소되고 원래 떨어져 있던 동익랑이 충신당에 너무 가까이 옮겨져 마치 하나의 건물처럼 보여 옛 모습을 살피기 어렵다. 이런 내력을 지닌 동헌으로 종자를 앞에 세워 대청에 이르니 육방 서리와 관속들이 읍을 하여 예를 드린다. 하리가 오늘의 소송사건을 아뢰고 관인을 개봉하여 정식으로 하루의 일과를 시작하였다.

사또가 동헌의 대청 마루에 앉으니 시립해 있는 육방 관속과 뜰 앞의 사령들의 모습이 사뭇 위엄이 있다. 부사가 눈짓으로 오늘의 송사를 듣고자 하니 이방이 얼른 사안을 아뢴다. 그런데 오늘은 왜관에서 왜사를 접견해야 하기 때문에 송사를 빨리 끝내야만 하였다. 간략하게 업무를 보고 통인으로 하여금 길잡이를 채근하였다.

왜사를 접견하러 떠나는 동래부사의 위용이 볼 만하다. 저 앞에는 붉은 옷을 입은 비장들이 말에 올라 길을 잡고 부사의 가마 좌우에는 사령

동래부사접왜도 조선전기는 일본 사신을 서울의 동평관에서 접대하였으나 임진왜란 이후에는 동래부사가 왜관 밖 연향대청에서 그 임무를 수행했다.

들이 색색이 깃대를 드리우거나 창검을 곶추 세워 도열해 있고 그 뒤로 관속들이 줄을 이으니 그 행렬이 참으로 장관이라 모처럼 부민들은 이 행차를 보려고 길옆에 나와 연신 눈을 주억거리며 바라본다. 동네 아낙과 어린 아이들도 담장 너머로 행여나 구경꺼리를 놓칠세라 오금을 곧추 세운다.

일행이 읍성을 나와 객사를 뒤로 하고 앞을 바라보니 아름드리 은행나무 사이로 아련히 향교 건물이 보인다. 이곳에는 공자와 중국의 성현과 설총, 최치원 등 우리 나라의 현인들의 위패가 모셔져 있는 대성전 및 동무 · 서무와, 학문을 강론하는 명륜당 및 기숙사인 동재 · 서재가 있다. 그리고 이 대성전에서는 춘 · 추 대제로 음력 2월과 8월의 초정일(初丁日)에 유림에 의해 향사가 거행된다. 통상 대제를 거행할 때 동래부사는 첫잔을 오리는 초헌관으로 집례를 드린다. 여기에는 『경국대전』

의 규정에 의하면 종6품의 교수 1명이 있고, 향교의 유지와 관리를 위해 학전(學田)이 지급되었다. 그리고 수령칠사(農桑盛, 戶口增, 學敎興, 軍政修, 賦役均, 詞訟簡, 姦猾息)에도 있듯이 동래부사가 매월 말에 향교 교생의 독서일과를 감사에게 보고하였다.

식파루를 지나니 충렬별사가 있다. 이곳은 지난 임진왜란 때 동래읍성을 지키기 위하여 순절한 수많은 이들의 충정을 기리기 위하여 지은 곳이다. 다시금 길을 재촉하여 떠나니 어느덧 광제교에 이른다. 이 다리는 원래 나무로 만들었으나 지난 여름의 물난리에 부셔졌던 것을 동래부민들이 힘을 모아 1680년(숙종 6)에 든든한 돌다리로 다시금 태어났다. 그 다리의 낙성식이 있던 날 온 부민들이 꽹과리에 장고, 북으로 한바탕 흥을 돋우었던 일을 생각하면 지금도 어깨가 들썩인다.

어느덧 일행은 정묘사를 지나게 된다. 이곳은 동래 정씨 묘가 있는

동래부 송덕비 동래부를 거쳐 갔던 관리들의 공덕을 기리기 위해 부민들이 세운 비석(동래부 동헌안)

萊府日記
余以通政大夫戊午十一月十二日政下 批十二月初九日辭 朝己未正月初
九日上官而遠探吏及軍務執事進現于密陽迎探吏進現于梁山本郡座首及公
兄率迎逢各人出待境上本府在官公兄及六房諸吏通引叅母吹手六角進現于
曲浦橋外三鄕所及兵校執事祗迎于橋內到下處座起後本郡吏鄕及軍校次第
現謁本府出站下人等依例退待境上翌日到竹休亭交印後到五里程則中軍以
下諸將官領率軍物依例前陪到鄕射堂改服後行望 闕禮仍行東軒座起後諸
將官及三班下人等都仕觀依例為之而到任狀 啓及各營了公禮狀并封發事
己未正月十一日
平明往于鄕校謁 聖後還衙而是日以 國忌相値不為開座事
十二日
水使趙東七上來移時談話後久時還營

『내부일기(來附日記)』 1859년(철종 10) 동래부사를 지낸 김석(金錫)의 직무일지

풍수에서 길지로 여기는 곳으로 하마비(下馬碑)가 세워져 있어 부민들이 그 앞을 지날 때는 조신하여 지나가고 행여 말을 타고 갈 때는 내려서 가도록 하였다. 이러한 하마비는 향교 앞에도 있는데 그만큼 학문을 신성시 여기던 모습을 웅변으로 말하는 것이다. 정묘사를 뒤로 하고 한

참을 지나니 어느덧 부산진에 이른다. 그런데 이곳은 사연 깊은 일화가 전해져 온다.

때는 임진왜란이 지난 직후, 당시 부산첨사로 내려오는 사람은 부임한 지 며칠 지나지 않아 연이어 급사를 하는 것이었다. 그래서 조정에서는 자성대로 본성을 옮기기로 하고 옛 성터를 팠는데, 옛 성의 동문 못 속에서 수많은 해골이 나와 이를 잘 수습하여 자성대 밑에다 묻었다. 그랬더니 그 날 밤에 이 마을에 사는 한 노인의 꿈에 갑옷을 입은 장수가 나타나 말하였다. "나는 영천 조방장 이정헌이다. 임란 때 부산진성에서 정발 장군과 함께 부산진을 지키다 전사하였으나 조정에서 이 공로를 아는 자가 없어 서러운 사정을 호소하고자 역대 부산첨사의 꿈에 나타났더니 모두가 소인이라 말도 하기 전에 죽어버려 애통함을 금할 수 없다."고 말하더니 홀연히 사라지고 말았다.

그런 일이 있고 난 후에 이 마을에 갑자기 돌림병이 유행하여 급사자가 하루에 사십여 명씩 생기니 이에 꿈을 꾼 노인이 이상하게 여겨 당시의 부사였던 박명한에게 전하였다. 공은 즉시 이정헌공의 공로를 상소하여 좌승지의 관작을 내리게 하고, 몸소 이곳에 와서 기치를 갖추고 군고를 울려 제사를 크게 지내 이정헌 공의 혼령을 위로했더니 그 후로는 무사하였다고 한다.

사연깊은 부산진성을 뒤로 하고 처음 왜관이 설치되었던 두모포를 지나니 왜관의 수문격인 설문(設門)이 나온다. 이곳은 1709년(숙종 35)에 부사 권이진이 장문(狀聞)으로 화이(華夷)의 구별은 엄하지 않을 수 없다고 하여 관액수문(關阨守門) 밖 3리에 따로 이 해변가를 따라 돌로 성을 수백 보 쌓고 산 위에 이르러서는 문을 설치하여 윤번으로 왜인과 조선인의 출입을 살피고 왜인들이 여기를 벗어나지 못하도록 하였다.

이 설문을 지나면 왜가 진상을 바칠 때 숙배(肅拜)하던 초량객사가 나온다. 객사를 뒤로 하고 3리쯤 지나면 설문이 생기기 전의 수문격이었던 관액수문(關阨守門)이 그 모습을 드러낸다. 이곳은 동래부의 부산패장(釜山牌將) 한 명이 윤번으로 왜인과 우리의 출입을 살피는 곳이다. 이처럼 왜인과 부민들의 출입을 엄히 하였음에도 불구하고 가끔씩 서로 불법적으로 통교하는 사건이 생겨 부사가 파직되는 일도 일어났다.

수문을 지나 드디어 차왜(差倭)를 접견하고 연향을 베푸는 연향대청에 도착하여 왜관의 총책임자인 관수왜(關守倭)를 접견하였다.

왜사를 접견하여 양구간의 선리우호를 구하는 자리에 어찌 풍악이 없을까. 한껏 맵시를 낸 동래 기생들의 점고가 시작되고 평소에 다듬었던 기량을 뽐내며 춤과 노래로 그 자태를 보인다. 부사와 왜사가 자리한 곳에서는 벌써 술을 한 순배씩 돌리며 호방한 웃음 소리가 끊어질 듯 이어진다. 권커니 자커니 하는 사이에 시회(詩會)가 이어진다. 부사와 왜사가 서로 운자(韻字)를 부르자 이내 문사들이 진진한 정격을 담은 시를 지으며 양국 문화의 우이(牛耳)를 쟁론한다. 일렁이는 촛불과 음악 속에 어느덧 왜관의 밤은 깊어갔다.

고개 너머 동래장 다리가 아파 못보고

● 장 명 희 (영도여자고등학교 교사)

주말이면 시내 곳곳 할인매장 주변은 엄청난 자동차들로 장사진을 친다. 온 가족이 함께 가족나들이 겸해서 얄팍해진 호주머니를 달래가며 쇼핑하기엔 더없이 좋은 곳이 바로 할인매장이기 때문이다. 더구나 요즈음에는 국내의 유통업체뿐만 아니라 외국의 다국적 기업까지 가세하여 유통업체의 국적마저 사라져 가고 있다.

그러면 불과 백여 년 전 부산의 일반 서민들은 주로 어디서 장을 보았을까. 기록에 의하면 개항 직전 부산에는 동래장, 좌수영장, 부산장, 구포장, 독지장 등 여러 곳의 장시(場市)가 있었다. 이들은 매일 열리는 상설시장이 아니라 한 달에 몇 번 정기적으로 장이 서는 정기시장(定期市場)이었다. 이같은 정기시장은 분업이 활발해지고 잉여물이 생겨나면서부터 자연스럽게 교역의 장으로 자리매김하여 갔는데, 이 때에 이르러서는 개장 날짜를 서로 달리하면서 자율적으로 조정되어 갔다. 동래장은 2일과 7일, 좌수영장은 3일과 8일, 부산장은 4일과 9일, 독지장은 1일과 6일에, 각기 한 달에 여섯 번씩 번갈아가면서 개시하였다. 5일마다 장이 서므로 오일장(五日場)이라고도 부른다. 오일장은 서로 10 내지 30여 리 떨어져 있으면서 날짜를 달리했기 때문에 사람들은 마음만 먹는다면 이 장 저 장 번갈아가며 장을 볼 수 있었다. 실제로는 장이 매일 서는 것과 크게 다르지 않았다. 지금도 시골의 장날이면 인근에서 먼동이 터 올 무렵부터 대문을 밀치며 먼 길을 나서는 촌로를 보기란 그리 어렵지 않다. 인근 농촌의 주민들이 자신의 생산물을 이고지고 내다판 것과는 달리 전업적으로 각 장시를 돌아다니며 사고 파는 사람들도 있었다. 이들이 바로 '장돌뱅이'라고 불리는 봇짐 장수들이었다. 보부상(褓負商)이라고도 불리는 이들은 일종의 상단(商團)을 형성하면서 천여

동래시장 동래시장은 일제시대까지 인근에서 가장 큰 5일장으로서 지역 문화 유통 중심지였으며, 1919년 3·1운동의 발상지로 민족 정서가 담겨 있는 곳이다.

곳이 넘는 전국의 장시를 돌아다니며 장사를 하였다.

부산의 오일장 중에서도 동래장은 오륙십년 전까지만 해도 나라 안에서 큰 장으로 꼽혔다. 과연 당시의 부산 사람들은 지금 사람들이 할인매장으로 몰리듯 모두 동래장으로 몰려들었을까. 부산의 상권은 크게 본다면 동래부가 있던 읍내장 중심의 상권과, 낙동강 수운(水運)을 낀 구포장 중심의 상권, 그리고 부산장(지금의 부산진 시장) 중심의 상권으로 나눌 수 있다. 동래장은 근처의 양산, 기장 등과도 통했고, 구포장은 김해 등지를 아울렀으며, 부산장은 초량, 두모포 등의 왜관(倭館)과도 관련되었다.

동래장은 바로 이 관문 밖에 있었다는 읍내장으로서 지금으로 치면 동래구청 부근에 있었다. 동래장은 동래부 부근에 있었으므로 과연 성 안팎의 많은 사람들이 몰려들었다. 행정중심지로서 집촌을 이루고 있었던 동래부를 상대로 그 주변 농촌에서 생산된 각종 물품이 집산되었다. 이는 당시 동래장에서 사고 팔던 물품들에서도 잘 나타난다. 동래장의 주된 특산물은 담뱃대였다. 동래에는 담배 공장이 많아서 그 공장에서 나온 담뱃대가 장날을 통해 전국으로 퍼졌다. 또 기장의 미역과 갈치, 철마의 산나물, 구포의 배와 삼베, 연산동의 참외, 금사동의 죽제품, 해운대의 멸치, 양산의 단감, 김해의 채소, 언양의 미나리도 유명했다. 그 밖에도 인근 바다의 각종 어물과 옹기, 사기 그릇, 옷감 같은 것도 많이 거래되었다.

그러나 동래 지방의 민요인 [장타령]을 들어보면 동래장으로 가는 길은 꽤 가파르고 멀었던 모양이다.

샛바람 반지(받이) 하단장 칩어서 못 보고
나리(내) 건너 맹호(명지)장 선개(船價-배삯) 없어 못 보고
골목골목 부산장 길 못 찾아 못 보고

꾸벅꾸벅 구포장 허리가 아파 못 보고
미지기 찐다 밀양장 싸개 묶어서 못 보고
고개 넘어 동래장 다리가 아파 못 보고

오늘날의 시 중심지 쪽에서 오려면 신좌수영(지금의 양정 1동 파출소 부근) 자리의 모너머 고개를, 구포 쪽에서 오려면 지금은 만덕터널이 뚫린 만덕 고개를, 기장 쪽에서 오려면 철마산을 넘어와야 했으니까 다리가 아프기도 했을 것이다. 부산포와 동래를 잇던 길목은 모너머 고개였는데, 이곳은 1910년 신작로를 닦느라고 깎아내기 전에는 나무가 꽉 들어찼던 고갯목이었다. 부산장에서 장을 본 동래 사람들은 도둑이 나올까 무서워서 떼를 지어 이 고개를 넘었다고 한다.

반면 부산장은 수운이 유일한 대량 운송수단이었던 개항 이전까지

구포 나루터 낙동강 수운을 이용하는 각종 물화가 이곳을 이용해 구포역 뒤, 옛 구포시장에서 거래되었다. 1980년대 초까지 강 건너편 김해 대동을 왕래하는 나룻배의 나루터로 이용되었으나 지하철 3호선 공사로 사라질 처지다.

부산 상거래의 중심지였다. 기장과 김해, 남해안 쪽에서 배로 오가고 내륙의 동래, 울산, 양산 등지에서도 오갔다.

분명한 기록은 없지만 자성대 서북쪽에 있었다는 왜관과도 무관하지 않았을 것이다. 당시 왜관에서는 3, 8일이면 왜관 대청에서 대상인들의 무역거래가 있었고, 왜인들을 상대로 한 조시(朝市)도 매일 아침 열렸다. '골목골목 부산장 길 못 찾아 못 본다'는 말은 어쩌면 당시 부산장의 규모를 짐작케 하는 구절이리라.

구포나 하단도 낙동강의 수운을 이용한 물산의 집산지로서 일본 상인과의 교역이 성행하였다. 좀더 훗날의 이야기이긴 하지만 하단포에 객주조직인 상회사[均興會社]가 설치되자 당시 낙동강 연안의 여러 객주상인들은 이 객주조합에 소속되기를 희망하였다. 이 때문에 대구, 청도, 밀양 등 외지의 객주가 하단포, 엄궁에 적을 두기도 하였다는 기록으로 보아 구포나 하단장도 수운의 이점을 백분 활용하여 큰 장의 모습을 갖추어 갔으리라 짐작된다.

결국 상대적으로 교통이 불편한 동래장은 개항 이후 지금의 초량, 용두산 쪽에 왜인들 중심지가 생성되고 일제시기 들어 상권이 더욱 확대되면서 점차 위축되었다. 동래 쪽으로 신작로가 나고 전차가 놓이기 시작한 1910년대에는 일제의 도시계획에 의해 동래부는 점차 제 세력을 잃어 갔다. 반면에 왜인들이 모여 사는 초량, 용두산 쪽을 중심으로 새로운 시가지가 형성되었다. 따라서 동래장도 '배 닿는 자리'인 부산의 한 변두리로 그 기능이 축소되어 갔다. 급기야 1920년대 후반부터는 점차 뒷전으로 밀리어 건축물이 서는 데 따라 이곳 저곳 빈터로 자리를 옮기고 말았다.

부산 사람들의 춤판, 동래학춤과 수영야류의 역사

● 박 정 숙 (부경역사연구소 연구원)

경상도 말씨는 억양이 퉁명스럽다. 워낙 독특한 억양을 가지고 있기 때문에 경상도 사람은 어렸을 때 서울로 가서 30년을 살아도 경상도 억양을 버리지 못한다. 때문에 경상도 사람은 금방 표시가 난다. 전라도 분들이 우리 소리를 잘하는 이유가 그들 특유의 나긋나긋한 말씨 때문이라면 경상도 사람은 억센 목소리 때문에 춤을 잘 춘다고 한다.

낙동강을 쭉 따라가다 보면 우리 나라 춤의 70퍼센트가 여기에 다 몰려 있다. 낙동강의 상류로부터 안동 하회별신굿, 예천 청단놀음, 대구 날뫼북춤, 밀양 백중놀이, 동래 야류, 수영 야류, 동래 학춤, 고성 오광대, 가산 오광대, 통영 오광대, 진주 검무, 그리고 지금은 연희되지 않고 있는 진주 오광대, 창원 오광대, 마산 오광대, 가락 오광대 등등의 춤이 매우 발달했다.

이 중 부산에 전승되고 있는 춤은 한두 가지가 아니다. 부산시에는 가면극 · 전승무용 · 민요 · 전통의례 등의 다양한 무형문화재가 전승되고 있다.

먼저 가면극을 살펴보자. 수영 야류(野遊 ; 들놀음)는 좌수영의 좌수사가 합천군 초계면 밤마리의 대광대[竹廣大]패를 데려다가 연희한 데서 유래한 가면연희예술이다. 19세기 말까지 왕성하게 공연되다가 일제 시기인 1930년대에 단절되었으나, 1960년대에 들어서서 복원 · 재현되어 1971년 중요무형문화재 제43호로 지정 · 보호되고 있다.

수영 야류의 탈놀음은 양반과장, 영노과장, 할미 · 영감과장, 사자무(獅子舞)과장으로 구성되어 있다. 제1과장에서는 주로 말뚝이와 수양반의 대담으로 엮어진다. 무식한 하인 말뚝이의 독설(毒舌)과 음흉하고도 신랄한 풍자로써 양반의 이면상을 폭로하며 양반계급의 무능과 허세를 조롱한다. 제2과장에서는 말뚝이에게 패가망신 당한 양반계급을 하늘에서 내려왔다는 반인반수(半人半獸)의 괴물 영노가 수양반 앞에 나타나서 양반 99명을 잡아먹고 한 명만 더 잡아먹으면 승천(昇天)한다며 달려든다. 제3과장에서는 영감과 본처인 할미와 첩인 제대각시와의 삼각관계에서 빚어지는 가정불화를 주제로 한 내용과 경제적 곤궁상을 나타낸다. 제4과장에서는 사자와 범이 격투를 하다가 범이 사자에게 잡혀먹히는 무언극이다. 수영야류는 동래야류와 같이 전편인 길놀이와 군무가 있어, 동민과 인근 주민들의 참여라는 의미에서, 대동놀이의 사회성이 강하게 반영되고 있다.

동래 야류는 동래 들놀음이라고 칭하는 것으로 수영 야류를 본받아 형성된 것으로 추정된다. 동래의 중인층 관리들이 중심이 된 기영회(耆英會)의 후원으로 약 120여 년 전부터 전승되어 오다가 1935년 일제의 강압에 의해 중단되었으나, 1970년에 와서 중요무형문화재 제18호로 복원 · 재정비되었다. 앞풀이로서 길놀이가 행해졌고, 탈놀음은 문둥이

수영야류 연희 장면

과장, 양반과장, 영노과장, 할미 · 영감과장으로 구성되어 있다. 그 외에도 탈놀음으로 부산진 탈놀음이 있었다고 하나 지금은 전승되지 않고 있다.

전승 민속무용으로는 동래 학춤이 1977년 부산시 무형문화재 제3호로 보존되고 있다. 이는 활개짓뜀사위, 일자사위, 모이어룸사위, 외발서기, 엱걸음사위, 좌우활개사위, 배김사위(뒷배김사위, 좌우배김사위), 좌우풀이사위, 소쿠리춤사위, 소매걸음사위, 모둠뛰기 등의 다양한 춤사위로 구성되어 있다. 학춤은 학의 고고한 자태와 더불어 산조의 애절함이 어우러지는 동래 한량들의 춤사위가 가히 일품이다. 학춤은 양반들의 춤으로써 중앙정계에 입문하지 못한 그들의 한을 춤으로 승화시킨 사례로서 한 번쯤 눈여겨볼 만한 민속무용이다.

임진왜란의 폐허 속에서 중국과 일본으로부터 중계무역을 통해 경제적 기적을 이룩한 선조들에게 자녀교육에 적신호가 온 적이 있었다. 부

동래학춤 연희 장면

모들이 이룩한 경제적 여유를 주체하지 못한 일부 고관대작의 자녀들은 요즈음 식으로 말하자면 오렌지족으로 전락하여 당대의 내노라 하는 기생집으로 몰려다니거나 심지어 여염집 아낙들을 대로에서 희롱하는 등의 사회적 물의를 일으키기도 하였다. 이럴 즈음 동래의 한량들은 과거에 등과하지 못한 스트레스를 학의 고고한 자태를 빌린 춤으로써 그들의 한과 미래에 대한 불안을 승화시켜나갔던 것이다.

이 밖에 부산의 춤으로는 1993년 부산시 무형문화재 제10호로 지정된 교방무용으로서, 교방청 · 권번의 기녀들에 의해서 전승된 동래 고무(鼓舞)가 있다.

주말이면 사직동 운동장 주변에서는 청소년들의 춤판이 벌어진다고 한다. 시험과 성적에 대한 스트레스를 나름대로 춤을 통하여 해소하는 그들의 모습을 보노라면 애처로운 느낌이 들기도 하나 그들만의 건강함을 또한 엿볼 수 있다. 곱지 않은 시선으로 보는 일부 어른들의 편견에 그들이 상처를 받기도 하지만, 자신들의 문화를 만들어 가는 모습에서 부산의 미래가 보인다. 아쉬운 것은 알아듣기도 힘든 서양식 댄스만이 아닌, 청소년들에게 우리의 전통무용을 일상생활에서 자연스럽게 가르쳐주는 그런 대중화된 배움의 장이 없다는 점이다. 특정인에 의해 전수되고 특정의 날에 가끔 연희되는 그런 전통무용이 아닌 일본의 마쯔리처럼 청소년들이 대거 참여하여 전통을 체험하고 일상생활에서도 전통을 익힐 수 있는 배움터가 마련되어야 한다.

우리 것이 최고라는 말이 있듯이 세계화를 부르짖는 요즈음, IMF체제 아래 구겨질 대로 다 구겨진 우리의 자존심을 우리 것에서 찾아보자. 우리의 전통음료였던 식혜를 수출할 것을 누가 알았으며, 옛날 옛날 한 많았던 시절에 한국인의 마늘냄새에 역겨워 하고, 한국인은 매운 고추를 먹어 머리가 나쁘다던 일본인들이 김치가 건강식품이라며 김치 예찬론을 펼 줄을 누가 알았으랴.

언젠가 머지않은 날에 우리의 청소년들이 전통과 현대가 만나는 장을 통해 우리 것을 배우고, 나아가 문화의 불모지라는 오명을 가지고 있는 부산에서 경제적 한파에 찌든 이들이 맺힌 응어리들을 풀 수 있는 마당놀이판이 한 판 벌어지기를 기대한다.

달동네와 철거민, 피난민

● 배 석 만 (부산대학교 강사)

1950~60년대, 밤에 부산항을 통해 들어오는 외국인들은 부산의 모습에서 두 번 놀랐다고 한다. 뉴욕의 마천루를 연상케하는 화려한 야경에 우선 놀라고 다음날 아침 화려한 야경을 연출했던 불빛이 마천루가 아닌 산꼭대기까지 다닥다닥 붙은 판자집 불빛이었음을 알고 또 놀랐다는 것이다. 우리는 흔히 부산을 '우리 나라 제2의 도시'라고 한다. 한없이 자부심을 가질 수 있는 명칭이지만 그 성장의 역사를 조금만 곱씹어 보면 그렇게 영광스러운 이름만은 아님을 알 수 있다. 부산은 일제가 우리 나라를 침략하기 위한 교두보로서 건설한 도시이다. 1876년 개항 이후 해방까지 부산은 그러한 역할을 충실히 수행하면서 근대도시로 성장해 갔다. 식민지에서 해방되자 일본과 만주지방 등에서 돌아온 귀환동포로 부산은 한 차례 도시의 급속한 팽창과 변화를 겪었다. 그리고 한국

전쟁은 부산이 우리 나라 제2의 도시로 성장하는데 결정적인 역할을 하였다. 특히 한국전쟁을 통해 전국 각지에서 몰려들었던 피난민들은 부산의 도시팽창과 변화에 가장 큰 영향을 미쳤다.

피난민 행렬은 한국전쟁이 나고 4일이 지난 29일 새벽 500여 명이 도착함으로써 시작되어 하루에 천명 이상씩 부산역에 쏟아졌고 서울 수복 전까지 10만여 명에 이르렀다. 그러나 본격적인 피난민 유입은 중공군 개입으로 시작된 1.4후퇴 이후부터였다. 마치 짐짝처럼 부산 거리에 부려지는 피난민들로 부산은 터져 나갈 지경이었고 당시 언론들은 그 숫자를 70만 명으로 추산하였다. 견디다 못한 정부는 '부산유입제한조치'를 발표하는 한편 거제도와 제주도로 분산 수용하기도 했지만 실효를 거두지 못했다. 당시 부산에는 3만 명을 수용한 적기수용소, 영도구 봉래동 대한도기회사터, 청학동, 대연고개, 남부민동, 당리 등 40여 개

국제시장 3공구에서 본 대청동 판자촌 판자집은 휴전 직후 용두산 산비탈을 중심으로 중구 관내에만 15,000여 채, 시내 전체로는 40,000여 채가 있었다.

수용소와 기타 공공건물 등에 닥치는 대로 피난민을 수용하였으나 그 숫자는 고작 7만 명 정도였다. 수용소에 들어가지 못한 사람들 중 경제적 능력이 있거나, 부산에 인척이 있는 사람들은 방이라도 얻을 수가 있었다. 하지만 빈털털이로 무작정 피난한 약 40만 명의 사람들은 엄동설한에 어떻게든 살아남아야 했다. 설상가상으로 그 해 겨울 부산은 유난히 추운 날씨가 지속되었다(1951년 1월 12일 영하 10도 8분).

피난민들은 추위를 피하기 위해 깡통을 펴서 엮어 만든 양철판이나 콜타르를 바른 미군 야전용 식량박스(일명 볼박스)로 얼기설기 엮은 판자집을 지었다. 휴전 직후 이런 판자집들이 용두산 산비탈을 중심으로 중구 관내에만 1만 5천여 채, 시내 전체로는 4만여 채가 있었다고 추산되었다. 미제 깡통을 펴서 판자집 지붕 따위를 만드는 일명 '깡깡이업'의 성업도 판자촌 시대가 만든 진풍경 중의 하나였다.

수용소 피난민들은 정부로부터 1인당 하루 식량 3홉, 부식비 50원을 배급받아 부족하나마 허기를 메울 수 있었다. 그러나 거리로 내몰린 40만의 피난민은 스스로 먹거리를 해결해야 했다. 이들은 살기 위해 각종 전쟁물자, 구호물자 반입으로 하역작업이 많았던 부두에서 품을 팔았다. 또 전쟁구호물자 유입으로 경기가 좋았던 국제시장, 자갈치시장의 노점상, 지게꾼이 되었다. 이를 통해 국제시장과 자갈치 시장은 수천 채의 판자 상가가 밀집한 형태로 바뀌었다. 자갈치시장의 경우 영도대교 입구에서부터 보수천 남항유입지역에 이르는 전지역에 판잣집이 촘촘히 들어섰고, 생선 노점상 외에도 각종 장사치들이 뒤범벅이 돼 돈만 가지면 못 살게 없는 만물시장으로 국제시장과 함께 전국에 명성을 떨쳤다. 전쟁 전 제 아무리 엘리트였다 하여도 피난민의 삶에는 예외가 없었다. 소 그림으로 유명한 화가 이중섭(李仲燮)도 생존을 위해 부두노동자가 되었고, 담배갑 은박지에 그림을 그려 막걸리 한 사발, 밥 한 그릇과 바꾸었다고 한다.

1960년대 초 부민동 산비탈에 빼곡이 늘어선 판자촌은 화재 위험, 물부족, 화장실 부족 등으로 부산의 도시화를 지연시키는 골칫거리였다. 1960년대 후반 도시개발계획으로 철거민 문제를 야기했다.

식량난은 '우유죽'과 '유엔탕' 같은 희귀한 음식도 만들어냈다. 우유죽은 분유가루에다 푹 삶은 보리쌀을 섞어 만든 것으로 부산YMCA 부녀회원들이 처음 시작했고, 피난민들이 허기를 달래는데 큰 역할을 하였다. 유엔탕은 일명 '꿀꿀이죽'이라고도 하는데, 미군부대에서 버리는 음식찌꺼기를 수거해다가 끓여 파는 것으로 몸이 재산인 부두노동자나 지게꾼들에게 영양식으로 꽤 인기가 있었다. 그러나 노임에 비해 값이 비싸서 자주 먹을 수 없는 귀한 음식이었다. 이렇게 일자리를 얻어 입에 풀칠할 수 있는 사람들은 다행이었고 이것도 안되는 사람들은 구걸을 해야 했다. 특히 자식들을 구걸시켜 입에 풀칠하는 사람들도 많았는데, 이들은 자식이 없는 사람들에게 부러움을 샀다.

피난민들의 또 다른 고통은 물부족이었다. 당시 부산은 30만 명 정도가 먹을 수 있는 급수시설이 있었으나 최고 120만까지 인구가 급증하자 식수는 절대적으로 부족하였다. 부산시에서는 지역별 시간급수제를 실시하고 공동수도전을 놓기도 하고, 물을 한 세대에 3동이로 제한하는 등, 갖가지 묘수를 짜냈지만 부족한 식수를 해결하기에는 역부족이었다.

'한 가족 3동이 급수 규칙'을 어기고 좀더 많은 물을 받기 위해 가족끼리 모른 척하고 물을 받으려다 실랑이가 일어나기 일쑤였고, 공동수도전 앞에는 물이 나오기 몇 시간 전부터 2~3백 개의 물통이 빽빽하게 차례를 기다리는 진풍경이 연출되었다. 또 큰 드럼통에다 수도물을 넣고 다니면서 한동이에 2~3백원을 받고 파는 물장사의 등장도 이즈음의 일이었다. '밥 한그릇은 동냥 줄 수 있어도 물 한그릇은 줄 수 없다'는 말과 우물과 수도에 자물쇠를 채우는 습관도 이때 생겨난 것이었다.

전력난도 식수난 못지 않은 것이었다. 워낙 전력이 모자라 일반가정은 여름에는 2~3시간, 겨울에는 4시간을 송전받기도 힘들었다. 이로 인해 성냥이나 촛불은 귀한 물건이었고 피난민들은 판자집에서 암흑의 밤을 보내야 했다. 부산시는 부산시대로 전기를 더 쓰려고 고위층 '빽'을 들이미는 유력자들과 심지어는 권총을 빼들고 협박하는 고급 군인들로 말미암아 하루도 편할 날이 없었다. 이렇게 해서 12~24시간 송전받는 것을 특선(特線)이라고 했는데, 고관대작 집에서 쓸데없이 밤새도록 불을 환하게 켜두고 위력을 과시하여 사회문제가 되기도 했다.

생존을 위해 몸부림치는 피난민들에게 그나마 한가닥 기쁨과 위안을 주었던 것은 대중가요였다. '이별의 부산정거장'과 '굳세어라 금순아'는 당시 피난민의 애환을 담은 대표적인 노래들이다. 또 두 가요를 노래한 남인수(南仁樹)와 현인(玄仁)은 1970년대의 남진, 나훈아처럼 당시 가요계의 쌍벽을 이루었다. 그들의 인기는 대단해서 시내 선술집에서 두 가수의 팬들이 누가 더 잘하는가를 놓고 주먹다짐까지 벌이는 일이 심심치않게 있었다. '부산정거장'과 '영도다리'는 전국적인 명물로 부각되었고, '금순'이란 이름은 1970년대의 '영자'만큼이나 여성의 대명사가 되었다. 피난민들은 그들의 애환을 이름 없는 선술집에서 '한 많은 피난살이 설움도 많아 그래도 잊지 못할 판자집이여...', '...영도다리 난간 위에 초생달만 외로이 떴네'를 목청껏 부르며 달랬을 것이다.

부산역 대화재 1953년 11월 27일 부산역 화재의 피해 총액은 1백 77억환에 이르렀고, 3,132채의 가옥과 29명의 사상자를 냈으며 6천여 세대 3만여 명의 이재민을 발생시켰다.

피난민들의 삶의 모습은 1950년대 부산의 자화상이었다. 산비탈 판자촌, 공동우물, 공동변소, 여기서 생존을 위해 몸부림친 피난민들, 이들은 전쟁이 끝난 후 고향으로 돌아가기도 하고 남은 사람들은 도시개발 과정에서 동상동, 연산동, 반여동, 용호동, 개금, 주례, 만덕 등지로 뿔뿔이 흩어져 이주했다. 하지만 이들이 부산에 남긴 자취는 이후 고스란히 유형, 무형의 전통이 되었다. '불의 도시' 로 전국적인 명성을 떨친 것도 그 중 하나였다. 다닥다닥 붙은 판자촌은 화재의 위험성이 높았고 먹을 물도 없으니 불이 나면 언제나 대형화재가 되었다. 1953년 국제시장 대화재를 시작으로 부산은 지속적으로 화마로 인해 고통받았다. 부산이 '불산' 으로 불린다거나, '낫다하면 불, 섰다하면 교회' 와 같은 얘기, 그리고 "부산의 '釜' 자가 가마솥이기에 불이 잘나니 '富' 자로 바꾸어야 한다"는 주장이 사라진 지도 그리 오래되지 않았다. 피난민 유입으로 격증한 인구의 소화, 판자촌의 철거와 이주를 위해 무계획적으로 확장된 도시구획은 주택난, 교통난을 낳았고 이것은 아직도 부산이 풀어야 하는 숙제이다. 틈틈이 불거져 나오는 유료도로 문제도 이러한 것과 결코 무관하지 않다. 또 전쟁과 혹독한 피난살이의 절망과 불안 속에서 우물과 변소에 자물통을 채우고 '나만 살고 보면 된다는' 식의 이기적인 정서도 형성되었다.

하지만 꼭 부정적인 전통만이 남은 것은 아니다. 자갈치 아지매로 상징되는 부산사람들의 억척스럽고 끈끈한 삶에 대한 의지와 강한 생활력은 피난생활에서 싹트워진 정서이고, 다른 지방 사람들에게 유난히 관대하게 대하는 따듯한 분위기 역시 전국에서 모였던 피난민의 다양성과 닮았다. 이북 피난민들이 전쟁이 끝난 후 국제시장을 중심으로 부산 상권을 장악할 수 있었던 것도 이러한 부산의 정서 때문에 가능한 것이었다. 한국전쟁과 부산, 그리고 이곳에 들어온 피난민들의 억척스럽고 치열한 삶은 갈수록 위축되는 지역경제 속에서 전국 최고의 실업률로 고통받고 있는 현재의 부산 시민에게 한 번쯤 되새겨 볼만한 우리 고장의 역사이다.

한국영화의 발상지 부산, 그리고 부산국제영화제

● 신 춘 식 (동아대학교 강사)

TV나 DVD도 없던 시절 영화는 우리가 즐길 수 있었던 최고의 레저 문화였다. 학창시절 기말시험이 끝나면 문화활동의 핑계로 중심가의 극장에서 외국영화를 단체관람했던 것은 그 시절 우리들의 일상이었다. 사람들은 영화에 나오는 이국적 풍경과 영화 속의 사람들을 동경했고 그들과 달랐던 우리의 곤궁한 생활과 엉성한 우리 영화에 대해 슬픔을 느꼈다. "왜 우리는 저들처럼 잘 살지 못하고 폼 나는 영화를 만들지 못하는 것인가!"라는 물음을 수도 없이 던졌다. 아마 30대 이후의 세대들은 영화를 접하는 과정이나 영화에 대한 느낌을 대부분 이렇게 가졌을 것이다.

그러나 우리는 오늘날 약간의 어려움은 있지만 그때보다는 훨씬 잘 살게 되었고, 영화제작에 있어서도 우리의 가치가 녹아 있는 수준 높은 작품을 만들게 되었다. 그것은 한국영화가 세계 유수의 영화제에서 수상하는 빈도가 높아진 것에서나, 우리가 주도하는 '부산국제영화제(PIFF)' 가 세계의 주목을 받고있는 데에서 잘 알 수 있다. 특히 지난 1996년부터 시작 된 PIFF는 한국영화발전의 지평을 새로이 연 것으로 평가되고 있다. 이것은 PIFF가 선진국의 무차별한 문화공습에 대응하는 문화수호의 전사가 될 수 있음을 의미하는 것이기에 우리 부산시민에게는 이만저만한 자랑거리가 아니다. 하지만 이런 성공이 우연히 만들어 질 수는 없다. 그 이유는 여러 가지가 있겠지만, 부산이 진작부터 영화와 밀접한 관계를 가진 도시였기에 가능하였다고 생각한다. 그렇다면 부산과 영화와의 관계는 언제 어떻게 시작되었을까?

1895년 뤼미에르 형제에 의해 처음 만들어진 영화가 우리나라에 소개된 것은 1899년이었다. 영화가 처음 소개되었을 당시 조선인들이 받은 충격을 황성신문은 1901년 9월 14일자 기사에서 "귀신의 조화 속 같은 묘술이자 천하장관" 이라고 묘사하였다. 이렇게 시작된 우리 나라 영화의 역사는 급속하게 발전하여 1919년에는 조선인에 의한 최초의 영화 '의리적 구투' 가 제작될 정도였다.

한편 우리 부산에서는 1913년 상생관(해방 이후 '시민관' 으로 바뀜-현재 동광동 부산데파트 옆 '한국투자신탁' 자리)이라는 최초의 극장이 개관되어 본격적으로 영화 상영이 시작되었다. 일제 하의 부산은 경성에 이어 최고의 생산도시요 소비도시였고, 일본과 연결되는 최고의 관문으로서 당연히 일본으로 들어온 선진 문물이 가장 먼저 상륙하는 곳이었다. 그런 까닭인지는 모르지만 1923년 우리 나라 최초의 영화사인 '조선키네마 주식회사' 가 부산에 설립되었다.

조선키네마 주식회사는 1920년대 초 신연극운동에 참여한 조선인 배우들이 중심이 되어 일본의 자본과 기술을 끌어들여 설립되었다. 이 회사는 1924년에 남녀의 애정문제를 다룬 '해의 비곡(海의 秘曲)' 을 발표하여 상업적으로 성공하는 듯 하였다. 그러나 저급하고 통속적인 스토리 전개와 반윤리적 성격으로 인하여 당시 세간의 비난이 대단하였다. 1925년에는 두번째 작품으로 '운영전(雲英傳)'을 발표하였다. 이 영화는 한국영화의 거장 춘사 나운규(羅雲奎)의 데뷔 작품이기도 하였다. 춘사는 신흥무관학교에 입학하여 독립운동을 하다 1921년 서울에 와서 연극에 심취한 것이 계기가 되어 영화계에 발을 들여놓았다. 민족주의 리얼리즘 영화를 대표하는 춘사가 그 영화인생의 시작을 부산에서 했다는 것은 자못 의미가 있다고 하겠다.

조선키네마 주식회사는 운영전에 이어 1925년 3번째 작품 '암광(闇光)'과 4번째 작품 '촌의 영웅(村의 英雄)'을 계속 발표하였지만 이 작품을 끝으로 파산하여 더 이상 영화를 제작 할 수 없었다.

그러나 조선키네마의 파산 이후에도 영화상영은 계속 활기를 띠어 부산에서는 해방 직전까지 9개의 극장이 운영되고 있었다. 이 중에서 부산극장(당시 이름은 '부산좌')은 현재까지 그 명성을 유지하고 있다.

극장 부산좌(현재의 부산극장) 이곳은 현재 부산극장의 본관으로서 영화거리의 중심부에 있다.

당시의 극장들은 영화와 연극 그리고 악극 등 다양한 장르의 대중공연을 통해 때로는 식민지 백성의 아픔과 사랑을 연기하기도 하고 때로는 일본 제국주의의 정책과 왜색문화 전파의 시연장이 되었다.

1945년 해방이 되자 우리 영화계도 일제를 예찬하는 사이비 영화가 아니라 진정한 예술 영화를 만들기 위한 준비를 서둘렀다. 그러나 사회적 혼란과 더불어 점령당국의 문화정책은 영화인들의 이런 의지를 꺾어 버렸다. 부산이라고 예외가 될 수는 없었다. 해방 이후 '건국준비위원회 경남지부'에서는 문화정책과 관련하여 무엇보다도 일본영화나 일제를 예찬하는 영화를 축출하고 또 적산으로 분류된 극장들을 건전한 문화인들이 관리하여 시민들의 안식처로 만들려고 하였다. 그러나 미군정은 일본영화에 대해 상당기간 방치하였고, 극장의 운영에 대해서는 일제시기 극장의 종업원이었던 조선인들의 기득권을 인정하여 대부분의 극장을 그들에게 불하하였다. 또한 1946년에 들어와서는 소련영화의 상영을 하였고, 1950년에는 우리 정부에 의해 월북 영화인들이 만든 작품이나 출연한 작품은 상영하지 못하도록 하였다. 그 결과 당시 상영되었던 영화의 대부분은 미국영화가 차지하였다. 일제의 군국주의 영화가 판을 치다가 이제는 미국의 싸구려 오락영화가 사람들의 감성을 마비시켰다.

하지만 이런 상황에서도 1948년 부산 광복동 소재의 '예술영화사'는 극영화 '해연'을 제작하여 큰 인기를 끌었다. 고독한 감화원 소년을 보살피는 보모의 이야기를 그린 이 영화는 인기 여배우 조미령의 데뷔작이기도 한데 지금의 수영초등학교에서 많은 장면들이 촬영되었다. 그리고 1949년 7월에는 부산의 첫번째 영화단체였던 '협동문화연구소'가 창립되기도 하였다.

1950년 한국전쟁의 발발은 부산을 영화인들의 집결지로 만들었다. 이 시기에 공보처(지금의 문화관광부)는 경남도청(옛 부산지방법원 건물)의 지하실에서 '대한뉴스'를 제작하여 영화상영에 앞서 반드시 관람하게 하였다. 대한뉴스는 언론매체가 지금처럼 발달하지 못했던 시절 정부의 시책이나 우리 사회의 일상들을 대중들에게 알리는데 유용하게 이용되었다. 물론 일방적인 내용 전달로 정부의 홍보수단으로 이용된 측면은 지적되어야 하겠지만 기록필름이 부족한 우리의 실정에서는 지난한 우리 현대사를 알 수 있는 중요한 역사기록의 하나이다. 뿐만 아니라 1952년에는 영화 '낙동강'이 공보처의 후원과 향토문화회의 제작으로 완성되어 문화극장에서 개봉되었다. 세미다큐멘타리 형식의 낙동강은 이은상의 원작을 영화화 한 것으로 전쟁의 극복을 바라는 국민들의 힘찬 의지가 낙동강의 정서와 함께 잘 표현된 영화였다. 이 영화의 주제곡 낙동강 노래는 통일을 노래하다 얼마 전에 세상을 뜬 故윤이상 선생이 작곡하였는데, 당시 부산에서 거주하던 사람치고 이 노래를 모르는 사람은 거의 없었다고 한다.

하지만 전쟁기간 동안 극영화의 제작은 불가능하였다. 따라서 사람들은 외국영화를 통해 그 욕구를 충족시킬 수밖에 없었는데, 그 중에서는 '자전차도적' '애수' '누구를 위하여 종을 울리나' '분홍신' 등의 명작도 포함되어 영화예술에 대한 시민들의 욕구를 충족시켜주기도 했다. 그러나 포옹장면이나 입맞춤 등의 행위가 지나치게(?) 묘사된 외국영화(특히 분홍신)는 여론을 분분하게 만들었고 정부는 이후 중학생의 극장 출입을 엄격히 통제하기도 하였다.

또한 전쟁중의 부산에서는 영화비평단체인 '한국영화평론가협회'가 결성되어 활동하였는데, 이들은 신문기고나 합평회를 통해 영상문화에 대한 예술적 접근을 시도하여 부산의 영화발전에 크게 기여하였다. 이러한 활동들은 1958년 '부산영화평론가협회'와 그 연속선상에 있는 '부일영화상'의 창설에 기반을 제공했다고 할 수 있다.

1958년 2월에 발표된 부일영화상제도는 매년 1년 동안 부산에서 상

PIFF 광장에 운집한 영화팬들 · PIFF 광장은 해마다 열리는 국제영화제 때 영화인과 영화팬의 만남이 이루어지는 장소다.

영된 국내외 영화를 엄선하여 그 중에서 최우수작을 뽑았는데, 그 심사의 공정성 전통 권위 규모의 면에서 한국 최고의 영화제였다고 평가받았다. 그러나 부일영화제는 신문사의 사정으로 인해 1973년 중단되었다. 이외에도 부산은 1960년대 이후 각종 영화연구단체(부산시나리오연구회, 부산영화예술연구회, 부산필름클럽)나 7,80년대의 소형영화운동 등을 통해 한국의 영화발전을 선도해 나갔다.

한국영화와 부산과의 밀접성은 부산이 가진 지리적인 특성에도 기인하였다. 사실 부산이라는 도시는 근대도시의 삭막함도 있지만 부두, 산, 강이 절묘하게 어우러져 있어 영화의 촬영장소로서도 일찌감치 주목을 받아왔다. 부산에서 촬영한 작품 중 우리들의 기억에 남은 대표적인 영화는 김수용 감독의 '갯마을'과 최학곤 감독의 '굳세어라 금순아' 그리고 최무룡이 감독한 나운규의 일대기 '아리랑' 등 수없이 많다. 1962년에 제작한 '굳세어라 금순아'는 자갈치에서 촬영되었는데, 구경

인파에 밀려 가설 다리가 붕괴하여 2명이 사망하고 수십 명이 부상을 입는 소동이 발생하기도 했다. 또한 최무룡의 '아리랑'은 범일동의 삼일극장을 해방이전의 단성사로 꾸며 장례식 장면을 촬영하기도 했으며, 어촌의 일상을 리얼하게 묘사한 갯마을은 아름다운 기장 앞바다가 그 배경이었다. 이런 점에서 1960년대 초에 부산의 태종대에 종합촬영소를 건립하고자 했던 촬영감독 이필우의 구상은 비록 관료들의 편의주의적 발상으로 좌절되긴 하였지만 선각자다운 혜안을 가졌다고 할 것이다. 도심의 한 복판에 극장거리를 가지고 있고, 이미 최고의 부일영화제가 개최되고 있었던 부산에 종합촬영소가 함께 했다면 한국영화는 진작에 최고의 경쟁력을 갖춘 문화산업이 될 수 도 있었을 것이다.

그 꿈은 이제 세기말의 부산에서 다시 이루어지고 있다. PIFF는 한국과 아시아인의 꿈이 살아 샘솟는 진정한 대중예술의 발전의 터전을 닦고 있으며, 인류를 미국식 가치체계로 포섭하려는 할리우드 영화에 저항하는 세계인들과 함께 각국 영화의 발전을 선도해 가고 있다. 이러한 가치를 보다 더 올바르게 추진할 때 진정 우리는 인류에 봉사하는 참문화민족이 될 수 있을 것이다.

완월동과 뽀뿌라마치, 그리고 텍사스촌

● 강 재 순 (부산대학교 강사)

매춘(賣春)이란 경제적 이익 등을 위하여 성(性)을 파는 행위를 일컫는다. 여성이 금품을 받고 정조(貞操)를 제공한 역사는 남성 우위시대의 시작과 더불어 비롯된 것이다. 우리나라 매춘의 역사도 고대까지 거슬러 올라가지만 결코 합법적으로 허용된 것은 아니었다. 조선시대에도 기생(妓生)들이 정조를 팔아 금품을 받기도 했지만 단지 매춘만을 전업적으로 행한 것은 아니었다. 사당패의 무리인 유녀(遊女)들도 일부 매음(賣淫)을 하기는 했지만, 그들의 본업은 어디까지나 예(藝)와 기(技)에 있었다.

매춘이 사회문제로 전면화되는 것은 근대 자본주의사회로 접어들면서부터였다. 중세사회 말기 상품화폐경제의 발달에 따라 성의 상품화도 동시에 진행되었다. 특히 도시의 발달과 이후의 산업혁명은 이것을 더욱 촉진시켰던 것이다. 우리나라에서도 매춘이 사회문제로 대두되는 것은 1876년 개항 이후 일본제국주의에 의해서였다. 일제는 정치적 침략뿐만 아니라 자본주의라는 새로운 경제체제를 한반도에 이식시키려고 하였다. 이러한 일제의 침략과정에서 근대화의 '독버섯' 인 매춘도 당연히 뿌리를 내리게 되었다. 일제의 한반도 침략과 지배의 전진기지였던 부산항은 이 독버섯의 발아점이었다.

우리나라에 매춘을 전업(專業)으로 하는 이른바 창기(娼妓)가 들어오는 것은 1876년 개항 이후였다. 당시 조선으로 건너오는 일본인들 중에는 새로운 시장을 찾는 매춘업자들도 끼어 있었다. 원래 조선정부는 개항 이전부터 왜관(倭館)으로의 여자 출입을 엄금하고 있었다. 그래서 개항 직후 일본인 매춘업자가 조선인 여성을 고용하여 영업을 하다 발각되어 처형당했던 적도 있다. 조선정부의 강력한 단속에도 불구하고 부산항 일본인 거주지를 중심으로 밀매춘은 늘어만 갔다. 1879년 말 나가사키[長崎縣]의 매춘업자가 부산에 유곽(遊廓)을 개설하기 위해 오사카[大阪]까지 창기를 모집하러 갔었다는 신문기사가 보인다. 당시 자료에 의하면 1881년경에는 100명이 넘는 일본인 예창기(藝娼妓)가 부산에 존재하였다고 한다. 일본 부산영사관에서는 날로 증가하는 매춘업의 실태를 어쩔 수 없이 묵인해왔으나 국제적인 위신을 고려하여 1881년 초에 「창기유사(娼妓類似)의 취체(取締)」를 고시(告示)하여 매춘을 금지시켰다.

그러나 재류 일본인의 폭발적인 증가에 따른 밀매춘 문제를 도저히 막을 수 없었다. 1881년 11월 부산영사관은 거류지의 일본인을 대상으로 한 「대좌부영업규칙(貸座敷營業規則)」·「예창기취체규칙(藝娼妓取締規則)」 등을 제정하여 매춘을 다시 허용하였다. 이것은 매춘의 영업구역을 한정하여, 당시 일본 국내에서 시행하던 매춘관리법을 기준으로 매춘을 관리하게 한 것이다. 일제가 부산항 일본인 조계지에 공창제(公

娼制)를 허가할 수밖에 없었던 것은 창기가 일본인 남자 인구의 1/10이라는 큰 비중을 차지하고 있었기 때문에 거류지의 풍속 문란을 바로 잡기 위한 것이었다. 이처럼 일제는 증가하는 매춘업에 대한 미봉책으로서 일본 국내의 공창제(公娼制)를 일본인 거류지에 도입했던 것이다.

이렇게 공인된 창기업(娼妓業)의 집단지역 즉 유곽이 처음 생긴 곳도 부산이었다. 1900년 10월 일본 부산영사관은 「예기영업 및 취체규칙」에 의하여 일본인 거류지역 내에 흩어져 있던 이른바 「특별요리점(貸座敷營業)」이라는 창녀업체들을 한데 모아 전관거류지 바로 동쪽 부평정 속칭 지옥골목(오늘날의 부평동 파출소 이동지역) 일대를 중심으로 영업을 허가하였다. 당시 유곽의 창녀들은 대부분 일본에서 온 젊은 여성들로 280여 명을 헤아리고 있었다. 유곽 인근에는 성병 전염을 막기 위한 특별예기진료소(特別藝妓診療所)까지 있었다. 부산에서 처음 생긴 유곽은 즉시로 일본인들이 집단 거주했던 다른 도시에도 전파되어 인

일본식 유곽

천, 원산, 서울 등지로 확대되었다. 1910년 일제 강점 당시 11개 도시지역에 유곽이 존재하였다.

일본 전관거류지에 바로 붙은 이 최초의 유곽자리가 협소해져서 아미산 밑 현재의 완월동(玩月洞)으로 이전한 것은 1907년 8월부터이며, 정식 영업은 1911년부터 시작되었다. 일본 거류민단에서는 완월동 토지를 사들여 일본인 유곽 영업자들을 이곳으로 이전시킴으로서 새로운 유곽지대를 만들었다. 이곳 유곽지역은 행정구역상의 명칭을 따서 미도리마찌[綠町]로 불리워졌고, 해방 이후에는 완월동으로 바뀌게 된다.

개항 이후 청일·러일전쟁을 거치면서 공창제를 추진해 온 일제는 1908년「기생단속령」·「창기단속령」을 제정하여 조선인에게까지 공창제를 확대하려고 하였다. 일제는 공창제가 성병 만연을 막을 수 있는 유효한 방책이라고 강조하였으나 공창제의 다른 매력은 거기서 징수되는 적지 않은 세금과 치안상의 기능이었다. 이러한 일제의 의도는 식민지 지배의 진전에 따라 1916년 3월에 제정된 경무총감부령 제4호「대좌부창기취체규칙(貸座敷娼妓取締規則)」에 의해 더욱 노골화되었다. 일제 총독부는 매춘행위를 전 조선으로 공식 인정한 것이다. 공창제도가 전국적으로 공인되자 미도리마찌와 일본 어민들을 대상으로 한 영도의 공창은 더욱 활기를 띠게 되었다.

이러한 일제의 공창제 확대에 맞서 3·1운동 이후 국내 사회운동단체들은 공창제의 폐지를 주장하는 이른바 폐창(廢娼)운동을 벌이게 된다. 그 뿐만 아니라 1932년 7월에는 영도에 소재한 조선총독부 수산시험장 직원이었던 일본인 사회주의자 양교웅(良橋雄)이 영도 공창에 속한 창기들의 참혹한 삶을 폭로하는 격문을 뿌린 사건(창기선동사건)이 발생하기도 하였다. 창기들이 집단적으로 모여 있던 공창지대는 1930년경 전국에 면허지 25개소가 있었다. 창기 수는 일본인 창기가 식민지 시기 내내 4,000여명 전후였고, 조선인 창기는 1910년 1,193명, 1920

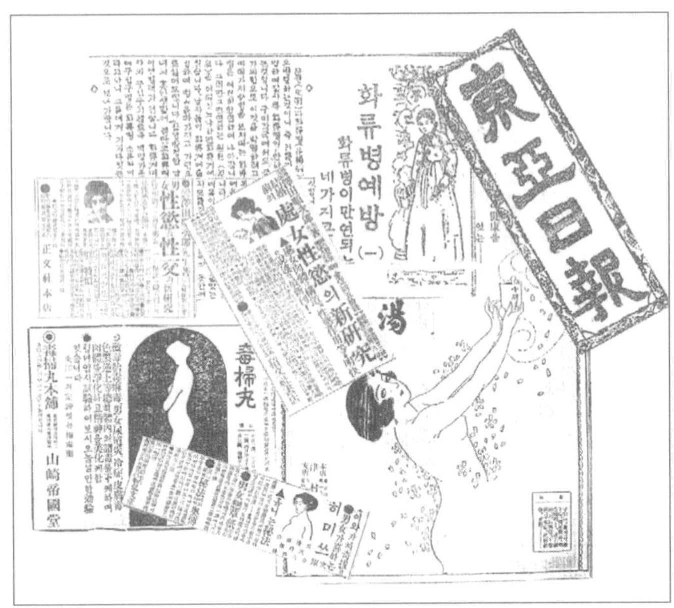

일제시기 일제의 공창정책으로 성병이 만연된 당대의 사회문제를 기사화한 『동아일보』 1920년대 중반 기사. 그리고 여성의 상품화를 강조한 각종 신문광고들...

년 3,492명, 1930년 4,885명으로 급격히 증가하고 있었다.

해방 후 1948년 2월 미군정청이 공창 폐지령을 내림으로써 공창제도가 폐지되었다. 그러나 매춘제도 자체가 폐지된 것은 아니었다. 당시 공창에 속해 있던 매춘여성들은 공창제도가 폐지되자 살 길이 막연하여 대부분 음식점, 까페, 빠, 요릿집 등 대부분 사창(私娼)으로 전업하였다. 더구나 1950년 한국전쟁이 터지고 수많은 한국군과 미군이 상존하게 되면서 일반 여성들까지 전쟁의 폐허 속에서 매춘으로 생존을 도모하게 되었다. 개항 이후 일제에 의해 이 땅에 번식된 매춘문화는 한국전쟁으로 인해 오히려 확대 재생산된 것이다.

해방 이후 해외동포의 귀환과 한국전쟁으로 인해 급격히 인구가 팽창한 부산은 이러한 변화의 중심지였다. 공창지역이던 미도리마찌가 완월동으로 바뀌어졌고, 영도의 공창은 봉래동 사창으로 변신하게 된다. 완월동 사창가는 더욱 확대되어 충무동과 초장동 일대까지 잠식해 들어갔다. 창녀의 숫자도 더욱 증가하여 1960년대 중반에는 1천여 명이 넘었다고 한다. 봉래동 사창가는 바다를 끼고 있어 주로 뱃사람들과 밀수꾼들이 많이 이용하였다. 1960년대 이곳의 창녀 수는 약 500여명을 헤아렸다.

한국전쟁 이후 새로운 적선지역으로 등장한 곳이 텍사스촌이다. 한국전쟁이 낳은 부산의 이방지대(異邦地帶)! 한국 내에 있으면서도 한국인을 상대하지 않고, 한국인이 경영하면서도 한국어 간판을 달지 않는, 한국 여인이면서도 한국 남성 아닌 외국 남성만을 반기는 텍사스촌은 국내보다는 외국에 널리 알려진 환락가였다. 한국전쟁으로 중앙동 뒷골목에 미군 상대 홍등가가 생기고, 권총을 차고 몰려드는 미군들은 서부활극을 연상시키는 장면을 자주 연출하기도 하여 언제부턴가 텍사스거리라고 불리게 되었다고 한다.

부산역 앞 큰길인 중앙로 너머 중국 화교학교를 중심으로 한 중국영사관 자리 주위를 일제시대 당시에는 중국 조계지가 있어서 청관(淸館)이라 불렀다. 이 청관의 중심지가 한국전쟁 이후 텍사스촌으로 바뀌었다. 텍사스촌은 처음에는 중구 중앙동에 있었으나 1953년 11월에 있었던 중앙동의 옛 부산역전의 대화재로 인해 청관이 있던 이곳으로 자리가 옮겨졌다.

텍사스촌은 주한 유엔군과 외국인을 위한 홍등가(紅燈街)로서 찬란한 조명과 요란한 미국식 대중음악이 흘러나오는 가운데 짙게 화장한 여인들로 흥청거렸다. 1970년대 월남전을 전후해선 총 업소수가 19개, 여종업원이 450명에 달해 불야성을 이루었다. 그러나 미국 닉슨대통령의 괌 독트린 발표 이후 주한 미군이 줄어들자 텍사스촌에는 부산항으로 들어오는 외국 선원과 미국 군함의 병사들이 대신 찾아들었다. 어쩌다 미군 군함이 부산항에 들어오면 한꺼번에 5,000명이 넘는 군인들이 텍사스촌으로 모여들어 난장판을 이루었다고 한다.

1980년대 이후 텍사스촌은 유흥가 대신에 점차 옷가게나 신발가게가 늘어나는 등 외국인을 대상으로 한 관광쇼핑센터로 변모하였다. 사회주의 세력권이 무너진 뒤로는 미군 대신에 러시아의 선원과 상인들이 텍사스촌으로 찾아들고 있다. 이처럼 텍사스촌의 주인공은 중국인에서 미군으로 그리고 다시 러시안인 등 시대의 부침에 따라 바뀌어 왔다.

1960~70년대 급격한 산업화가 시작되면서 매춘의 양상은 크게 달라졌다. 농촌사회는 폭력적으로 해체되고 농촌처녀들은 가족 중 가장 먼저 도시로 떠나갔다. 많은 여성은 섬유나 식료품 등 경공업부문의 노동자가 되었다. 그러나 생계수준에도 못 미치는 저임금과 장시간 작업 등 열악한 노동환경과 빈부의 격차로 여성노동자의 처지는 한계상황에 놓였다. 이러한 조건이 젊은 여성들로 하여금 매춘의 길로 들도록 유혹하였다. 젊은 남성 노동자들 또한 철야에 지친 몸을 한잔의 술과 성적 쾌락으로 달래고자 하였다. 그리하여 노동자들의 얄팍한 월급봉투를 노리는 새로운 매춘지대가 공단지역 인근에 형성되었다. 경제 개발 우선이라는 당시의 근대화 지상주의가 노동자들을 매춘문화에 젖어들게 만든 것이다. 감전동 뽀뿌라마치가 이 새로운 매춘문화의 전형적인 사례에 해당한다.

일제시기 한적한 농촌이었던 감전동(甘田洞)은 경제 개발 이후 사상공업단지의 조성으로 일약 공업지대의 유흥가로 변모하였다. 일제시대까지만 해도 이곳에는 낙동강으로 통하는 수로를 타고 배가 드나들었으며, 서감전(西甘田) 입구에는 낙동강의 신선한 생선회를 파는 술집이 포플러나무 밑에 몇 채가 있었다. 그래서 당시 이곳을 자주 이용하던 일본인들이 '뽀뿌라마찌'라고 불렀던 것이 오늘날까지 그 이름이 이어진 것이다. 숱한 노동자들의 애환을 낳았던 감전동 뽀뿌라마치도 1980년대 이후 사상공단 내 공장의 시외 이전과 그에 따른 노동자 수의 감소로 쇄락의 길로 접어든다.

1980년대 이후에는 매춘의 산업화 경향이 아주 선명하게 드러났다. 부정한 돈들이 생산적인 산업에 투자되지 못하고 각종 향락산업에 투자되었다. 이전에는 대부분 한정된 지역에서 이루어지던 매춘이 도시 곳곳으로 심지어는 농촌지역으로까지 파고들었다. 게다가 매춘의 대상도 남녀노소를 불문하고 전 계층으로 확대되고 있다. 과거에는 매춘의 원인이 빈곤이었다면 이제는 황금만능의 사고와 성의 상품화를 당연시 여기는 사회풍조가 이를 부추기고 있는 것이다. 매춘의 문제는 개인의 도덕성도 중요하겠지만, 그 보다는 그것을 조장해왔던 사회경제적 모순들을 해결하려는 노력들이 선행되어야 할 것이다.

부록

부산 역사 연표

기원전

- **구석기 후기(B.C. 1만년 전후)** 부산에 사람이 살기 시작하다(해운대 청사포, 신시가지 유적)
- **신석기(7,000년~3,000년 전)** 본격적으로 사람들이 거주하다
- **3,000년 전 이후** 부산의 청동기시대 시작하다
- **B.C. 1세기 이후** 초기철기시대 시작, 동래에 독로국(瀆盧國)이 출현하다

삼국 · 통일신라기

- **신라 탈해왕(A.D.57~79)** 동래의 거칠산국(居漆山國)이 신라에 병합되다
- **신라 흥덕왕대(826~836)** 의상대사가 범어사를 창건하다
- **685(신라 신문왕 5년)** 삼국통일 후 지방제도가 주군현제(州郡縣制)로 개편되자 부산은 양주(良州, 혹은 梁州) 소속의 군(郡)으로 편입되다
- **757(경덕왕 16년)** 동래군(東萊郡)의 지명이 사용되기 시작하다
- **성덕왕(702~737)** 영도(絕影島)에서 말(馬)을 기르기 시작하다

고려시대

- **1011(현종 2년)** 동래성이 축조되다
- **1018(현종 9년)** 동래군이 현으로 격하되어 울주(蔚州)의 속현이 되다
- **1151(의종 5년)** 정과정곡(鄭瓜亭曲)의 작자 정서(鄭叙)가 고향인 동래로 유배되어 오다
- **1387(우왕 13년)** 동래읍성을 개축하다

조선시대

- **1397(태조 6년)** 부산진을 설치하다

- 1407(태종 7년) 내이포(乃而浦 : 웅천)와 함께 부산포를 왜인에게 개항하다
- 1419(세종 원년) 대마도 정벌로 개항포를 폐쇄하다
- 1423(세종 5년) 내이포와 함께 부산포를 다시 개항하다
- 1490(성종 21년) 부산포 · 다대포에 성(城)을 쌓다
- 1510(중종 5년) 삼포왜란이 일어나다
- 1547(명종 2년) 동래현이 도호부로 승격되다
- 1592(선조 25년) 임진왜란 발발하다(음력 4월 14일 부산진성 함락)
- 1605(선조 38년) 동래부사 홍준(洪遵)이 동래 향교를 중건하다. 이 해 동래부사 윤훤(尹暄)이 동래읍성 남문 안에 송공사(宋公祠)를 세우다
- 1607(선조 40년) 두모포(豆毛浦 : 현 동구 수정동)에 다시 왜관을 설치하다
- 1655(효종 6년) 동래진이 경주진관에서 분리되어 단독 진(獨鎭)으로 승격되다
- 1677(숙종 3년) 동래부에 대동법이 실시되다
- 1678(숙종 4년) 왜관을 '초량'(草梁 : 현 동광동 · 신창동 · 중앙동 일대)으로 옮겨 1876년 개항 때까지 존속하다
- 1693 · 96(숙종 19 · 22년) 부산의 어부 안용복(安龍福)이 일본에 대해 울릉도 영유권 수호 활동을 벌이다
- 1702(숙종 28년) 경상도 관찰사 조태동(趙泰東)이 금정산성을 개축하다
- 1731(영조 7년) 동래읍성을 개축하다
- 1766(영조 42년) 정공단(鄭公壇 : 정발장군 추모단)을 세우다
- 1813(순조 13년) 동래향교를 현 위치로 옮기다
- 1846(헌종 12년) 동래 기영회가 조직되다

구한말

- 1876. 6 일본 국립제일은행 지점이 개설되다
- 1877 부산에 일본의 단독 조계인 일본전관거류지가 설치되다
- 1878. 8 일본인 부산상법회의소가 설립되다
- 1878. 9. 28~12. 26 부산해관 수세사건이 발생하다

- 1881. 12. 10 부산상법회의소에서 정기간행물 조선신보를 순간으로 창간하다(한성순보보다 1년 10개월 앞서는 국내 최초의 신문)
- 1883. 5. 1 동래민란이 발생하다(정희백, 전진모, 김군보, 김시돌 등 주도)
- 1886 처음으로 보수천 상류에 죽관을 이용한 소규모 상수도가 설치되다
- 1895. 5 최초의 근대적 학교인 부산개성학교(현 부산상고 전신)가 개교하다
- 1895. 10 부산진 일신여학교(현 동래여중 · 고교의 전신)가 개교하다
- 1897 조선어업협회가 설립되다
- 1898 동래부학교가 설립되다(1904 폐교, 1906 삼락학교 개교, 1907 여기에 개양학교를 흡수하여 사립동명학교로 개교, 1916 학교명이 사립동래고등보통학교로 바뀌다. 이것이 현 동래중 · 고교의 전신임)
- 1900 구덕수원지를 축조하여 국내 최초로 현대식 상수도 시설을 설치하다
- 1900 전등(電燈)을 가설하다
- 1902 상수도 시설을 본격적으로 갖추기 시작하다
- 1907. 3 국채보상운동이 일어나 「동래부 국채보상 일심회」가 설립되다
- 1907 국내 최초의 보통학교인 동래공립보통학교가 설립되다(현 내성초등학교의 전신). 이 해 구포 구명학교가 설립되다
- 1907 부산수산주식회사가 설립되다
- 1908 구포저축주식회사가 설립되다(1912년 6월에 설립된 구포은행의 전신)
- 1910. 3. 11 부산 · 경남 3 · 1운동의 효시로 일신여학교 학생의거가 일어나다

일제강점기

- 1910. 12. 10 부산경찰서를 설치하다
- 1913 범어사가 선찰대본산(禪刹大本山)으로 확정되어 선종(禪宗)의 본산으로 자리잡다
- 1914. 4. 1 군 · 면의 통합이 이루어져 부산부제(釜山府制)가 실시되다
- 1915 전차(電車) 운행이 시작되다

- 1915. 1. 24 구포은행이 경남은행으로 개칭되면서 본점을 부산으로 옮기다
- 1915. 7 일본인 부산상업회의소가 조선인 상업회의소를 흡수 · 통합하다
- 1919. 11 백산 안희제 선생, 부산 거주 조선자본가와 기미육영회를 조직하다
- 1920. 9 박재혁(朴栽赫) 열사, 부산진경찰서장 하시모또[橋本]를 살해한 후 체포되다
- 1921. 9 부산부두노동자 총파업이 일어나다
- 1921. 11 동양척식주식회사 부산지점이 설립되다
- 1922. 1. 1 부산노동동맹이 창립되다
- 1925. 1 총독정치의 지방 말단 침투를 위해 동정총대(洞町總代)를 설치하다
- 1925. 4. 17 진주에 있던 경남도청이 부산부로 이전되다
- 1928 대표적 민족기업인 경남은행과 백산무역이 해산되다
- 1933. 2. 2 방면위원제(方面委員制)를 실시하다
- 1936. 4. 1 행정구역 변경(제1차 시역확장)으로 동래군에 속한 서면일대와 암남동이 부산부에 편입되다
- 1940. 11. 23 부산학생 항일의거(일명 '노다이 사건')가 발생하다
- 1942. 10. 1 행정구역 변경(제2차 시역확장)으로 동래읍과 사하면이 편입되고, 동래 · 사하 · 수영출장소가 설치되다
- 1943. 8. 3 백산 안희제 선생 별세하다

해방 이후

- 1945. 8. 17 건국준비위원회 부산지부가 설치되다
- 1945. 9. 16 미군이 부산에 진주하다(미 24군단 40사단 병력 300명)
- 1945. 12 공설운동장과 국제시장 부근에서 신탁통치 반대운동이 일어나다
- 1946. 10. 1 일본식 동명(洞名)인 정(町) · 정목(丁目)이 우리말인 동(洞)과 가(街)로 바뀌다
- 1947. 7 최하위 행정단위가 다시 법정동 · 리(法定洞 · 里)로 바뀌다
- 1948 부산시 인구가 50만을 돌파하다

- 1949. 7 구 동양척식회사 건물에 미문화원이 들어서다
- 1949. 8. 15 부제(府制)가 폐지되고 시제(市制)로 되어 부산부(釜山府)가 부산시로 되다
- 1950. 8. 18 정부기관의 이전으로 부산이 임시수도가 되다
- 1951. 9. 1 영도출장소, 초량출장소, 서부출장소가 설치되다
- 1952. 4. 25 초대 부산시의회 의원선거가 실시되다(1961년 5 · 16쿠데타로 시의회 해산됨)
- 1953. 11 부산역전 대화재가 발생하다
- 1953. 9. 17 부산진출장소에서 대연출장소를 분리하고, 수영출장소에서 해운대출장소를 분리하다
- 1955 부산시 인구가 100만을 돌파하다
- 1957. 1. 1 법률 제407호의 공포로 구제(區制)가 실시되다
- 1963. 1. 1 직할시로 승격되다. 제3차 시역확장으로 동래군의 북면(현 금정구 일부)과 구포 및 사상, 기장면이 시역에 편입되다
- 1970. 6 대일정기항로인 부관연락선이 취항하다
- 1978 낙동강 삼각주의 대부분이 시역에 편입되다
- 1979 부마민주항쟁이 일어나다
- 1982. 3 부산 미문화원 방화사건(문부식 등 주도)이 일어나다
- 1987. 6 6월 민주항쟁이 일어나다
- 1988 지방자치제 실시로 행정구가 자치구로 바뀌다
- 1989 김해군의 가락면과 녹산면, 그리고 창원군의 천가면이 편입되다
- 1991. 3 · 6 기초 및 광역의회의원 선거를 통해 시의회가 부활되다
- 1995 부산광역시로 개편, 기장군이 부산광역시로 편입되다
- 1996 제1회 부산국제영화제 개막되다
- 2001. 7 부산 아시아드 주경기장 준공되다
- 2001. 9 부산전시컨벤션센터(BEXCO) 개관하다
- 2002. 6 부산 아시아드 주경기장 대폴란드전에서 한국 월드컵 사상 첫 승을 거두다
- 2002. 9 제14회 부산 아시아경기대회 개막하다
- 2003. 1 광안대교 개통되다

부산 문화재 현황

강서구

	문화재 이름	시대	문화재 개요	소재지
1	범방동삼층석탑	고려	지방유형문화재 제23호. 폐사지에 남아 있는 화강암 3층석탑	범방동 탑동부락 뒷편의 폐사지
2	천성진성	조선	지방기념물 제34호. 성터유적	천성동 1613번지
3	가덕도 척화비	조선	지방기념물 제35호. 대원군 척화비	성북동 344번지 천가초등학교 내
4	생곡동 가달고분군	삼국	지방기념물 제43호. 삼국시대 고분유적	생곡동 산86번지
5	범방동 패총	신석기	지방기념물 제44호. 신석기 초기~말기의 다양한 유물 출토지	범방동 195~211번지
6	김해죽도왜성	조선	지방기념물 제47호. 임진왜란 때 왜장 과도직무가 축조한 전형적 왜성	강서구 죽림동 787번지

남구

	문화재 이름	시대	문화재 개요	소재지
1	금동보살입상	통일신라	국보 제200호	대연동 부산박물관
2	영태2년명납석제호	통일신라	국보 제233호. 산청의 보선암 폐사지에서 발견된 곱돌 항아리	대연동 부산박물관
3	약조제찰비	조선	지방기념물 제17호. 1683년 동래부사와 대마도주가 왜관 운영을 위한 규칙을 제정하고 이를 알리기 위해 세운 비석	대연동 부산박물관
4	척화비	조선	지방기념물 제18호. 대원군 척화비	대연동 부산박물관
5	동래남문비	조선	지방기념물 제21호. 동래부사 송상현공의 충절을 추모하기 위해 세운 비석	대연동 부산박물관
6	동래부동하면고문서	한말	지방유형문화재 제24호	대연동 부산박물관
7	범어사명 유제시루	조선	지방유형문화재 제46호	대연동 부산박물관
8	유원각선생매안감고비	한말	지방유형문화재 제48호	대연동 부산박물관
9	사처석교비	조선	지방기념물 제52호	대연동 부산박물관
10	동래부사유심선정비	조선	지방문화재자료 제8호	대연동 부산박물관

금정구

	문화재 이름	시대	문화재 개요	소재지
1	범어사 삼층석탑	통일신라	보물 제250호	청룡동 범어사
2	범어사 대웅전	통일신라	보물 제434호	청룡동 범어사
3	금정산성	조선	사적 제215호	금성동 일원
4	범어사 일주문	통일신라	지방유형문화재 제2호	청룡동 범어사
5	오층석탑		지방유형문화재 제9호. 경남 울주 삼정리 대곡사지에서 옮겨옴	부산대 박물관
6	원효암 동편삼층석탑	나말여초	지방유형문화재 제11호	청룡동 524 원효암 동편
7	원효암 서편삼층석탑	나말여초	지방유형문화재 제12호	청룡동 524 원효암 서편
8	범어사 당간지주	통일신라	지방유형문화재 제15호	청룡동 범어사
9	범어사 석등	통일신라	지방유형문화재 제16호	청룡동 범어사
10	금정산성 부설비	조선	지방기념물 제15호. 1808년 금정산성을 크게 보수한 것의 기념비	장전동 482번지
11	노포동 고분군	삼국	지방기념물 제42호. 고분유적지	노포동 1~4번지
12	두구동 임석유적	삼국	무문토기시대~삼국시대의 복합 고분유적	두구동 산64-1번지
13	삼국유사 권제4-5	조선	보물 제419-3호	청룡동 범어사
14	이안눌청룡암시목판	조선	지방유형문화재 제25호	청룡동 범어사
15	천수 책판	조선	지방유형문화재 제26호	청룡동 범어사
16	어산집 책판	조선	지방유형문화재 제27호	청룡동 범어사
17	범어사기, 범어사 창건사적, 범어사고적판	조선	지방유형문화재 제28호	청룡동 범어사
18	선문촬요	한말	지방유형문화재 제29호	청룡동 범어사
19	권왕문책판(언문판)	한말	지방유형문화재 제30호	청룡동 범어사
20	태전화상주심경	조선	지방유형문화재 제32호	청룡동 범어사
21	함허어록	조선	지방유형문화재 제33호	청룡동 범어사
22	지공직지	조선	지방유형문화재 제34호	청룡동 범어사
23	선종영가집	조선	지방유형문화재 제35호	청룡동 범어사
24	불설대보부모은중경	조선	지방유형문화재 제36호	청룡동 범어사
25	육조대사법보단경	조선	지방유형문화재 제37호	청룡동 범어사
26	금강반야바라밀경변상	조선	지방유형문화재 제38호	청룡동 범어사
27	불조역대통재	조선	지방유형문화재 제39호	청룡동 범어사
28	몽산화상법어약록	조선	지방유형문화재 제40호	청룡동 범어사
29	법 화 경	조선	지방유형문화재 제41호	청룡동 범어사
30	황실축원 장엄수	한말	지방민속자료 제1호	청룡동 범어사
31	순치팔년명 청동은입사향완	조선	지방문화재자료 제3호	청룡동 범어사
32	도광명 유제양이부대발	조선	지방문화재자료 제4호	청룡동 범어사
33	동치원년명 범어사금고	조선	지방문화재자료 제5호	청룡동 범어사
34	선방 축성패	한말	지방문화재자료 제6호	청룡동 범어사

동구

	문화재 이름	시대	문화재 개요	소재지
1	부산진지성(자성대)	조선	지방기념물 제7호. 임진왜란 때 왜군이 주둔하면서 부산진의 지성(支城) 지역에 축조한 성	범일동 690-5번지
2	정공단	조선	지방기념물 제10호. 임진왜란 때 순국한 충장공 정발의 기념단	좌천동 473, 474번지
3	부산진지성 서문 성곽 우주석	조선	지방기념물 제19호. 서문의 양쪽 성곽에 끼워져 있는 석주(石柱)로 국토 방위의 뜻이 세겨져 있음	범일동 321-29번지
4	부산진일신여학교	1905년	지방기념물 제55호	좌천동

부산진구

	문화재 이름	시대	문화재 개요	소재지
1	동모	청동기	지방유형문화재 제18호, 19호. 청동제 창	부전2동 160번지
2	동파두	청동기	지방유형문화재 제20호. 동검이나 철검의 손잡이 끝에 부착한 장식	부전2동 160번지
3	포은시고	조선	지방유형문화재 제49호	초읍동 시민도서관

북구

	문화재 이름	시대	문화재 개요	소재지
1	만덕사지 당간지주	고려	지방유형문화재 제14호	만덕동 470-6번지
2	만덕사지	고려	지방기념물 제3호	만덕동 470-6번지
3	구포왜성	조선	지방기념물 제6호. 김해성의 지성(支城)으로 임진왜란 때 왜장들이 축조	구포동 510, 511, 산93번지 일원
4	금곡동 패총	신석기	희귀한 바위그늘(岩蔭) 주거지 유적	금곡동 율리 서당골
5	화명동 고분군	삼국	4C~5C 전반의 고분군	화명동 산300번지

동래구

	문화재 이름	시대	문화재 개요	소재지
1	동래패총	삼한	사적 제192호. 3C~4C 전반의 유물 출토지	낙민동 100-18번지
2	복천동고분군	삼국	사적 제273호. 남부지방 최대의 고분군 중의 하나로 다량의 유물 출토지	복천동 50번지 일원
3	동래부 동헌	조선	지방유형문화재 제1호. 동래부 청사로 조선후기의 전형적인 관아건축	수안동 421-56, 421-7번지
4	망미루	조선	지방유형문화재 제4호. 동래부 청사인 동헌 앞에 있던 문루	온천동 209번지 금강공원입구
5	독진대아문	조선	지방유형문화재 제5호. 망미루 뒤쪽에 위치하고 있던 동헌앞 대문	온천동 20-12번지
6	금강공원 내 동래향교	조선	지방유형문화재 제6호. 조선의 공립교육기관 유적	명륜동 231-1, 235번지
7	충렬사	조선	지방유형문화재 제7호. 임진왜란때 순절한 동래부사 송상현공을 모신 사당	안락동 838번지
8	장관청	조선	지방유형문화재 제8호. 동래부 청사 건물로 군관들의 집무소	수안동 501-1번지
9	고려 오층석탑	고려	지방유형문화재 제13호	온천동 301-15번지
10	군관청	조선	지방유형문화재 제21호 동래부 청사 건물로 군관들의 집무소	안락동 838번지 충렬사 경내
11	배산성지	삼국	지방기념물 제4호. 배산에 있는 옛 성터 거칠산국 유적으로 추정	연산6동 산63-4번지
12	동래읍성	고려 ~조선	지방기념물 제5호. 산성과 평지성의 장점을 갖춘 대표적 읍성으로 임난초기의 최대 격전지	명륜동~복천동 ~안락동 일대
13	송공단	조선	지방기념물 제11호. 동래부사 송상현공이 순절한 곳에 세운 단	복천동 229-78, 239, 240-2번지
14	임진동래의총	조선	지방기념물 제13호. 송상현공과 함께 동래성에서 순국한 군관민의 유해를 모신 무덤	온천동 산13-3번지
15	온정개건비	조선	지방기념물 제14호. 동래부사 강필리가 온천을 수축한 공적을 기리기 위해 세운 비석	온천동 135-26번지
16	내주축성비	조선	지방기념물 제16호. 동래읍성을 크게 수축한 사실을 기념한 비석	온천동 산131 금강공원 내
17	이섭교비	조선	지방기념물 제33호. 종래 수영천에 있던 이섭교 완공을 기념해 세운 비석	온천동 산131-4 금강공원 내

사하구

	문화재 이름	시대	문화재 개요	소재지
1	다대포객사	조선	지방유형문화재 제3호. 조선후기 다대첨절제사영의 부속 건물	다대동 산144번지 몰운대 내
2	윤공단	조선	지방기념물 제9호. 임진왜란 때 순국한 다대첨사 윤흥신의 기념비	다대동 산24번지
3	정운공순의비	조선	지방기념물 제20호. 임진왜란 때 순국한 녹도만호 정운의 기념비	다대동 산144번지 몰운대 내

수영구

	문화재 이름	시대	문화재 개요	소재지
1	수영성 남문	조선	지방유형문화재 제17호. 경상좌수영성의 남문으로 아치형 석문	수영동 229번지
2	좌수영성지	조선	지방기념물 제8호. 좌수영의 성터	수영동 일원
3	25의용단	조선	수영성이 왜군에 함락되자 7년 동안 유격전으로 대항한 25인의 의용을 기리는 단	망미동 362번지
4	정과정 유적지	고려	지방기념물 제54호	망미동
5	마애지장보살좌상	조선	문화재자료 제7호	민락동 옥련선원

해운대구

	문화재 이름	시대	문화재 개요	소재지
1	조숭가정대부 상의중추원 사도평의사사사왕지	조선	보물 제953호. 왕이 조숭에게 내린 관직 사령장(교지)	중1동 1394-27번지
2	조서경무과급제왕지	조선	보물 제954호. 조서경의 무과급제를 증명하는 홍패왕지(교지)	중1동 1394-27번지
3	해운대 석각	신라	지방기념물 제45호. '海雲臺'라고 쓴 최치원의 글씨가 세겨진 바위	우1동 710-1번지
4	반송삼절사	조선	임진왜란 때 순절한 양지 · 양조한 · 양통한 세 사람을 향사하는 곳	반송동 143번지

서구

	문화재 이름	시대	문화재 개요	소재지
1	개국원종공신 녹권	조선	국보 제69호. 개국공신 심지백에게 내린 녹권	서구 동대신동
2	동아대 박물관 동궐도	조선	국보 제249호. 창덕궁과 창경궁을 함께 그린 그림	동아대 박물관
3	안중근의사유묵	한말	보물 제569-6호. 독립투사 안중근 의사가 남긴 글씨	동아대 박물관
4	초충도수병	조선	보물 제595호. 화초와 곤충을 수놓은 신사임당의 자수 작품	동아대 박물관
5	융기문토기	신석기	보물 제597호. 영도 영선동 패총에서 출토된 귀중한 초기 신석기시대 토기	동아대 박물관
6	마두식각배	삼국	보물 제598호. 복천동고분에서 출토된 말머리 모양 장식의 점토로 만든 뿔잔	동아대 박물관
7	쌍자승자총통	조선	보물 제599호. 소형 화기의 일종으로 총신이 두 개로 된 쌍혈총	동아대 박물관
8	보리사지 금동여래 입상	통일 신라	보물 제731호. 경남 의령군 보리사 절터에서 출토된 불상	동아대 박물관
9	조대비사 순칭경진하도병	조선	보물 제732호. 헌종의 어머니인 조대비의 40세 생일잔치 모습을 그린 병풍그림	동아대 박물관
10	헌종가례도병	조선	보물 제733호. 헌종의 혼례 모습을 그린 8폭 병풍그림	동아대 박물관
11	지자총통	조선	보물 제863호. 우리 고유의 화포	동아대 박물관
12	삼층석탑	조선	지방유형문화재 제10호. 합천군 대병면 상천리의 절터에 있던 것을 이전 복원	동아대 박물관
13	지장보살삼존도	고려말 ~조선초	보물 제1287호	서구 서대신동 2가
14	진언집	조선	지방유형문화재 제42호	서구 서대신동 내원정사
15	조상경	조선	지방유형문화재 제43호	서구 서대신동 내원정사
16	염불보권문	조선	지방유형문화재 제44호	서구 서대신동 내원정사
17	내원정사 수장 묘법연화경	조선	지방유형문화재 제45호	서구 서대신동 내원정사
18	목조관음 보살좌상	조선	지방유형문화재 제47호	서구 서대신동 내원정사
19	임시수도 대통령관저	1926년	지방유형문화재 제53호	서구 부민동

기장군

	문화재 이름	시대	문화재 개요	소재지
1	장안사 대웅전	통일신라	지방기념물 제37호	장안읍 장안리 598번지
2	기장 이길봉수대	조선	지방기념물 제38호	장안읍 효암리 산51-1번지 일원
3	기장 향교	조선	지방기념물 제39호. 교육기관유적	기장읍 교리 62번지
4	기장 읍성	고려	지방기념물 제40호	기장읍 동부리 285-1번지 일원
5	기장 척화비	조선	지방기념물 제41호. 대원군척화비	기장읍 대변리 608번지
6	기장 죽성리왜성	조선	지방기념물 제48호. 임진왜란 때 왜장 모리휘원이 축조	죽성리 산52-1번지 일원
7	기장 남산봉수대	고려	지방문화재자료 제2호	죽성리 산52번지

기타

	문화재 이름	시대	문화재 개요	소재지
1	조선왕조실록	조선	국보 제151-2호	정부기록보존소 부산지소
2	연산동 고분군	삼국	지방기념물 제2호. 부산지역의 유일한 고총고분	연제구 연산동 산90번지 일원
3	동삼동 패총	신석기	사적 제266호. 남해안의 신석기문화의 내용과 일본과의 교류를 보여주는 대표적 유적	영도구 동삼동 750-1번지 일원
4	안중근의사유묵	한말	보물 제569-16호. 안중근 의사의 친필 서예작품	중구 대청동 1가 22번지
5	부산지방기상청	1934년	지방기념물 제51호	중구 대청동
6	혜원정사팔상도	일제	지방문화재자료 제9호	연제구 연산동 혜원정사

부산시내 박물관 일람

	박물관 이름	소재지	개관일자	비 고
1	부산박물관	남구 대연동 948-1	78. 7. 11	시립
2	부산대학교 박물관	금정구 장전동 산 30	64. 5.	국립
3	부경대학교 박물관	남구 대연동 599-1	84. 12.	국립
4	한국해양대 박물관	영도구 동삼동 1		국립
5	동아대학교 박물관	서구 동대신동 3가 1	59. 1. 1	사립
6	신라대학교 박물관	사상구 괘법동 산1-1	84. 12	사립
7	경성대학교 박물관	남구 대연동 110-1	71. 5	사립
8	동의대학교 박물관	부산진구 가야동 산 24	86. 5	사립
9	설송 박물관(부산여대)	부산진구 양정동 74		사립
10	한국순교자 기념관	금정구 부곡3동 1-4	82. 9	사립
11	부원 박물관	부산진구 전포동 445		사립
12	제산 박물관	서구 아미동 1가 17		사립
13	충렬사 기념관	동래구 안락동 38	78. 7. 21	시립
14	임시수도 기념관	서구 부민동 2가 1	84. 6. 25	시립
15	부산 복천박물관	동래구 복천동 50	96. 10. 5	시립
16	부산 근대역사관	중구 대청동 2가 24-2	03. 7. 3	시립